U0934525

法治理论与实践研究系列丛书

法学多元化实践教学模式与路径研究

胡玉霞／著

Research on Diversified Practice Teaching Models and Paths of Law

法律出版社 LAW PRESS · CHINA

Contents 目录

Chapter 1 第一章

法学多元化实践教学模式与路径概述

国内对法学实践教学的研究主要包括：一是将法学实践教学放在法学教育体系或法学教育改革背景下的宏观理论研究；① 二是将法学实践教学放在卓越法律人才或法学实践能力培养模式之下的一般理论研究；② 三是主要围绕模拟法庭、法庭辩论和法律诊所这三类法学实践教学模式的具体理论与实证研究。③ 国外对法学实践

---

① 贺卫方（1997）、孙晓楼（1997）、郭成伟（2000）、王健（2001）、王晨光和陈建民（2001）、侯斌（2003）、周世中和倪业群（2004）、房文翠（2010）等对法学实践教育不完善的现状、实践性法律教学与法学本科教育目标反思、法科学生实践能力的培养、法学教育中的法学实践教学原则、法学实践教育未来发展趋势以及改革建议等进行了研究。

② 史宝中（2011）、张杨（2013）、单莹（2017）等对法学实践教学与培养卓越法律人才之间的关系以及法学实践教学对卓越法律人才培养模式创新与重构的重要价值等进行了研究。

③ 关于模拟法庭，闫辐（2010）、侯鹏（2013）、马柳颖（2014）等对模拟法庭教学中存在的问题、解决路径及辩论环节等进行了研究。关于法庭辩论，贺卫方（2002）、张慧丽和万伟岭（2011）、赵琪昊（2012）等对法庭辩论的价值、法庭辩论技巧与应变等进行了研究。关于法律诊所，曲相霏（2001）、甄贞（2002）、杨欣欣（2002）、吴春香（2003）、蔡彦敏等（2003）、李傲和许炎（2003）、王立民（2005）、李军（2005）、蔡彦敏（2005）对诊所法律教育在中国制度化建设中亟待解决的问题、诊所式教学方法、法律援助与法律诊所之甄别与整合、诊所法律教育对我国的借鉴价值、在我国的有益尝试以及经验总结等进行了研究。

教学的研究主要集中在对法律诊所的研究上。法律诊所起源于美国，盛行于欧美发达国家，并被亚洲一些国家所采用。早在20世纪中期，国外学者就从法律诊所对实现职业教育目标的价值、法律诊所的评价体系以及如何采取多项步骤推动诊所式法律教育的发展等方面进行了系统研究。[①] 教育部、中共中央政法委员会联合组织实施的“卓越法律人才教育培养计划”[②] 明确要求强化法学实践教学以提高法律人才的质量，并将培养应用型和复合型法律职业人才作为实施卓越法律人才教育培养计划的重点。[③] 在此背景下，法学实践教学模式与路径的多元化值得深入研究与广泛推广。

一、法学实践教学模式与路径多元化之必要性分析

理论是实践的源泉，实践是检验理论的标准。理论虽多终究静止而相对有限，实践却是多变且无穷无尽的。法科学生需要理论的指导，需要全面掌握法律规范以及为其支撑的法学原理，方能深入地懂法；但更需要掌握在瞬息万变的实际生活中灵活地用法，未来方能正确地执法；如果学生缺少最重要的将理论融入实践的活学活用的本领，毕业时面对法律实务必将手足无措，对法律职业而言则为致命的缺陷。简言之，法学是一门理论性与实践性均很强的学科，但法学学科的持

---

① 唐纳德·斯堪主张将法律诊所学习行为同职业教育目标相结合，认为培养反思性实践能力是其最重要的教学目标；迈克尔·迈斯纳、詹姆士·娄恩和丹尼尔·基温博提出了评价法律诊所的评估、讨论与指导这三个阶段；肯尼斯·克瑞林主张对法律诊所建立更完善的教学指导和评价体系并认为评估的最终质量取决于学生与指导者之间联系的广泛性，而这种广泛性反过来促成了指导人的反馈的有效性；理查德·纽曼主张批判是诊所式教育的最基本手段与分析问题的一门艺术，其最终目标是发展学生创造力和培养职业道德。1981年，肯尼斯·彭尼加教授主张采取多项步骤推动诊所式法律教育的发展。印度学者马海发·梅隆在其专著《诊所式法律教育》（2002年版）中对诊所式法律教育的基本原理、基本任务以及印度的诊所式法律教育进行了深入研究。

② 教育部、中共中央政法委员会2011年12月9日发布的《关于实施卓越法律人才教育培养计划的若干意见》（教高〔2011〕10号）。

③ 参见单莹：《情境教学与卓越法律人才培养》，载《黑龙江高教研究》2017年第2期，第137页。

续发展只能在实践中完成，因为法学教育“不仅要传授法学知识，而且要培养学生的法律职业能力和素养，培养推行法治的生力军”。[①]

当前，在我国法学教育中普遍存在两大问题：教学方法落后，教学内容枯燥，学生的学习缺乏积极性、主动性和创造性；课程设置不甚合理，理论课绰绰有余，实践课严重不足，学生得不到有效的实践操作训练。而“大学生知识学习与社会实践结合度不高”，也是“导致众多学生毕业即失业”的重要原因之一。[②] 大学的安逸很容易让学生麻木，浮躁的情绪也很容易充斥现实的头脑。法科学生背溜书本上或教师课堂上讲授的理论知识，用在考卷上也许可以游刃有余地拿高分，但高分在侧重实践性的法学学科面前的证明力是苍白无力的，更不是一个优秀法律人的衡量标准。一个优秀法律人不仅要有良好的法律信仰、强烈的敬业精神与高度的社会责任感，还要具备综合的法学实践能力，包括敏锐的洞察能力、缜密的逻辑思维能力、较强的分析归纳能力、善辩的口头表达能力、敏捷的临场应变能力、熟练的文字表达能力以及娴熟的解决问题的能力等。高校法科学生实践能力的培养任重道远，是一个循序渐进的不断积累与挑战的过程；因为将静态的理论或法条与具体案件相结合并且加以动态的适用，远远比诵记理论或法条本身，要复杂千倍万倍。正如俗话所言：纸上得来终觉浅，绝知此事要躬行。一口吃不成胖子，罗马不是一日建成的。为适应对法官、检察官、律师为主的法律职业共同体人才的核心需求，[③] 实现厚积薄

---

① 王晨光：《个案全过程教学法是探索法律实践教学新路径》，载《法学》2013 年第 4 期，第 46 页。

② 参见杨蕾、王诗宇、赵雪莹等：《美国创新创业型人才培养——趋势、亮点、典型模式及经验借鉴》，载《河北农业大学学报》（农林教育版）2017 年第 1 期，第 8 页。

③ 法学专业的实践教学可分为三个层次：对法律职业共同体人才核心需求的诉讼实务法学实践教学，如代理、辩护、公诉和审判实践等；对一般法律人才普遍需求的非诉讼实务法学实践教学，如政府法务、企业法务、审计法务、会计法务和金融法务实践等；以及对本科人才共同要求的通识性实践教学，如大学生实践创新项目、暑期实践项目、学年论文写作、毕业实习和毕业论文写作等。鉴于篇幅所限，本书研究的是以上三个层次中专业性最强和难度最大的，也是最为重要的诉讼实务法学实践教学。

发，高校有效训练法律职业能力的最佳方式应为综合采用多元化实践教学模式，只有这样才能充分发挥“析”“观”“模”“辩”“写”和“诊”六大多层次功效。

二、法学多元化实践教学模式与路径之全方位架构

（一）发挥“析”之第一层次功效：实践教学模式与路径之典型案例剖析

“析”即为“剖析”，展现为实践教学模式与路径之典型案例剖析。学生针对指导教师在课前提供的典型案例与布置的思考题进行分组讨论与发言，并在指导老师引导下作深刻剖析。典型案例剖析实践教学模式与路径采用上的便捷性、灵活性决定了其适用面的广泛性，也决定了其在法学实践教学中最为基础之地位。其适用成本低、难度小且方便于普遍实施，能充分发挥学生的学习能动性，增强学生的创新思维能力，培养学生最基本的法律职业素养，也使教师授课更加具有生动性、针对性与可受性。

（二）发挥“观”之第二层次功效：实践教学模式与路径之观摩庭审视频

“观”即为“观摩”，展现为实践教学模式与路径之观摩庭审视频。学生观摩庭审直播网以及中央电视台、最高人民法院联合录制的真实案件庭审录像视频，然后讨论与总结示范庭各类案件的庭审流程与法庭辩论的争点等内容，从而为后续的专项庭审程序模拟以及各类案件综合模拟实践教学中的法庭辩论大赛夯实基础。观摩各类案件庭审视频有利于学生直观地了解各类案件的庭审程序，强化学生对各类案件所涉相关实体法知识的理解，使学生充分领悟出诉讼双方平等对抗、审判居中裁判的“三方组合”程序构造的价值；庭审视频的示范效应有利于全面提高学生在法庭调查环节的举证与质证的操作能力以及对辩论环节争议焦点的概括分析能力，有利于学生领悟到细节完善对庭

审成功的重要意义，能有效塑造学生们法律公正的理念并情不自禁地对法律心生敬畏之情。

（三）发挥“模”之第三层次功效：实践教学模式与路径之庭审程序专项模拟

“模”即为“模拟”，展现为实践教学模式与路径之庭审程序专项模拟，包括国内庭审程序专项模拟与国外陪审团审判程序专项模拟，集中从程序法的角度就国内庭审程序与国外陪审团审判程序进行模拟。学生扮演案件中办案人员、当事人和其他诉讼参与人，并就庭审及相关审判程序进行完整模拟，重点就国内庭审程序以及国外陪审团事实审理程序进行模拟；整个庭审程序专项模拟极度重视程序的正当化，尤其是举证与质证程序的公开化，也是以审判为中心的庭审中心主义的必然要求。国内庭审程序的专项模拟使学生熟练掌握各类案件的庭审程序，明晰各诉讼参与人的职责、权利和义务；学生经过法庭调查举证与质证程序的多次实训，充分体会到证据的重要性，并学会讯问与询问的基本策略及具体方法；学生经过法庭辩论程序的多次实训，提高了法庭控辩技巧，充分体现了控辩之间的对抗；审判组学生经过专项庭审程序的实训，提升了对整个庭审程序的组织、引导与掌控能力；学生通过对整个庭审程序的模拟演示，在提高实践能力的同时加深了对法学理论知识的理解；学生对案件庭审程序的模拟来源于真实案件却不照搬真实案情，大大提高了学生的主观能动性与创造性；庭审程序的演练与正式模拟都凸显出程序的独立价值，让学生从实践中充分领悟程序公正的重要性；更为重要的是，有利于学生详细而明晰地掌握各类案件的庭审程序以及能在无形中强化学生对各类案件庭审以及相关程序的横向比较，有利于督促学生融会贯通地思考、归纳与掌握三大诉讼法在各类诉讼程序上的不同之处。国外陪审团审判程序的专项模拟使学生熟练掌握国外陪审团审判案件事实的流程，有利于学生对美国与我国诉讼中陪审员参与审判的案件范围、陪审员人数、陪审员资格条件、回避规定、拒绝审判时的法律后果以及案件评议等相关规定进行横向比较；更为突出的是，能帮助学生真正理解陪审团的设立初衷，使学生充分感受到民众参与司法活动的重要价值；有利于学生对美国与我国诉讼中庭前审查制度、律师辩护制度进行横向比较，使学生充分领悟正当程序原则、无罪推定原则和非法证据排除规则的价值与要求。

（四）发挥“辩”之第四层次功效：实践教学模式与路径之法庭辩论大赛

“辩”即为“辩论”，展现为实践教学模式与路径之法庭辩论大赛，集中从实体法的角度模拟法庭辩论环节。因为法庭辩论环节最能反映控辩双方对案件掌握的透彻程度、对法律理解的深刻程度以及对法律适用的精准程度，也是法官等办案人员和当事人、其他诉讼参与人之间最直接的沟通方式，更是控辩双方直接对抗与据理力争继而决胜实体诉求的关键节点。法庭辩论大赛实践教学模式与路径的采用能有效弥补传统实践教学模式之庭审程序模拟多为程序性训练的不足，帮助学生加深对相关实体法理论知识的认识和理解；通过让学生切身体悟律师、检察官与法官的职业伦理要求，有利于形成司法理念与职业精神相似的法律家集团和培养素质全面的未来法律实践人才；分组讨论与辩论的合作形式有利于强化学生团队精神，加深学生之间的友谊；有利于强化学生们的创新竞争意识，极大激发学生的学习热情；有利于全面培养与提高学生口头表达、临场应变与逻辑思维等实践能力，为培养创新法律人才奠定坚实基础。

（五）发挥“写”之第五层次功效：实践教学模式与路径之诉讼文书写作

“写”即为“写作”，展现为实践教学模式与路径之诉讼文书写作，主要体现为民事、刑事与行政案件中主要诉讼文书的写作指导与训练。

掌握各类诉讼文书的写作至关重要，因为高质量的诉讼文书是全面反映案件真实情况与有效维护当事人合法权益的关键途径。诉讼文书写作实践教学模式与路径的适用有利于学生结合具体案例更直观而具体地掌握各类诉讼文书的写作，更宏观而详细地了解各类诉讼文书在重点内容以及格式上的共性要求；有利于强化学生对各类诉讼文书的横向比较，更深层次掌握各类诉讼文书的主要区别；诉讼文书写作具有一定难度，有利于深度强化与全面考察学生的案件分析、概括总结、法律适用与文字表达等综合实践能力。

（六）发挥“诊”之第六层次功效：实践教学模式与路径之法律诊所

“诊”即为“诊所”，展现为实践教学模式与路径之法律诊所。学生身份由被动的听课者转换为主动办案者，从而对文书写作、调查事实、沟通与谈判、应诉技巧等法律职业能力进行训练，在实践中培养法律职业者的职业道德，发挥学生创造性地解决现实冲突的创新能力。法律诊所是最大程度锻炼法学学生综合实践能力的有效实践模式，其在我国的本土化、制度化与持续性发展是破解法学专业就业低迷现状的一剂良方，可以一定程度上缓解法律援助的供需矛盾。法律诊所实践教学模式与路径在高校的实践与推广有利于强化学生的实践技能与法律素养，有助于培养学生的创新思维能力、良好的法律职业道德与高度的职业责任感；让学生深刻反思并认识到积累自身法律知识和素养的过程任重道远，有助于培养学生批判性思考的能力并促使学生在自我反思和纠错中更快地进步与成长，并为终身学习打下坚实的基础；有利于提高法学教育教学水平，对我国法学教育改革具有重要启示。

三、法学多元化实践教学模式与路径的研究思路简图

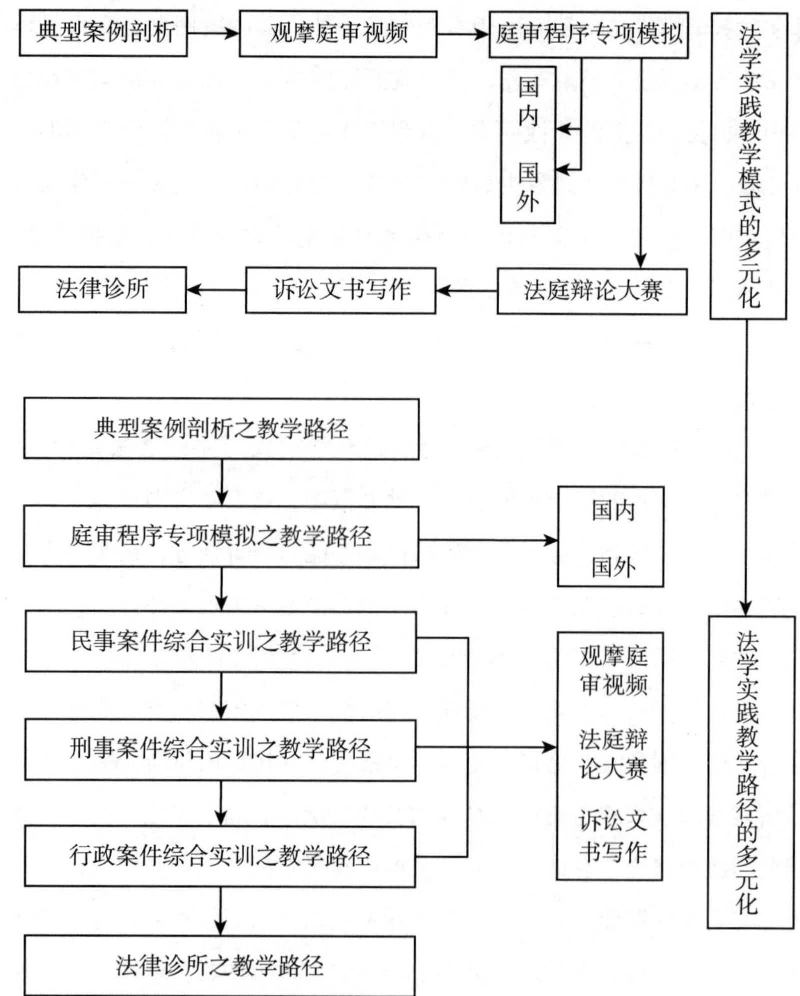

四、本书关于法学实践教学模式与路径相关研究之必要说明

本书关于六类多元化法学实践教学模式与路径的相关研究主要立足于本科法学教育。2018 年教育部发布的《普通高校法学本科专业教学质量国家标准》中明确将本科法学教育的性质界定为“素质教育和

专业教育基础上的职业教育”。其中，素质教育主要体现为学科教育的通识性，专业教育决定了学科教育的系统性，前面二者基础上的职业教育属性决定了“法学专业教育的导向是法律职业能力的培养”。① 本书所述的六类多元化法学实践教学模式由易至难，层层递进，相辅相成，相得益彰，共同构成我国法学素质和专业教育基础上的职业教育。正因为如此，本书关于法学实践教学模式的所有研究内容包括：典型案例剖析，观摩庭审视频，国内庭审程序专项模拟，国外庭审程序专项模拟，法庭辩论大赛，诉讼文书写作，法律诊所；本书关于法学实践教学模式路径的所有研究内容包括：典型案例剖析，国内庭审程序专项模拟，国外陪审团审判程序专项模拟，民事案件综合实训（包括观摩庭审视频、法庭辩论大赛与诉讼文书写作），刑事案件综合实训（包括观摩庭审视频、法庭辩论大赛与诉讼文书写作），行政案件综合实训（包括观摩庭审视频、法庭辩论大赛与诉讼文书写作），法律诊所。

本书关于法学实践教学模式与路径的探讨是以自身法律实务经验和实践教学体会为基础，着重分析以上六类多元化法学实践教学模式之内涵、实施要求、综合价值以及实施中存在的主要问题与解决对策，为高校法学实践体系的架构或完备提供厚实的价值基础与合理依据；探寻各类法学实践教学模式教学路径之实践目的、主要内容、详细步骤以及具体效果，为高校多元化法学实践教学模式的推广提供切实可行的实施方案；希冀能够架起纸上谈兵式法学课堂理论教学与真刀实枪式法律岗位工作实践之间的桥梁与纽带，旨在学以致用中培养学生的实践能力，更好地帮助学生在实践中消化与巩固所学理论知识，增强学习趣味与激发学习热情，培养理论与实践能力俱佳的优秀法律人。

此外，由于第一审程序是审判的必经与基本诉讼程序，普通程序

---

① 杜承铭：《论本科法学职业教育目标的多元化及其实现》，载《中国大学教学》2014 年第 8 期，第 12 页。

又是最完整、最典型的审判程序，所以一审普通程序成为法院审判第一审案件通常所适用的最基本程序；其任务是法院在控辩双方的参加下，调查核实所有证据，查明案件事实，并根据法律规定依法作出裁判。由于程序规范的基础性与完整性，决定了一审普通程序在审判程序中的广泛适用性与至关重要性。故本书关于法学实践教学模式与路径所涉及诉讼案件内容的研究范围主要定位为一审普通程序。

Chapter 2

第二章

实践教学模式之典型案例剖析

一、典型案例剖析实践教学模式内涵概述

典型案例剖析实践教学模式是将理论教学融入典型的真实案例讨论和深入解析之中的案例教学法。先由指导教师在课前精心准备典型案例与布置思考题，学生在课外查阅资料做好初步准备；然后，指导老师在课堂上组织学生分组讨论与发表观点，并在归纳各组讨论观点后，引导学生多角度对思考题进行进一步讨论与深入思考；最后，指导老师作深刻剖析。

典型案例剖析实践教学模式虽然本质上属于案例教学方法，同样是帮助学生了解和认知法律与加深理解法学理论的基本方式，也是以学法、用法以及培养口头表达能力为一般宗旨；却与一般法学课堂教学中采用的、旨在考察对应章节专门知识点以及解释适用某个部门法中成文法为内容的案例分析题型不一样。其往往涉及多个部门法知识，主要以分析与研究现实生活中的真实案例为依托，更为重视在此基础上的深入理论、实践思考以及延伸知识、拓展思维的效果，即以提高法科学生最基本的对社会现实问题和法律规范的理解适用乃至对立法完善方向等方面进行法律透析的能力培养作为特别宗旨。其实质是在一般案例教学法的基础上借鉴了“哈佛

大学首创的苏格拉底问答式教学法”，学生在课前“必须细心研读有关案例，甚至对个别概念或词语都要细细琢磨”；上课时“老师提问，学生回答，互相辩论，老师解说”。①

此种实践教学模式可以以任何法学课程的教学为依托，以任何年级的法学学生为适用对象，能够整合被人为分割为相互脱离的部门法板块内容，培养学生融会贯通的系统观，② 是促进学生之间以及师生之间互动的必不可少且最基础的法学实践形式，在法学实践教学中发挥着举足轻重的作用。

二、典型案例剖析实践教学模式实施要求

指导教师在课前精心准备典型案例和与此案相关的材料，提供的案例必须是有争议性或社会性的真实法律案件，布置的案例思考题必须是有一定深度、焦点突出或能够激发学生学习兴趣的问题。以刑事诉讼法授课中提供给学生作为典型案例剖析的“佘祥林案”为例，指导教师提前对此案案情以及相关证据材料的收集以及审查过程（主要包括：尸体辨认、作案方式、作案路线、作案凶器、书面证明、证据疑点、协调会）进行介绍并布置如下两个思考题以期激发学生学习与讨论的兴趣：佘祥林案存在哪些侦查错误？冤案的成因是什么？

学生必须利用课外时间查阅资料，对指导老师提供的典型案例思考题进行充分准备与初步思考。指导老师在课堂上应组织学生分组就思考题认真展开全方位讨论以及小组观点汇总，学生代表发表本组的汇总观点。在各组学生发表观点后，指导老师整理归纳各组讨论观点并提纲挈领地引导学生多角度地进行进一步的讨论，并对学生再讨论后的观点作深刻而全面的剖析。以“佘祥林案”为例，指导老师在课堂上组织学生讨论、发表观点与全面概括学生的观点、引导学生进一

---

① 贺卫方：《中国法律教育之路》，中国政法大学出版社 1997 年版，第 343 页。

② 王晨光：《个案全过程教学法是探索法律实践教学新路径》，载《法学》2013 年第 4 期，第 47 页。

步深入讨论之后，结合刑事诉讼法相关知识与理论，对学生再讨论后的观点作全面总结与深刻剖析如下：在刑事诉讼中，侦查是公诉案件的必经程序，也是起诉和审判的前提与基础。由于我国公检法三机关协作配合下流水作业的诉讼模式，导致侦查的结论往往决定着起诉和审判的结果。因而，侦查错误是冤案的源头。此案侦查错误如下：首先，死者身份确认草率（警方未做DNA检测，未再开展调查，在女尸出现后仅六个小时就草率作出死者就是张在玉的结论）；其次，犯罪嫌疑人认定错误（警方无视佘祥林无作案时间的证据，仅依据张在玉亲属反映佘祥林曾有外遇、夫妻关系紧张就认定佘祥林系犯罪嫌疑人）；再次，侦查取证违法（在侦查人员逼供、指供、诱供下，佘祥林最终被迫作出了与现场基本一致的虚假供述，侦查人员继而炮制了“提取笔录”“行走路线图”及“指认现场记录”等其他证据）；最后，审核证据草率（审核证据的任务是鉴别证据是否客观、真实与合法以及排除一切合理怀疑，而本案存在很多非法证据且证据之间、证据与事实之间存有明显矛盾）。佘祥林冤案的成因主要包括：首先，有罪推理与刑讯逼供（在佘祥林的有罪供述时供时翻且前后矛盾的情况下，警方推定其有罪。为逼出有罪供述，佘祥林被采用连续“突审”“体罚”“车轮战”等，直至精神麻木、伤痕累累且无法站立）；其次，先定后审和审判不独立（两级法院对案件的最终处理结果是依据市、县两级政法委组织有关办案单位、办案人员协调后形成的明确处理意见而作出的判决，法院独立审判荡然无存）。

三、典型案例剖析实践教学模式综合价值

（一）典型案例剖析实践教学模式适用成本低、难度小且适用面广，有利于灵活而广泛地加以普遍实施

典型案例剖析实践教学模式的适用成本低、难度小且适用面广。高校图书馆以及网络平台能提供覆盖所有法学学科的典型案例以及丰富的案例背景、相关证据甚至疑难问题及法理解析等材料；指导老师

只需要针对性地选择案例，有效组织引导学生进行课前准备以及课堂分析讨论以解决教师课前准备的思考问题即可。所有高校法学专业都具备典型案例剖析实践教学所需要的案例、师资与教室这三项资源条件，所以典型案例剖析实践教学模式可适用于所有高校法学专业，可适用于任何法学课程，也可适用于任何年级的法科学生。典型案例剖析实践教学模式适用上的不受约束决定了其适用的灵活性与广泛性，也决定了其在法学实践教学中的基础地位。

（二）典型案例剖析实践教学模式能培养学生最基本的法律职业素养

学生若想成为一位真正的法律职业者，冷静的判断能力、敏锐的洞察能力与理智的分析能力是必须具备的，法律人的诚信与责任感、理性缜密的思维与善辩的口才、听说读写等基本技能也是必不可少的。这些基本素养只能在不断的学习与实践中加以逐步培养，所谓路漫漫其修远兮。但是不积跬步无以至千里。虽然典型案例剖析实践教学模式对学生实践能力的锻炼可能不是最有效和最明显的，但一定是学生学以致用的最基础法律素养培养模式。

首先，因为指导老师选择作为剖析的典型案例具有一定社会影响或各界观点多元化，所以学生可以在课前查阅到大量资料，有利于锻炼学生搜集与检索资料的能力。

其次，在课堂讨论之中，学生在事实、证据、程序或法律适用等方面或多或少存在分歧或争议，大家在小组讨论中的观点具有深刻的社会性或分歧的对抗性，又可以锻炼学生整理语言与逻辑思维的能力。如在提供给学生讨论的“杭州保姆莫某晶放火、盗窃案”中，学生围绕着以下分歧问题进行分组讨论：一是被告人莫某晶构成放火罪还是失火罪，或故意杀人罪或者过失致人死亡罪？二是被害人所居住小区的消防设施问题以及物业管理问题阻碍消防救火是否构成介入因素？如果构成介入因素，是否可以因此减轻被告人罪责？三是被告人主动报警是否可以减轻刑罚？全班学生进行了激烈的讨论和发言，针对第一个最核心的定罪问题，学生们最后认为：被告人只是想放一把小火再灭火以便向女主人邀功借钱，主观上不是将放火作为杀人的手段，甚至不想伤害女主人和三个孩子，故不能定故意杀人罪；被告人具有放火行为的主观故意，侵犯的是不特定多数人的生命、健康或重大公私财产等公共安全，即达到已经或者足以造成危害社会公共安全的后果，就已经构成放火罪；被告人具有放火行为的主观故意，而失火罪与过失致人死亡罪则出于过失，显然不能定失火罪或过失致人死亡罪。针对第二个“介入因素”的问题，学生们最后认为：被告人在高层住宅内放火，造成四人死亡及巨额财产损失的严重后果，其放火行为与犯罪后果之间存在直接的因果关系，依法应对全部后果承担刑事责任。物业设施不到位、消防救援不及时不足以阻断莫某晶本人的放火行为与造成严重危害人身、财产安全犯罪后果之间的因果关系，故不可以减轻被告人罪责。针对第三个量刑问题，学生们最后认为被告人不存在减轻处罚情节：虽然证明被告人放火后有报警行为，但是距其放火已长达约 15 分钟，且在其他多人均已报警之后，故该行为并无实际价值。且在案证据证明被告人在报警前并未采取任何灭火或控制火势的措施，放火之后也未及时对四名被害人施以援手。

再次，结合典型案例中法学、社会乃至人性问题，在教师的提问和引导下，学生多角度、全方位展开互动交流与讨论，探讨与阐述如何理解并运用法学理论与法律规范，正好弥补了学生在学校缺乏接触社会的缺陷以及分析案例思维定向、角度单一的不足，调动了思辨的情绪，活跃了学生的思维，帮助学生精准地理解了案例思考题的深层法理意义，加深了学生对相关法学观点与原理等知识的深入讨论、思考与理解，锻炼了学生运用法学理论和法律知识分析与解决社会现实问题的能力，增强了学生的思辨能力以及口头表达能力。如在提供给学生讨论的典型案例“杭州保姆莫某晶放火、盗窃案”中，被害人近亲属林某斌称，他已决定放弃对莫某晶的民事赔偿诉求，只求法庭能够从重判决。针对此声明，指导老师要求学生思考一问题：林某斌放弃民事赔偿对被告人从重判决是否有影响？学生讨论活跃，最后基本达成共识：根据2017年3月最高人民法院《关于常见犯罪的量刑指导意见》的规定，[①] 被告人对被害人及家属积极赔偿，可以获得最高30%的减刑；被害人家属拒绝谅解和赔偿是避免被告人被从轻、减轻处罚的方法和手段，但不能成为对被告人从重判决的理由。针对公诉人出示的被告人莫某晶搜索引擎记录这一证据材料，指导老师要求学生思考两个问题：搜索引擎记录属于何类证据？搜索引擎记录的收集是否必须采用技术性侦查手段？针对第一个问题，学生们讨论后认为：本案一个重要证据是被告人用手机搜索了比如“放火要坐牢吗”以及“发生火灾火怎么才能燃烧得慢点”等关键词，这些搜索引擎记录的关键词表明被告人具有放火罪的主观故意却没有故意杀人罪的主观故意。本案被告人的搜索引擎记录是以数字信号的方式在介质上进行存储，基于计算机应用、通信和现代管理技术等电子化技术手段形成的电磁记录物，根据2016年10月1日施行的最高法、最高检、公安部《关于办理刑事案件收集提取和审查判断电子数据若干问题的规定》第1条的规定，属于电子数据。[②] 电子数据未来必将成为诉讼案件中最广泛使用的新型证据种类，因为我们处于网络社会，人人使用网络，而在搜索引擎等网络或使用QQ、微信和电子邮件等过程中产生的电磁记录物都属于电子数据。针对第二个问题，学生们讨论后认为：根据刑诉法相关规定，虽然此案为严重危害公共安全的放火罪，属于严重危害社会的案件，公安机关有权运用技术侦查手段进行侦查，但是此案搜索

---

① 最高人民法院《关于常见犯罪的量刑指导意见》（法发〔2017〕7号）中规定：对于积极赔偿被害人经济损失并取得谅解的，综合考虑犯罪性质、赔偿数额、赔偿能力以及认罪、悔罪程度等情况，可以减少基准刑的40%以下；积极赔偿但没有取得谅解的，可以减少基准刑的30%以下；尽管没有赔偿，但取得谅解的，可以减少基准刑的20%以下。其中抢劫、强奸等严重危害社会治安犯罪的应从严掌握。

② 根据2016年10月1日施行的最高法、最高检、公安部《关于办理刑事案件收集提取和审查判断电子数据若干问题的规定》第1条的规定，电子数据是案件发生过程中形成的，以数字化形式存储、处理、传输的，能够证明案件事实的数据。

引擎记录的收集不是必须采用技术性侦查手段，因为通过网络的搜索引擎等常规软件技术就能获取搜索引擎记录等相关信息，而不是必须采用技术侦查手段。

最后，典型案例剖析根本上是教师组织的集体实践活动，同学间的交流与合作是必不可少且极为重要的；大家在查阅资料的基础上，进行小组间的交流，在表达自我观点的同时，听取别人的意见，并更快和更深入地认识到自己的不足之处。此实践教学模式重视提问、思考和讨论、交流，不仅挖掘了学生的个人潜力，还和谐了同学之间的关系，增强了大家的团队合作精神。而学会合作正是学生将来法律职业工作中不可缺少的基本素质。大学生活中，学生很多都是独来独往，时间长了彼此之间关系容易淡漠。但典型案例剖析实践教学模式给学生提供了这样一个一起讨论与互相了解的机会。如在提供给学生讨论的“被告人于某故意伤害案”中，教师课前要求学生关注于某故意伤害案的强烈社会影响，并对法律如何回应伦理困局进行思考；课堂上，学生就刷屏了微博的“辱母不护，辱国何御”的观点进行了分组讨论；学生讨论热烈，踊跃发言，气氛活跃。整个典型案例剖析实践活动中，每个同学都有机会通过发表自己观点来展现自我，又需要认真倾听别人的观点以取长补短，并在讨论与甄别的基础上，对深入思考后作出汇总后的观点取舍；所有这些体会来源于个体能力与团队合作，也将成为学生求学生涯中宝贵的经历。

（三）典型案例剖析实践教学模式能充分发挥学生的学习能动性，增强学生的创新思维能力

典型案例剖析实践教学模式要求指导教师选择的案例必须典型而恰当，可谓好的开始是成功的一半。即教师选择的案例不仅要结合授课内容，还要是与实际生活联系紧密的真实案例。如提供给学生讨论的典型案例“杭州保姆莫某晶放火、盗窃案”就是一个非常贴近生活的典型案例，加上被害人家属林某斌在案发后时常在微博上表达自己对死亡亲人的缅怀之情和把保姆莫某晶绳之以法的坚定决心，在网络

上激发出网民对于被害人一家的同情，引起了非常激烈的舆论讨论，更加引起了广泛的社会关注度，也引发了社会对人性的思考。

由于学生对现实中真实发生且被老师作为典型案例剖析的案件曾经有所耳闻或关注过，原本就有许多事实与证据方面的细节吸引着他们去探索。当实践教学中恰好以主体的身份参与到典型案例剖析的实践环节，当难得的机会摆在眼前时一定会很珍惜，可想而知，学生学习的积极主动性最大程度地被激发出来。典型案例剖析实践教学模式重视学生与学生以及学生与教师之间的互动与交流。学生在有准备的前提下边讨论边思考，还可以畅所欲言，不再是被动的受教者角色，更不是死读书与读死书，自然而然对法学专业产生浓厚的兴趣。更为重要的是，典型案例的讨论与分析要求学生不能仅仅是了解相关法条的辞典式的知法者，而且要在汲取法律知识的同时去评析案例；评析不仅从法律规范的适用着眼，还要在学生的讨论与教师的引导下从法理分析的角度去深挖。

如在提供给学生讨论的典型案例“被告人于某故意伤害案”中，有两个问题要求学生深入思考：一是于某的行为属于正当防卫，还是防卫过当？二是如何理解舆论监督与司法审判的关系？第一个问题是对刑事法律规范的适用，学生在查阅资料并分组讨论后认为：根据刑法第 20 条第 2 款的规定，本案中于某的行为是为了保护本人及其母亲合法的权益，满足正当防卫的目的性条件；是针对现实的讨债方多种持续性不法侵害行为实施的，满足正当防卫的前提条件；是针对违法讨债的杜某浩等人正在进行的不法侵害实施的，满足正当防卫的时间性条件；是针对参与违法讨债的杜某浩等四名不法侵害人本人实施的，满足正当防卫的对象性条件；但是，从防卫结果看，使用致命性工具捅刺后造成一死、二重伤和一轻伤的后果，明显超过必要限度且造成重大损害，不满足正当防卫的适度性条件，构成防卫过当。第二个问题实质是关于舆论与司法的关系，则已经超越法律规范分析而上升到法理或宪政分析的层面了。整场讨论下来，学生之间的互动信息量非常大，小组与小组之间的争辩也非常激烈，最终认为：于某故意伤害案因媒体报道引发广泛舆论关注，体现了舆论对于司法的监督；此案作为2017年舆论关注焦点，山东省高院在微博直播二审，最终将一审无期徒刑改判为五年有期徒刑；不可否认，二审与一审在判决刑期上的重大变化离不开网络舆论的发酵与推动作用。舆论监督是连接司法与公众的重要渠道，是促进司法工作与民众良性互动的重要保障；司法机关应当高度重视舆论背后民众对司法的价值诉求，尊重舆论对案件客观、理性的报道。同时，司法是独立性与专业性很强的工作，案件事实需要经过法定程序并用确实、充分的证据加以证实；而调查事实、核实证据与适用法律都需要按照法定程序来一步步推进并最终经过公开公正的庭审才能得出结论，并不是舆论或民众所想象或情感倾向上的是非判断那样简单。若对舆论毫无规制或者规制不到位，势必会对司法独立与公正产生干扰，导致二者的错位。综上，舆论与司法是一个民主法治国家不可缺少的两大元素，二者需要良性互动，才能成为完善我国法治建设的重要力量。典型案例剖析教学模式在“于某案”中的实践使学生在课前积极主动地了解社会对此案件的看法并认识到舆论导向的力量，通过课堂上的小组讨论认识到保持独到分析视角与观点的重要性，也增强了学生分析解决问题与语言表达等实践操作能力，最主要的是提高了学生的能动性、创新意识与创新思维能力。

（四）典型案例剖析实践教学模式使教师授课更加具有生动性、针对性与可受性

典型案例剖析实践教学模式将法学理论和实践案例相结合，实现了从教师单一讲授书本理论到学生实际参与的跨越。指导老师重视与学生之间的互动与交流，给学生提供了充分表达与交流各自创新观点或思路的平台。这使学生结合实践案例更深一层次理解法条和理论，事半功倍且更加深入通彻地掌握知识点与了解学科前沿理论，有利于丰富学生的知识层次，有利于提高学生解释与表达概念以及分析解决

实际问题的能力。师生之间的互动以及对不同意见的接受充分体现教师对学生的关注与尊重以及教学的亲和力；指导教师在总结学生观点之后予以及时引导与深刻剖析，有利于澄清学生在某些法学理论问题与法律适用上的模糊认识和错误理解，改变了学生一贯在授课中作为被满堂灌的被动者角色定位，使学生能够把握法律规范的精髓、不足乃至未来完善方向，增强了教师授课的广度和深度。

如在提供给学生讨论的典型案例“杭州保姆莫某晶放火、盗窃”案中，结合莫某晶辩护律师的退庭事件，指导老师要求学生思考一个问题：如何看待被告人莫某晶辩护律师的中途退庭?[①] 学生在讨论后认为：从道德的角度来看，绝大多数人觉得被告人莫某晶罪该万死，被告人莫某晶辩护律师的中途退庭也应当受到谴责；因为律师的中途退庭导致案件休庭是对国家法律资源的一种浪费，不利于庭审的展开以及真相的获取，或许这是律师的一种应诉技巧，但是这种行为显得过于功利。可是，从法律的角度来看，被告人莫某晶辩护律师的中途退庭虽然某种程度上构成了对法庭秩序的危害，但他对案件由杭州本地法院管辖有损审判公正的顾虑所反映出的极为重视被追诉人利益的心态则不应当受到谴责；因为被告人莫某晶首先是一个具有人格尊严的人，无论她犯了多大的过错，包括辩护权在内的基本人权都应当得到保障。辩护律师作为一名法律工作者，其职责在于竭尽全力地利用一切合法手段维护处于不利一方的被追诉人的权利，避免产生冤假错案或其他侵害被追诉人权利的情况发生；其应该具有思辨能力，学会客观全面地看待问题，最起码应该有一个严谨的工作态度和良好的职业素养，不管委托方的道德多么低下，不管被追诉人多么罪大恶极，即便辩护律师自己内心的情感已有偏向，即便辩护律师不被人理解或承受着社会舆论的谴责，也不能感情用事，不因辩护对象受舆论谩骂而

---

① 2017年12月21日，此案在杭州市中级人民法院开庭审理。被告人莫某晶的辩护律师党琳山因四次提出管辖权异议均被驳回，在开庭27分钟后擅自离开法庭。

区别看待或者拒绝为其辩护，更不能站在道德的制高点去指责委托方，而应该秉持着对委托方负责的精神，保持相对中立的态度，认真完成辩护工作，依法维护被追诉人合法、神圣不可侵犯的各项权利，毕竟这是辩护律师的职责所在。法律不仅是被害人的卫道士，同时也是被追诉人的保护伞。在一场刑事案件中，以强大国家机器为后盾的公诉机关掌握着种类丰富与数量繁多的证据，庭审中自然理直气壮；相对而言，被追诉人才是真正的弱势群体，既要面对法律的制裁，还要面对社会的指责或是超出其承受范围的唾弃。在民众朴素的善良观里，“杀人偿命”深入人心，辩护律师是在“帮坏人说话”；辩护律师可能不赞同乃至痛恨被追诉人的所言所行，却要在承受巨大舆论谴责的压力以及周围人可能的不理解之下，不带任何偏见地对待被追诉人，客观而专业地处理案件，用自己的法律知识捍卫被追诉人的权利。因此，社会要给予辩护律师充分的理解，法庭尤其要对辩护意见予以充分的尊重。当然，辩护律师虽然必须站在被追诉人的立场为其生而为人的合法权利做辩护，但并不能一味地偏袒和维护，更不能完全服从于被追诉人的主观意志，而应当秉持公正的信念，立足于案件事实进行独立辩护，做到有理可依与有法可循。

此外，教师通过组织学生对典型案例进行初步讨论，能全面了解学生对相关法学基础知识的掌握程度以及发现学生学习中的不足与症结所在，并可以针对性地在后续再讨论环节对学生进行适当引导与思路开拓，继而在最后的剖析环节对学生知之不解的问题进行深入答疑解惑，也让晦涩的理论知识变得通俗易懂，有利于在调动学生学习兴趣的基础上提高教师授课的可受性。如在提供给学生讨论的典型案例“杭州保姆莫某晶放火、盗窃案”中，指导老师跳开真实案件审判的约束，要求学生思考三个问题。第一个问题：公诉人以放火罪与盗窃罪起诉被告人，被害人、被害人的法定代理人、被害人的近亲属和诉讼代理人（以下简称被害方）能否提出要求法院判决被告人构成故意杀人罪的请求？即被害方的控诉主张是否一定要与公诉人的控诉主张一致？第二个问题：公诉人得知被害方的控诉主张与其不一致时，该如何处理？学生在讨论第一个问题后认为：尽管公诉人和被害方同属于公诉案件的控诉方，为达到控诉方指控力度的最大化，一般情况下，被害方的主张要与公诉人的指控一致；但是，不排除特殊情况下，被害方提出与公诉人不一样指控意见的可能性，因为自由陈述和发表意见是被害方的法定权利。就第二个问题，在学生讨论以及教师引导之后，大家认为：公诉人得知被害方的控诉主张与其不一致时，不能置若罔闻，更不能强行一致，而要认真听取被害方主张，要积极应对，区分情况酌情处理：首先，如果被害方言之有理且完全合法，公诉人不能只考虑个人颜面，而应当提出延期审理的申请，在变更控诉主张之后再行起诉；其次，如果被害方观点合情合理，只是在理解法律上有偏差，公诉人应尽量依据证据和法律说服被害方，也能体现法律监督者的客观立场；最后，如果被害方无理取闹和无端指责公诉人控诉主张的，公诉人只需依法履行好国家公诉人的职责，阐述公诉机关的指控意见，并通过举证质证和辩论，使法庭确认公诉机关的指控即可。第三个问题：本案中的林某斌作为被害方究竟该以何种角色参与诉讼？学生在讨论之初观点不一，有的同学认为是被害人，有的同学认为是被害人的法定代理人，还有的同学认为是被害人的近亲属；但在学生分组发表观点以及教师总结之后，大家统一认识后认为：公诉人以放火罪与盗窃罪起诉被告人，如果围绕盗窃罪来分析，林某斌家中失窃，其为被害人，可以委托诉讼代理人；而如果围绕放火罪来分析，林某斌既是被害人的法定代理人，又是被害人的近亲属。林某斌是在火灾中死亡的三个孩子的父亲，作为父亲是三个被害孩子的法定代理人，其可以委托诉讼代理人；林某斌又是在火灾中死亡的女主人的丈夫，作为配偶是被害妻子的近亲属；林某斌作为法定代理人出庭，只能代表被害的三个孩子而不能代表其妻子，故林某斌作为被害妻子的近亲属应当委托诉讼代理人，这样出庭诉讼参与人的安排会显得更为全面。故本案中的林某斌作为被害方，既是被害人，也是被害人的法定代理人，且是被害人的近亲属以及诉讼代理的委托人。

综上，典型案例剖析实践教学模式使得学生学习变得主动而轻松，教师授课则更加活泼生动，教学的灵活性及实践的空间都得到了无限的延伸。在以学生为主体的和谐课堂氛围之下，教与学都不再枯燥而是乐在其中。

四、典型案例剖析实践教学模式实施中存在的主要问题与解决对策

一是在前期准备阶段，个别学生主动性不足。在典型案例剖析的前期准备阶段，绝大数同学都能积极主动地做好案情查阅与分析、相关知识储备等工作，但受这一阶段任务完成的自律性所决定，个别不自觉的学生不可避免地出现懈怠于自主准备或准备不充分的现象，这种浑水摸鱼做法的结果便是导致其在课堂发言环节开不了口，从而错失自我表现、锻炼与突破的宝贵机会。指导老师需要在课前布置案例时，提醒学生以防患于未然。

二是在前期准备阶段，部分学生观点上难免先入为主。在典型案例剖析的前期准备，学生刚开始只能通过新闻媒体的报道、网络等社交媒体软件平台上的当事人等各类相关人员的陈述以及大众评论中去了解案情，然而这些媒介为扩大影响率与关注度，更多的是从道德的角度去评判甚至于采用夸大或煽情的语言传播方式。学生因此所获得的对典型案例案情的认知很可能已经偏离真实，难免会使学生在观点上先入为主乃至偏见颇深，导致学生在讨论发言阶段的观点不仅流于形式，而且无法理性与深入。指导老师需要在课前布置案例时，提醒学生甄别各界观点并克服先入为主，就显得尤为重要。学生只有保持清醒理智的头脑与客观中立的立场，方能最大程度防止受到被舆论干涉的司法观点所左右。

三是在讨论发言阶段，部分学生应变能力不够。在典型案例剖析的讨论发言阶段，绝大数同学都能积极主动地做好分组讨论以及发言

等工作。然而每个讨论小组更多的是思考本小组观点与如何寻找论据，而较少站在其他小组角度去设想对方可能提出的异议观点与支撑论据。这种现象对涉世未深的学生而言，虽无可厚非，但结果必然导致学生在发言后遇到其他小组突如其来的异议观点时因措手不及而陷入被动的僵局。指导老师需要在课堂讨论之前，及时提醒学生知己知彼，并快速地从各组发言中提取出关键信息。

Chapter 3 第三章

实践教学模式之观摩庭审视频

一、观摩庭审视频实践教学模式内涵概述

观摩庭审视频实践教学模式是具有普遍适用性与最基础性的法学实践教学模式。先由指导教师组织学生观看庭审直播网或者中央电视台、最高人民法院联合录制的真实民事、刑事与行政案件示范庭审录像视频；学生认真观看示范庭审录像视频，进而查阅资料，在此基础上归纳案件一审庭审程序的要点，掌握一审庭审程序流程，并就示范庭法庭辩论环节的争点与亮点进行重点关注与展开全方位讨论。学生通过观摩真实案件的庭审视频，亲身感知庭审的庄重，体会法律的神圣，对整个司法体系与审判流程有了更加完整的把握，从而为今后的司法实践奠定良好基础。

观摩庭审视频实践教学模式与组织学生去法院旁听真实案件庭审具有异曲同工之效。但因为组织学生去法院旁听真实案件庭审不得不考虑学生出行的安全、车辆的费用、学生上课时间以及受到法院开庭时间、法庭容纳空间等诸多因素的约束，故观摩庭审视频实践教学模式比组织学生旁听案件庭审更便捷、更高效、更节约成本，也更具有普遍适用性。

二、观摩庭审视频实践教学模式实施要求

首先，由指导教师播放庭审直播网以及中央电视台、最高人民法院联合录制的真实民事、刑事与行政案件示范庭审录像视频，并组织学生认真观摩。

其次，在学生观看完示范庭录像视频之后，指导教师组织学生查阅资料，总结所观看的真实示范案件的一审庭审流程要点，进而熟练掌握一审庭审程序流程。

再次，由指导教师重点回放示范庭录像视频中法庭辩论环节，组织学生就示范庭法庭辩论环节的争点与亮点展开全方位讨论。

最后，指导教师组织学生讨论与归纳此案件审理中法庭辩论的内容、争点以及亮点、特点，从而为后续的专项庭审程序模拟以及各类案件综合模拟实践教学中的法庭辩论大赛夯实基础。

三、观摩庭审视频实践教学模式综合价值

（一）观摩各类案件庭审视频有利于学生直观地了解各类案件的庭审程序

民事案件一审庭审程序主要分为预备开庭与出庭情况审查、法庭调查、法庭辩论以及评议宣判四个阶段。具体如下：在预备开庭阶段，法院应当在合议庭组成人员确定后的3日内告知当事人，在开庭3日之前将开庭的时间、地点传唤当事人和通知其他诉讼参与人以及发布公开开庭审理的公告；在出庭情况审查阶段，书记员查明诉讼参与人到庭情况并宣读法庭规则；审判长宣布正式开庭后，宣布案由和合议庭、书记员成员，告知当事人诉讼权利和义务，询问回避事宜。在法庭调查阶段，当事人陈述后，由审判长初步归纳案件争议焦点，并征求当事人意见，最后双方举证质证；[①] 庭前证据交换中无异议的证据经过审

① 三大诉讼庭审中的举证和质证顺序一般为先言词证据（证人、鉴定人作证，宣读未到庭的证人证言、鉴定意见），后实物证据（出示书证、物证、视听资料、电子数据，宣读笔录类证据）。经法庭许可，控辩双方可以向证人、鉴定人、勘验人等发问。

判人员当庭予以说明后，不在庭审中出示。在法庭辩论阶段，原告及其诉讼代理人发表意见，被告及其诉讼代理人发表意见，第三人及其诉讼代理人发表意见，然后各方自由辩论；最后在法庭辩论结束时，由审判长按照原告、被告、第三人的先后顺序征询各方的最后意见。在评议宣判阶段，合议庭秘密评议，依法作出判决，公开宣告裁判结果。值得一提的是，在法庭辩论结束至判决前，法官会询问双方是否愿意调解，双方愿意调解并能调解成功的，法官出具调解书或调解协议；调解不成的，应当及时判决。

刑事案件一审庭审程序主要分为预备开庭与出庭情况审查、法庭调查、法庭辩论、被告人最后陈述以及评议宣判五个阶段，具体如下：在预备开庭阶段，法院确定合议庭的组成人员，将检察院的起诉书副本最迟在开庭10日之前送达给被告人及其辩护人，最迟在开庭3日之前将开庭的时间、地点通知检察院与其他诉讼参与人，传唤当事人；必要时，法院可以召开庭前预备会议。① 开庭审理时，书记员宣布法庭纪律之后向审判长报告开庭前的准备工作已就绪；审判长宣布开庭，查明诉讼参与人是否到庭，查明被告人具体情况，尤其要核实被告人是否受过处分和是否被采取强制措施、被采取处分和强制措施的种类和时间以及收到起诉书的时间；审判长宣布案由、宣布审判人员和书记员名单以及告知当事人、其他诉讼参与人有关诉讼权利，尤其要告知被告人有辩护、申请回避与最后陈述等权利；审判长向出庭的当事人、法定代理人、辩护人、诉讼代理人核实是否申请相关人员回避。

---

① 根据2018年10月26日修改后的《刑事诉讼法》第187条第2款，在开庭以前，审判人员可以召集公诉人、当事人和辩护人、诉讼代理人，对回避、出庭证人名单、非法证据排除等与审判相关的问题，了解情况，听取意见。根据2013年1月1日施行的最高人民法院《关于适用〈中华人民共和国刑事诉讼法〉的解释》第183条，案件具有下列情形之一的，审判人员可以召开庭前会议：（一）当事人及其辩护人、诉讼代理人申请排除非法证据的；（二）证据材料较多、案情重大复杂的；（三）社会影响重大的；（四）需要召开庭前会议的其他情形。召开庭前会议，根据案件情况，可以通知被告人参加。

在法庭调查阶段，公诉人宣读起诉书，被告人陈述，公诉人讯问被告人，辩护人向被告人发问，公诉方与被告方举证、质证。在法庭辩论阶段，公诉人发表公诉意见，被告人和辩护人分别自行辩护与发表辩护意见，控辩双方自由辩论，审判长按照先控后辩的顺序询问控辩双方有无补充辩论意见。被告人最后陈述，是刑事诉讼庭审中一个独立而必不可少的环节，也是法律赋予被告人的一项重要诉讼权利。在评议宣判阶段，合议庭先秘密评议，然后公开宣告裁判结果。

行政案件一审庭审程序主要分为预备开庭与出庭情况审查、法庭调查、法庭辩论以及评议宣判四个阶段。在预备开庭与出庭情况审查阶段，书记员查明诉讼参与人到庭情况并宣读法庭规则，之后向审判长报告开庭前的准备工作已就绪；审判长宣布正式开庭后，宣布案由和合议庭和书记员成员，告知当事人诉讼权利和义务，询问回避事宜，尤其要明确告知被告人无反诉的权利；最后宣读诉讼经过：法院收到起诉状后在法定期限予以立案，并向原告发送了受理案件通知书、权利义务告知书及举证须知，向被告发送了应诉通知书、起诉状副本、权利义务告知书及举证须知，向第三人发送了参加诉讼通知书、起诉状副本、权利义务告知书及举证须知。在法庭调查阶段，首先，由被告方概述所作的行政行为的主要内容及其事实、根据，然后由原告方宣读起诉状、被告方宣读答辩状、第三人陈述诉讼意见；其次，由被告方履行举证义务，原告方也有权利举证。对在庭前证据交换中当事人无异议的证据，审判人员说明后无须在庭审中出示；最后，各方主要围绕证据的形式是否合法和法律依据以及行政行为的合法和合理性等方面进行质证。在法庭辩论阶段，原告方先发言，被告方发言，第三人陈述，然后各方进行自由辩论，最后审判长按照原告方、被告方、第三人的顺序询问有无补充辩论意见。法庭辩论结束时，先由原告最后陈述，然后由被告最后陈述，最后由第三人最后陈述，当事人可以简明扼要地陈述自己的诉求。在评议宣判阶段，合议庭先秘密评议，然后公开宣告裁判结果。

（二）观摩各类案件庭审视频有利于强化学生对各类案件所涉相关实体法知识的理解

观摩各类案件庭审视频的优点在于将专业课本上枯燥烦琐的文字转化成生动真实的场景，使学生直观地掌握知识而不是被动地记住知识。以实践教学中播放的中央电视台与最高人民法院联合录制的民事案件一审录像中“李某霞诉李某、陈某、蔡某庆侵犯邻接权、录音制作合同纠纷案”为例，学生通过观摩再次熟悉了有关知识产权法的相关内容，充分了解了著作权的主体、客体、特征以及运用范围，掌握了著作权与邻接权的区别，意识到保护著作权等知识产权的重要性；此外，此案还涉及编曲、乐器使用以及录音等音乐方面的专业知识，让学生充分感受到作为一个法律人需要储备的知识不能是单一的法律知识。以实践教学中播放的中央电视台与最高人民法院联合录制的刑事案件一审录像中“被告人部某生与黄某春共同诈骗案”为例，学生通过观摩再次熟悉了有关诈骗罪、共同犯罪中主从犯以及普通共同犯罪的相关规定。以实践教学中播放的中央电视台与最高人民法院联合录制的行政案件一审录像中“刘某丽、李某诉北京市规划委违法颁发许可证案”为例，学生通过观摩再次熟悉了有关行政许可行为的相关内容。

（三）庭审视频的示范效应有利于全面提高学生在法庭调查环节的举证与质证的操作能力以及对辩论环节争议焦点的概括分析能力

学生观摩庭审视频不只是单纯的“看”，可谓“眼、手、脑”并用。因为学生在观摩中，不仅要掌握庭审举证与质证的流程，还要思考双方出示的各种证据是否具有客观性、关联性和合法性，更要将法庭辩论的内容真正映入脑海；学生在讨论中，不仅要讨论案件包含的基础知识和规则、原理，而且要进行反复的思考与沉淀，准确分析并归纳出双方法庭辩论的争点与解决办法。

因此，在观看视频过程中，首先要速记下双方的证据与观点，然后要总结出案件争点与疑点，最后还要思考：如果自己是案件争议中的一方，该从哪些角度切入与进行辩论；如果自己是案件的审判方，该如何认定事实和证据。

（四）庭审视频的示范效应有利于学生领悟到细节完善对庭审成功的重要意义

学生通过观摩庭审视频，可能感叹于行云流水般的庭审程序，可能觉得庭审程序太过烦琐枯燥乃至令人眼花缭乱，然而更为主要的是感受与关注到出庭法律职业者的服装、法槌的使用、言行举止、座位安排以及程序规范等方方面面的细节。细节对整个庭审的重要性不言而喻，可谓细节决定成败。当对庭审的要求上升到艺术层面时，庭审不再是单纯的程序或技术；一瞬间的分神就有可能导致关键的细节出错，乃至于成为错过赢得这一场官司的重要因素。

以民事与刑事案件庭审中的座位排布细节为例，首先，被告人的位置也有所不同：民事案件庭审中，被告人与代理律师一起坐在法庭的一侧；而刑事案件庭审中，被告人则独立在法庭的中间与审判人员对座。① 其次，法警的位置有所不同：民事案件庭审中，法警站立在法庭的一侧；而刑事案件庭审中，法警是分立于被告人的两侧。此外，尽管法律没有明确规定庭审中证人的位置，但是实践中还是有所不同：民事案件庭审中，证人一般在法庭的中间与审判长相对；而刑事案件庭审中，证人也可坐在审判人员的一侧与被告人相对。

以刑事案件庭审程序规范的细节为例，庭审准备从书记员宣告法庭纪律开始，然后请审判人员入场并询问人员是否来齐，再询问审判长能否开庭，审判长宣布开庭，庭审程序正式开始；不公开审理的案件，审判人员需要当庭说明理由；被害人及其诉讼代理人未到庭的，

① 在刑事庭审过程中，被告人独立坐在面对审判人员的法庭中间，左右分别为公诉人和辩护人。这种座位安排营造出一种对被告人责问之三堂会审的感觉，无形中给被告人施加较大压力。我国刑事诉讼法明确规定了未经法院依法判决任何人不得确定为有罪原则，即开庭审理阶段的被告人还是无罪之人，为彻底杜绝冤假错案的发生，应该在方方面面充分保障其人权，因此个人觉得我国刑事诉讼庭审的被告人座位安排有一点不合理。尽管被告人坐位的安排只是形式上一个小小的细节问题，但诉讼形式往往也是诉讼观念的体现。

法庭应予以说明，同时应当由公诉方代为宣读被害人陈述；有些不能省略但可以在庭前进行的程序，审判人员需要在庭上进行说明。公诉方宣读完起诉书后，由被告人先行陈述；在被告为多人的情况下，审判长对于被告关于起诉书异议的讯问应当将被告人单独分开，以免多名被告人之间达成串供的默契；证人、鉴定人如庭前未签署如实作证的保证书，审判人员应当要求其当庭签署；庭审用词需要注意严谨性，例如，鉴定意见不能说成鉴定结论，更不能说成书证；证人、鉴定人出庭作证表明身份后，先进行陈述，再由控辩双方依次发问；控辩双方在法庭调查阶段的每一次讯问、询问和发问都要有针对性，盲目而随意的问话只会模糊重点，但也不能用诱导性或指示性语言；控方提供的证人，按照先控后辩的发问顺序，反之亦然；控辩双方按照先言词证据、后书面证据的顺序出示证据，提交的证据都要由出示方详细介绍证据内容及其目的；举证方出示证据后，由对方进行辨认、发表意见，且证据的传递由法警进行；控辩双方在法庭辩论阶段的辩论观点在法庭调查阶段都要有相应证据支撑，这样才能有说服力；审判人员在庭审过程中熟练把握节奏，在尊重程序的同时也注重效率，特别是对于双方争论焦点的归纳与引导双方围绕案件争点进行辩论都要恰到好处。

（五）观摩各类案件庭审视频使学生充分领悟出诉讼“三方组合”构造的程序价值以及司法裁判的理性对法律公正的保障价值

双方平等对抗、审判居中裁判的“三方组合”程序构造是揭示案件真实与直观实现法律公正的最佳保障。居中裁判的审判方处于控、辩、审三角结构的中心位置，不仅要控制全局，要中立听证和消极裁判，还要保证每个人在庭审的过程中平等地享受到其应有的权利并且履行相应的义务，这主要通过审判方不断地提醒、告知、发问等方式来实现的。由此可知，审判方应以最为严谨的态度、最为审慎的理性方式来对待诉讼过程中的每一个阶段和步骤，熟知诉讼过程中的每一个细节，严格执行法律正义。审判方关注舆论但不为舆论左右，尽管明了社会的期待，却不会以心定罪，不靠简单附和去消弭社会上偶尔围绕案件所出现的激愤而混乱的舆论；相反，不受外界干扰，以法律的理性思维客观判断案件，冷静而严格地依法裁判，一如既往地用客观公正的判决以惩处犯罪，给善良以力量；同时，不能因为被告人可能实施犯罪的情节恶劣而剥夺或削减被告人的法定诉讼权利。

通过观摩真实案件的示范庭审视频，清晰明朗的案件事实、具体细致的程序流程以及司法裁判者的理性得以充分展现，学生有种身临其境的感觉，事实真相与庭审程序不再是模糊的轮廓或印象，而是原告方（公诉方）、被告方和审判方即诉讼“三方组合”在严肃氛围下公正解决纠纷的具体活动。此外，示范庭各类人员的座位安排也是仪式感十足：审判方的座位居中且居上，审判方右侧为原告方（公诉方），审判方左侧为被告方；审判方居中面朝旁听人员，预示着审判方要接受旁听人员的注视，时刻提醒审判人员要接受民众的审视，对得起民众的信任；审判方与控辩双方的座位同等距离，预示着审判方中立的立场，不偏向控辩的任何一方，而要做出公正的审判，对得起公理二字。程序的严谨性、法官的审慎性与庄重的仪式感将成为永恒的记忆，实实在在地印刻在学生们的脑海中。

（六）庭审视频的示范效应能有效塑造法律职业者孜孜追求法律公正的信念并情不自禁地对法律心生敬畏之情

学生们通过观摩庭审视频，亲眼目睹偌大的法庭、穿着法袍的审判长和审判员、严阵以待的公诉人和辩护人以及法庭审判全过程，亲身感受到了法庭传递的庄严、神圣和十足的仪式感，对法庭审判与法律公正的理解更加显性与感性化。

从庭审的宏观视角来看，红黑相间的法袍使审判人员化身为检阅司法活动的使者，审判长威严深沉的形象和不怒自威的气势从他走进法庭的那一刻已显露无疑，审判人员对庭审中控辩双方的诱导等不当发问方式的及时制止体现出不偏袒任何一方的中立立场；检察官外表干练，举止大方，在法庭上一身正气与沉着冷静让人肃然起敬；律师的辩护或代理如抽丝剥茧般从细微处着手，并出奇制胜，让人倍感其思维缜密与反应敏锐。仰头可见的是熠熠生辉的中华人民共和国国徽，可谓明镜高悬。有条不紊的法庭秩序彰显法庭的威严，也是法的威严与公信力的体现。庄严肃穆的法庭气氛与严谨紧凑的庭审程序用无声的语言告诉学生：法庭之上无关地位、财富与人情，法律是公平的，法律面前人人平等。

从庭审的微观视角来看，在示范庭的法庭调查阶段，控辩双方分别举证、继而互相质证；审判人员充分听取当事人的陈述、证人证言等，并在必要时进行发问，对案件事实和所有证据进行全面调查核实。如在刑事诉讼中，讯问被告人、询问证人都要分别进行，防止被告之间串供以及证人之间证言受影响；控辩双方对被告人的讯问、发问都极具针对性且不得采用诱导方式。对证人的询问不得以威胁等不当方式以及有损证人人格尊严，在内容上要与案件事实有关。通常采用“一证一质、一质一辩”的质证方式，既有利于保障审判人员条理清晰地查清事实，也有利于提高法庭调查的效率。在示范庭的法庭辩论阶段，各方依次发言，面对对方质疑仍从容自若，言语简明扼要却铿锵有力，虽激烈辩论却不出粗言，虽据理力争却不咄咄逼人；双方以事实为依据，伶牙俐齿地展开一场有理有据并融情入法的思维上和逻辑上的博弈；审判人员要扮演“听审者”“引导者”而不是“审问者”“干涉者”的角色，要及时提醒各方即将进行的活动，制止不当的发问方式，归纳双方争议焦点，提醒双方围绕争点进行充分辩论，确保庭审程序的有序和高效；审判长精神抖擞且声音洪亮，既是整个庭审的主持人，更是庭审程序顺利进行的引导者。

整个示范庭审程序的规范性让学生充分感受到庭审氛围的严肃性、法官的权威性、各方律师的思维敏捷性以及检察官的风采。学生对法官、检察官以及律师的兢兢业业与一丝不苟深有感触，清晰体会到法律人所肩负的秉公执法的重任，并对法学专业越来越感兴趣，更加明白在庭审中要坚持实体公正与程序公正并重。尽管法庭给人以严肃沉闷的感觉，但是法庭绝对是最公正和最有力量的地方。通过观摩示范庭审，学生对法律的严肃和公正心生敬畏之情，真正体悟法律公正与司法权威的精神内涵，对法律的崇敬和坚定的信仰进一步升华，有利于唤醒学生内心深处对法律职业的向往，也更加坚定了学生们将来运用法律维护公正以及法律面前人人平等的信念。可谓受益匪浅。

四、观摩庭审视频实践教学模式实施中存在的主要问题与解决对策

学生通过观摩庭审视频，无论是从程序上还是实体上对法学知识的领悟都收获颇丰。但是准备的过程和最终的表现存在一些问题，有待总结与反思。

一是个别学生放松有余，指导老师要予以及时警告。个别学生将示范庭录像视频当作电影来看，轻松自如地看完之后却不知道示范庭庭审的亮点与争议焦点何在，走马观花，没有真正参与其中。示范庭审的最大看点就在于程序的完整有序、法庭调查的严谨规范以及法庭辩论的精彩对抗，这也是学生在观摩中要认真领悟与学习的关键所在。

二是一些学生速记能力不够，指导老师要予以及时提醒。一些学生不能在示范庭录像播放的过程中，同步地用脑或用笔记录下庭审中案件事实证据、争议过程和争议焦点，必然导致在后续的讨论与归纳环节对案件审理中法庭辩论的内容、争点、亮点与特点等分析判断上存在较大偏差或过于简单空洞。

三是一些学生归纳能力不够，需要学生平时多加思考与训练。一些学生对案件争议焦点的归纳不够全面完整，不够深入精准。条理清楚的归纳能力与有效维护诉讼利益之间息息相关，对法律人来说非常重要。无论是作为公诉人的检察官，还是作为辩护人或诉讼代理人的律师，都要具备极强的案件归纳能力，才能清楚地表达出诉求，才能逻辑分明地阐述事实、证据与理由。而作为审判方的法官，更是要具备极强的案件归纳能力，才能在概括双方诉求与异议观点的基础上，有理有据地加以取舍与认定。

Chapter 4

第四章

实践教学模式之国内庭审程序专项模拟[①]

一、国内庭审程序专项模拟实践教学模式内涵概述

庭审作为诉讼案件的中心环节，是控辩审三方齐聚一堂查明事实、审查证据、依法确定案件实体问题（民事、行政诉讼中当事人权利义务以及刑事诉讼中被告人罪与罚）的关键程序。国内庭审程序专项模拟作为高校法学专业实践教学的重要形式，是对真实案件审判活动的模拟，而不是程序化、格式化和戏剧化的“表演”；并贯彻“以学为主体、以教为主导”的教学理念，“以案例为媒介，以法庭为平台，以庭审为内容，以学生为主体，有助于实现学生自我设计、自我操作、自我创新、自我提高”。[②]

国内庭审程序专项模拟实践教学模式通过民事、刑事和行政案件的精心选择、分组讨论、角色扮演与模拟审判，在教学中系统地对学生的民事与行政诉讼代理、刑事

① 本章部分内容曾被作者公开发表于论文——胡玉霞：《模拟法庭实践路径研究》，载《河北农业大学学报（农林教育版）》2018 年第 1 期，第 59 ~ 63 页。特此说明。

② 参见马柳颖：《模拟法庭教学中存在的问题及其解决路径》，载《高教论坛》2014 年第 4 期，第 26 页。

辩护与公诉以及各类案件的审判能力进行有针对性的训练，帮助学生掌握诉讼法的基本概念、基本理论和各类案件庭审程序的具体内容，全面提高学生的分析、解决诉讼中实际问题的能力，培养其创造性、实践操作能力与法律知识的综合运用能力，并进一步夯实学生的理论功底，为学生将来毕业后从事法律实务工作打好坚实的基础。

二、国内庭审程序专项模拟实践教学模式实施要求

首先，民事诉讼法学、刑事诉讼法学和行政诉讼法学课程属于程序法。由于程序法在实体法面前显得相对枯燥，且内容极为庞杂，在围绕理论知识灌输的课堂讲授中，即便教师再三强调各类程序内容的细节以及程序的重要性，但在很短的时间内，学生就会抛之脑后抑或是只留下模棱两可的印象；学生光靠死记硬背程序法中各项烦琐程序规定，纵使花费再多精力也可能是事倍功半。其次，三大诉讼法课程又属于实践性较强的应用法学，必须以对诉讼案件操作程序以及相关知识的实际应用与综合理解为教学设计的重点。因此，在三大诉讼法课程中设置国内庭审程序专项模拟实践活动，充分发挥模拟法庭在嫁接程序法与实体法中的桥梁作用成为势在必行的选择，在此基础上，也可以单独开设专门的模拟法庭课程进行专项模拟实训，给学生提供更多对所学知识加以综合运用的机会和场合。学生通过模拟法庭的实践，遵从程序法的相关规定，对各类案件一审、二审和再审庭审程序有更直观而深刻的认识和把握，并在实际运作法庭程序中将实体法知识运用于案件纠纷的解决中去，大大激发了学生对程序法的兴趣，锻炼法律思维能力与掌握解决问题的技巧，不仅有效检验了学生对于程序法的学习，也提高了学生运用实体法解决问题的能力，对培养适合从事司法工作和其他法律实务部门工作的应用型人才非常有价值。

为了让所有诉讼参与人和证据材料都能在同一场合完整而集中地加以呈现，并全面体现直接言词原则、非法证据排除规则、公开审判、法官中立、控辩对抗等诉讼原则和制度，国内庭审程序专项模拟主要

选择的是第一审普通程序。下文将以程序最为完整的刑事公诉案件一审普通程序的模拟审判为范例，详细介绍刑事庭审程序专项模拟实践教学模式之实施步骤与要求。

（一）教师做好模拟前的适当准备

学生毕竟不是专业法律职业者，庭审程序专项模拟也不是真实庭审，所以需要指导老师做好活动前的适当准备。

1. 模拟法庭教学硬件条件的落实。如模拟法庭地点的确定、相应审判必备设施（法槌、电脑、桌椅、话筒）的布置、检查以及司法专用服装、印制材料（案例材料、法律文书、表格、纸张等）的准备等。

2. 组织观看庭审直播网以及《中国法庭》等真实法庭审理的视频录像，有条件的还可以组织学生到法庭旁听、观摩真实庭审活动，调动学生的兴趣与积极性，让学生接受直观生动的实践教育。

3. 结合学生所观摩的真实庭审活动进行讲解与指导。首先，由学生结合所观摩的真实庭审活动踊跃发言，发表与讨论所见所闻所感；其次，指导老师针对此案件，进行具体的讲授与总结，如法律思维方式的运用，相关文书的制作要求，法庭审理的具体程序，公诉词与起诉书的区别，质证与辩护的技巧，法官庭前审查的内容和方法，审判长如何有效引导庭审活动，法庭审判中各成员的职责，法官如何审查核实证据等；最后，由于课堂时间有限，指导老师将模拟法庭的教学大纲、指导书和教学课件等全套电子教学指导资料提供给学生课外自学，这是庭审程序专项模拟得以顺利进行的保障。

4. 给学生提供合适的真实案件材料。教师在给学生提供模拟案件的素材时，要“有所保留”，最好提供的是侦查卷宗，或者是真实案例的基本案情与主要证据目录。这样，学生可以在此框架之下，充分发挥自主创新能力，查找相关资料，深入分析案件，细化具体案情，乃至创设某些证据，从而让模拟活动来源于真实，又高于真实，使其成为名副其实的完美“模拟”。相反，如果将真实案例审判中所涉及的所有事实与证据材料或将整套模拟剧本都提供给学生，学生丝毫没有发挥的余地，无须创造，也就无须思考，只会照本宣科，一味地简单模仿；这样的模拟只是真实庭审的“复制品”，学生也仅是“搬运工”。

5. 明确庭审程序专项模拟实践活动的基本要求，重点强调各环节所需基本知识、遵循的基本程序以及注意事项。

（二）学生做好国内庭审程序专项模拟前的充分准备

在国内庭审程序专项模拟活动中，学生为主角，教师只是观众。学生作为真实案件中司法人员或现实冲突的诉讼参与人，必须在开庭前做好充分准备。

1. 学生在自主协商的基础上选择案例与分配角色。首先，针对指导老师提供的案例材料，学生集体讨论，来共同选定合适的案例。每个案件的模拟参与人员根据所分配的控、辩、审的角色，组成控诉组、辩护组与审判组。公诉组包括：公诉人，根据案情繁简程度确定具体人数，但至少为两名；有被害人的，还应包括被害人；被害人未成年的，还要配备法定代理人；每个被害人可以委托 1 名至 2 名诉讼代理人；此外，控方提供的若干证人或鉴定人。辩护组包括：被告人，根据案情确定人数；被告人的辩护人，每个被告可以委托 1 名至 2 名辩护人；此外，辩方提供的若干证人或鉴定人。审判组包括：审判长、审判员、人民陪审员、书记员若干名；法警若干名。每个班根据学生的人数自主确定所选案件的数量与模拟庭的数量，即班级人数多的，可以多分几个模拟庭进行实践。最终期望达到的理想状态是每个同学都能参与其中，扮演实实在在的角色，即都是模拟实践的主角。学生根据选定的案件情况，在自由报名的基础上，统筹协商确定担任案件中的何种角色。对所有担任案件中不同角色的学生，教师应对其提出各自不同的要求。必要时，学生间可进行角色轮换；即针对同一案例再进行模拟，通过角色互换，达到换位思考的目的。通过角色选择使学生体会到不同角色特有的职责和完成法律实务流程的技巧，提升学生综合实务技能。①

---

① 参见房文翠：《法学教育中的法学实践教学原则》，载《中国大学教学》2010 年第 6 期，第 73 页。

2. 每个学生对案情的分析、讨论。每个学生必须对选定的案例查找资料、充分熟悉案情，并进行初步分析。重点围绕以下内容进行：弄清案件中的当事人身份、人数；熟悉被告人被指控的主要犯罪事实以及时间、地点、手段与实施过程；初步判断被告的行为是否构成犯罪；如果构成犯罪，构成何罪；分析被告人有可能在什么幅度内量刑，有无法定从、减、免刑情节等。

3. 每个学生对证据的审查与归类。每个学生对于案件材料中涉及的证据材料，都要运用逻辑推理的思维形式进行比较、鉴别、评判、归类，做到去粗取精、去伪存真、由此及彼、由表及里；进而对证据材料进行综合评判，确认每个证据的真实性，并综合评价它们的证明力，进而对案情事实得出初步结论。

4. 每组同学进行集体讨论。在每个学生对案件认真梳理并有了自己初步看法的基础上，每组同学要集中起来，围绕事实、证据对被告人的定性（确认行为是否构成犯罪）、定罪（确认构成何罪）与量刑（处以怎样的刑罚）进行深入讨论与思考。在集体讨论时，每位同学要充分发表自己的看法并注意听取他人对本案的分析观点，并根据指导老师的提示、启发，对模糊问题进行重新认识，集思广益，得出较为正确的结论。

5. 其他前期活动也要有条不紊地进行。例如，熟悉所担任参与人的权利、职责、义务，法庭的运作程序和技巧；公诉人要制作起诉书，向法官提起刑事诉讼，并在开庭前草拟好公诉词；辩护人要精心准备，制作辩护词；法官对起诉书进行审查，决定开庭后要制作传唤当事人与通知诉讼参加人出庭的相关文书等。根据案件情况，学生还可以自主决定是否需要制作模拟庭审演示活动的剧本。剧本实质是对模拟演示全程的实况文字记录，内含起诉书、辩护词、公诉词、判决书等主要法律文书。

（三）正式进行国内庭审程序专项模拟的流程要求

学生可以利用课外时间进行初步模拟活动；在此基础上，三个小组推选出本组表现优秀的同学作为代表参加最终展演的国内庭审程序专项模拟活动，指导老师和未上场的同学认真观摩。

具体流程如下：首先，书记员受审判长委托查明公诉人、诉讼参与人是否已经到庭；宣读法庭规则；请公诉人、辩护人、审判人员入庭；审判人员就座后，就开庭前的准备工作已经就绪向审判长报告。然后，审判长宣布开庭，传被告人到庭，并查明被告人的自然情况以及被采取法律处分、强制措施的具体情况，以及收到检察院起诉书副本的日期。其次，审判长宣布案件的来源和案由以及是否公开审理；宣布合议庭的组成人员、书记员、公诉人、辩护人、诉讼代理人、鉴定人和翻译人员的名单并告知当事人（法定代理人）、辩护人、诉讼代理人有权对合议庭组成人员、书记员、公诉人、鉴定人和翻译人员申请回避；告知被告人享有辩护、最后陈述等诉讼权利。接着，进入法庭调查阶段。首先由公诉人在法庭上宣读起诉书，被告人、被害人可以就起诉书指控的犯罪进行陈述，公诉人讯问被告人。被害人、诉讼代理人和辩护人等经审判长许可后，向被告人发问。然后证人、鉴定人出庭作证。最后公诉人、辩护人向法庭分别出示物证，让当事人辨认，对未到庭的证人的证言笔录、鉴定人的鉴定意见、勘验笔录和其他作为证据的文书，当庭予以宣读。然后，进入法庭辩论阶段。在审判长的主持下，公诉人、当事人和辩护人、诉讼代理人对证据和案件情况发表意见并且互相辩论。法庭辩论的顺序为：公诉人发言，被害人及其诉讼代理人发言，被告人自行辩护，辩护人辩护，控辩双方进行辩论。之后，被告人最后陈述；审判长宣布休庭，合议庭进行评议；审判长口头宣告判决并告知被告人上诉的权利。书记员将最终模拟庭审的全部活动制作成笔录，经审判长审阅后，分别由审判长和书记员签名，并在庭审后交由当事人阅读并在确认无误后予以签名或者盖章。① 值得一提的是，在整个模

① 笔录中的出庭证人、鉴定人陈述部分，则交由证人、鉴定人阅读，并在确认无误后予以签名或者盖章。

拟庭审中，“学生应当始终保持一种真实感和使命感”。[①]

（四）国内庭审程序专项模拟后的评价、总结与评定要求

1. 教师评价。指导老师针对最终模拟演示过程中的优点与不足之处，在每个班级的模拟活动结束后，要当场予以针对性的、全面性的点评。点评内容主要包括：庭审程序是否规范、实体法运用是否正确、法律文书格式和内容是否准确、各角色的表现是否到位。方式既包括总体的宏观评价，又包括评价个人的亮点与不足的微观评价。

2. 学生总结。学生需要趁热打铁，进行自我思考与总结；且必须在记忆犹新的状态下，最好在模拟活动结束后两天内将书面总结材料提交给指导老师评阅，作为模拟活动的评分依据之一。学生总结应着重写自己的认识，特别要写出自己的收获，思考后的理性认识，对模拟活动进行评价；具体内容可以包括：模拟实践的内容、方法、分析、启示、经验体会、理性思考、收获与发现，在模拟中自己和他人的优点与不足，对法庭角色定位与职责或技巧等的进一步理解，如何进一步予以完善的建议与意见等。思考与总结的过程，是一个内化与升华的过程，这才是模拟法庭实践教学的真正意义所在。

3. 成绩评定。指导老师可以根据学生参与模拟实践的表现、各环节工作完成的情况、自我书面总结的质量三项指标按百分制综合评定。实践中的具体表现，占30%，具体评分标准：是否准时参加各环节实践活动，是否按时完成指导教师布置的各项实践任务，是否提供各种实践材料，是否虚心接受指导，是否爱护活动场所公共财物，参与是否全面积极。实践环节各项工作完成质量，占30%，具体评分标准：案情是否熟悉，证据整理、分类是否规范、准确，适用法律是否正确，程序是否规范，法律文书写作形式是否规范、内容是否正确，角色表现是否到位。自我书面总结的质量，占40%，具体评分标准：自我书

---

① 侯鹏：《高职法律模拟法庭的教学探究》，载《职业技术教育》2013年第26期，第41页。

面总结中，活动内容、收获、认识或感想、意见或建议等内容是否涉及，层次是否清楚，结构是否合理，语句是否通顺、流畅，能否运用所学专业知识对模拟实践过程中发现的实际问题进行深入的分析。

此外，在活动结束之后，可将表现优异的班级学生的模拟庭审演示活动及教师点评的全程直播录像刻录成光盘，这既是对整个实践活动的直观、全面的记录，也可用于指导下届学生更好地进行国内庭审程序专项模拟活动。

三、国内庭审程序专项模拟实践教学模式综合价值

（一）一审庭审程序的专项模拟有利于学生详细而明晰地掌握各类案件的一审庭审程序以及在无形中强化学生对各类案件一审庭审以及一审相关程序的横向比较

1. 掌握民事诉讼、刑事诉讼与行政诉讼一审庭审程序的主要不同之处

（1）实现的主要目的不同。民事诉讼实现的主要目的是公正及时地解决民事纠纷，刑事诉讼实现的主要目的是惩罚犯罪与保障人权；行政诉讼实现的主要目的是依法行政与保障相对人合法权益。

（2）适用的法律依据不同。民事诉讼庭审中适用的法律依据是民事实体法和民事诉讼法，刑事诉讼依据的是刑事实体法和刑事诉讼法，行政诉讼依据的是行政实体法和行政诉讼法。

（3）贯彻的诉讼原则不同。民事诉讼实行处分原则、辩论原则、调解原则等，刑事诉讼实行人权保障原则、不得强迫自证其罪原则、职权原则、检察院监督原则、辩护原则等，行政诉讼实行行政行为的合法性与合理性原则等。

（4）法院的审理对象（争议焦点）不同。民事诉讼审理的是民事权利义务之争，刑事诉讼解决罪与罚（罪与非罪以及罪轻和罪重）的问题，行政诉讼主要审理行政行为的合法性和合理性。

（5）控辩双方之间的关系不同。民事诉讼中，控辩双方是地位平等的民事主体。刑事诉讼中，公诉案件的控辩双方分别是代表国家行

使公诉权的检察机关和相对弱势的被告人，自诉案件中控辩双方是相对平等的自诉人和被告人。行政诉讼中，控辩双方之间存在不平等的行政管理关系，被告是行政管理主体，原告是行政管理相对人。

（6）作为诉讼主体的专门机关不同。民事诉讼、行政诉讼与刑事自诉案件中作为诉讼主体的专门机关一般都只有法院，刑事公诉案件中作为诉讼主体的专门机关包括公安机关、国家安全机关、检察院和法院等。

（7）合议庭组成不同。三大诉讼案件在一审合议庭的组成上有很多相同点，如三大诉讼案件一审合议庭一般有两种组成方式，[①] 合议制成员为3人以上的单数；合议庭内部评议实行少数服从多数的原则，合议庭不同意见，必须如实记入笔录。但三大诉讼案件在一审合议庭的组成上也有区别，如民事与行政诉讼一审合议庭的成员人数只要为3人以上单数即可，而刑事诉讼一审合议庭的组成相对复杂。[②]

（8）被告人是否必须到庭的规定上不同。三大诉讼在控方当事人拒不到庭或中途退庭的处理上有相似之处，如民事、行政诉讼的原告人以及刑事自诉案件的自诉人、刑事附带民事诉讼原告人在经合法程序的传票传唤之后，无正当理由拒不到庭或者未经法庭许可中途退庭的，可以或者应当按照撤诉处理。[③] 但是，三大诉讼在被告人是否必须

---

① 一审合议庭一般有两种组成方式：既可以由审判员组成合议庭，也可以由审判员和人民陪审员组成合议庭。

② 根据2018年10月26日修改的《刑事诉讼法》第183条，刑事案件一审合议庭组成人数相对复杂：如果由基层人民法院、中级人民法院审判第一审刑事案件，合议庭的成员为审判员3人或者为审判员和陪审员共3、7人……如果由最高人民法院审判第一审刑事案件，合议庭的成员如果由高级人民法院审判第一审刑事案件，合议庭的成员为3、5或7名审判员或者由审判员和陪审员共3、7人；为3、5或7名审判员，不能有陪审员参与。

③ 但在细节的规定上又有所不同：在民事、行政诉讼中，经法院传票传唤，原告无正当理由拒不到庭，或者未经法庭许可中途退庭的，可以按照撤诉处理；刑事自诉案件的自诉人经法院两次传票传唤，无正当理由拒不到庭，或者未经法庭许可中途退庭的，法院应当裁定按照撤诉处理；刑事附带民事诉讼原告人经法院传票传唤，无正当理由拒不到庭，或者未经法庭许可中途退庭的，应当按撤诉处理。而只要是刑事公诉案件，无论是按照普通程序还是简易程序进行一审，公诉人必须出庭，被害人则可以不出庭。

到庭的规定上差距极大。民事、行政诉讼的被告人以及刑事附带民事诉讼被告人在经合法程序的传票传唤之后，无正当理由拒不到庭或者未经法庭许可中途退庭的，可缺席判决。① 而在按普通程序或简易程序审理的刑事公诉或自诉案件中，被告人必须出庭，不能缺席审判；对拒不出庭的被告人，可以采用强制措施。

（9）涉及回避的申请主体与决定主体不同。刑事诉讼中，当事人、法定代理人及其辩护人、诉讼代理人有权申请回避，不服回避决定可申请复议一次；民事与行政诉讼中，当事人及其法定代理人有权申请回避，不服回避决定可申请复议一次。刑事诉讼中，书记员、翻译人员、鉴定人和勘验人的回避应当分别由院长、检察长、公安机关负责人决定；民事与行政诉讼中，书记员、翻译人员、鉴定人和勘验人的回避应当由审判长决定。

（10）控辩双方是否可以和解以及和解后的处理上不同。行政诉讼案件的控辩双方不能和解。民事诉讼与刑事自诉案件的控辩双方有权要求庭外和解；在自愿和解基础上，控方可以撤诉。刑事公诉案件的控辩双方原则上不能和解，但是满足法定刑事和解条件的公诉案件除外。②

（11）法院是否可以调解不同。在审判人员的主持下，民事诉讼案件的当事人在自愿、平等和合法基础上可以通过调解结案，离婚案件

---

① 在民事诉讼中，法院对必须到庭的被告，经两次传票传唤，无正当理由拒不到庭的，可以拘传。在行政诉讼中，法院对被告经传票传唤无正当理由拒不到庭，或者未经法庭许可中途退庭的，可以将被告拒不到庭或者中途退庭的情况予以公告，并可以向监察机关或者被告的上一级行政机关提出依法给予其主要负责人或者直接责任人员处分的司法建议。

② 下列公诉案件，犯罪嫌疑人、被告人真诚悔罪，通过向被害人赔偿损失、赔礼道歉等方式获得被害人谅解，被害人自愿和解的，双方当事人可以和解：因民间纠纷引起，涉嫌侵犯公民人身权利、民主权利罪和侵犯财产罪的案件，可能判处三年有期徒刑以下刑罚的；除渎职犯罪以外的可能判处七年有期徒刑以下刑罚的过失犯罪案件。犯罪嫌疑人、被告人在五年以内曾经故意犯罪的，不适用和解程序。刑事公诉案件双方当事人和解的，公安机关、检察院、法院应当听取当事人和其他有关人员的意见，对和解的自愿性、合法性进行审查，并主持制作和解协议书。对于达成和解协议的案件，公安机关可以向检察院提出从宽处理的建议，检察院可以向法院提出从宽处罚的建议；对于犯罪情节轻微，不需要判处刑罚的，可以作出不起诉的决定。法院可以依法对被告人从宽处罚。

必须进行调解但不应久调不决；但是，以下案件不得调解：适用特别程序、督促程序、公示催告程序的案件，婚姻等身份关系确认案件以及其他根据案件性质不能进行调解的案件。刑事自诉案件中被害人有证据证明的轻微刑事案件以及告诉才处理案件的当事人可在自愿、平等和合法基础上通过调解结案，“公诉转自诉”案件[①]则不可以通过调解结案。法院在刑事附带民事诉讼案件中，可以对附带民事诉讼部分进行调解；刑事公诉案件却不能通过调解结案。法院审理行政诉讼案件原则上不适用调解，特殊情况除外。[②]

（12）被告人是否享有辩护权利不同。辩护权专属于刑事诉讼的犯罪嫌疑人与被告人，民事诉讼与行政诉讼的被告人不具有辩护权利。

（13）被告是否具有反诉权利不同。民事诉讼的被告人可以在本诉进行中（受理后至辩论终结）向受理本诉的法院提出针对原告人的、与本诉适用同一诉讼程序且存在牵连关系的反诉。刑事自诉案件中“公诉转自诉”案件不可以提出反诉，而告诉才处理以及被害人有证据证明的轻微刑事案件的被告人在诉讼过程中，可以对自诉人提起内容与本案有关的、且属于告诉才处理和被害人有证据证明的轻微刑事案件的反诉。刑事公诉案件以及行政诉讼的被告人不具有反诉的权利。

（14）预备开庭与出庭情况审查阶段的具体程序不同。在民事诉讼、行政诉讼中，书记员查明当事人和其他诉讼参与人是否到庭；在刑事诉讼中，由审判长亲自或委托书记员查明当事人和其他诉讼参与人是否到庭。在三大诉讼中，均由审判长核对当事人自然情况以及告知当事人有关诉讼权利。但在刑事诉讼中，由于刑事案件涉及到被告人的定罪量刑的问题，法官在核对自然人情况时，一定要问清楚每位

---

① 所谓“公诉转自诉”案件，指的是被害人有证据证明对被告人侵犯自己人身、财产权利的行为应当依法追究刑事责任，而公安机关或者人民检察院不予追究被告人刑事责任的案件。

② 法院审理行政案件，原则上不适用调解；但是，行政赔偿、补偿以及行政机关行使法律、法规规定的自由裁量权的案件可以调解。

被告人是否受过处分及处分的种类和时间、是否被采取强制措施及强制措施的种类和时间、是否收到检察院制作的起诉书及收到起诉书的时间，尤其是能折抵刑期的拘留、逮捕、指定居所监视居住和留置措施的具体采取与结束时间。在刑事诉讼中，审判长在告知当事人、法定代理人、辩护人、诉讼代理人有申请回避等有关诉讼权利时，还要特别告知被告人有辩护权与最后陈述的权利。而在行政诉讼中，审判长告知当事人有关诉讼权利时，尤其要明确告知被告人无反诉的权利。

（15）法庭调查阶段的具体程序有所不同。民事诉讼的法庭调查阶段以原告宣读起诉书为开端。刑事诉讼的法庭调查阶段以公诉人宣读起诉书为开端。行政诉讼的法庭调查阶段以作为被告的行政主体概述所作的行政行为的主要内容及其事实、根据为开端，然后再由原告方宣读起诉状。

（16）涉及证据的法定种类不同。我国三大诉讼法规定的证据种类累计 14 种。三大诉讼庭审中涉及的共同证据种类累计 7 种：物证、书证、证人证言、鉴定意见、视听资料、电子数据、勘验笔录。专属于刑事诉讼的证据种类累计 5 种：被害人陈述，犯罪嫌疑人、被告人的供述和辩解，检查笔录，辨认笔录，侦查实验笔录。专属于行政诉讼的证据种类只有 1 种：现场笔录。共同属于民事与行政诉讼的证据种类只有 1 种：当事人陈述。即刑事诉讼庭审中可能涉及的证据种类的最高总数为 12 种，民事诉讼庭审中可能涉及的证据种类的最高总数为 8 种，行政诉讼庭审中可能涉及的证据种类的最高总数为 9 种。

（17）证明对象不同。刑事诉讼庭审中的证明对象包括：被指控犯罪的构成要件事实，包括犯罪主体、犯罪客体、犯罪的主观方面以及犯罪的客观方面；有关量刑情节的事实，包括了法定情节和酌定情节的事实；排除行为违法性、可处罚性以及排除、减轻行为人刑事责任的事实；诉讼程序事实，包括有关管辖、回避、强制措施、法定期限、专门机关侵犯被告人诉讼权利以及其他程序事实。民事诉讼庭审中的证明对象包括：实体法律事实，具体包括引起民事法律关系发生、变更和消灭的事实，妨碍当事人权利行使、义务履行的法律事实，以及当事人之间权利义务发生纠纷的法律事实；程序法事实，具体包括有关当事人资格、管辖、回避、财产保全、先予执行、诉讼期间、妨害诉讼的强制措施、再审以及其他程序事实；有关外国法律法规等与案件有关的其他法律事实。行政诉讼庭审中的证明对象包括：与行政行为合法性的相关事实，与行政行为合理性的相关事实，行政行为所依据的规范性文件。

（18）举证责任分配原则不同。在民事诉讼中，举证责任分配原则为“谁主张，谁举证”，双方当事人谁提出主张谁负责举证，即双方都要承担举证责任，举出证据证明力弱的一方承担败诉的不利后果；当然，还存在法定的举证责任倒置的例外情形。在刑事诉讼中，由于贯彻不得强迫自证其罪原则和控方举证规则，公诉案件原则上由公诉人举证，自诉案件原则上由自诉人举证。在行政诉讼中，由于原告是处于弱势地位的行政相对人，故原则上由作为被告的行政主体对其行政行为的合法性和合理性进行举证；这是基于公平原则考虑当事人提供证据的现实性和可能性，同时也有利于督促行政主体积极主动地依法行政。

（19）证明标准不同。我国三大诉讼实践原则上实行一元化的证明标准，即案件事实清楚和证据确实充分。然而在三大诉讼法法典的文字表述上仍有细微差距：民诉法为“事实清楚”，行政诉讼法为“证据确凿”，刑诉法为“案件事实清楚，证据确实、充分”；① 可见，从三大诉讼法对证明标准的文字表述可以看出：相对而言，民事诉讼证明标准最低，行政诉讼证明标准居中，刑事诉讼证明标准最高。证明标准中的“案件事实清楚”是指与案件有关的事实情节都必须查清，“证据确实（确凿）”是指证据在质的方面必须真实且具有证明力，“证据充分”是指证据在量的方面必须达到法定的要求。之所以要求刑事诉

① 现行2017年修正的新《民事诉讼法》第170条、新《行政诉讼法》第69条以及2018年修改的新《刑事诉讼法》第200条。

讼比行政和民事诉讼有更高的证明标准，是因为在刑事诉讼中，宁可疑案从无，也不能冤枉无辜。根据我国法律规定和司法实践，刑事诉讼中有罪认定的证明标准是证据足以对所要证明的案件事实得出确定无疑的结论且排除其他一切可能，即排除合理的怀疑。而最高人民法院《关于民事诉讼证据的若干规定》第 73 条规定："双方当事人对同一事实分别举出相反的证据，但都没有足够的依据否定对方证据的，人民法院应当结合案件情况，判断一方提供证据的证明力是否明显大于另一方提供证据的证明力，并对证明力较大的证据予以确认。"可以看出，民事诉讼是明显优势证明标准，相比而言，该证明标准比刑事诉讼证明标准要低出很多。

（20）在最后陈述权的规定上不同。民事、行政案件一审庭审程序主要分为预备与开庭、法庭调查、法庭辩论以及评议宣判四个阶段，在法庭辩论结束时，所有当事人（包括原告、被告、第三人）可以依次享有最后陈述权。刑事案件一审庭审程序主要分为预备与开庭阶段、法庭调查、法庭辩论、被告人最后陈述以及评议宣判五个阶段，即在刑事诉讼中，只有被告人享有最后陈述权，该阶段是独立且必经的阶段。

（21）不公开开庭审理的具体情形有所不同。三大诉讼中，法院对一审案件都是以公开开庭审理为原则，以不公开开庭审理为例外；对公开或者不公开开庭审理的案件，一律公开宣告判决。所不同的是，在不公开开庭审理的具体情形上有区别。在刑事诉讼中，应当不公开审理的案件包括有关国家秘密、个人隐私或者审判的时候被告人不满十八周岁的案件；可以不公开审理的案件为涉及商业秘密且当事人申请不公开审理的案件。在民事、行政诉讼中，应当不公开审理的案件包括有关国家秘密、个人隐私或者法律另有规定的案件；在民事诉讼中，可以不公开审理的案件为当事人申请不公开审理的离婚或涉及商业秘密的案件；在行政诉讼中，可以不公开审理的案件为当事人申请不公开审理的涉及商业秘密的案件。

（22）宣判的告知内容与当庭宣判送达判决书的期间有所不同。三大诉讼中，法院宣判的告知内容上均包括告知当事人上诉期限和上诉法院；且如果是定期宣判的，在宣判后都需要立即送达判决书；但在民事诉讼宣告离婚判决时，还必须告知当事人在判决发生法律效力前不得另行结婚。在民事、行政诉讼中，采用当庭宣判的，应当在10日内发送判决书。在刑事诉讼中，采用当庭宣判的，应当在5日内送达判决书。

2. 了解民事诉讼、刑事诉讼与行政诉讼一审其他程序的主要不同之处

（1）诉讼费用的交纳上有所不同。法院审理刑事案件，不收诉讼费用。法院审理民事、行政案件，应当收取诉讼费用；诉讼费用由败诉方承担，双方都有责任的由双方分担。

（2）诉讼中是否存在第三人上有所不同。刑事诉讼中不存在第三人，民事诉讼与行政诉讼中均存在第三人。民事诉讼第三人与行政诉讼第三人的主要区别有两点：一是参加本诉的基础不同。民事诉讼第三人参加本诉是以原告和被告之间的民事法律关系为基础。而行政诉讼第三人参加本诉是以被告与第三人之间存在管理与被管理的行政法律关系为基础。二是具体划分不同。民事诉讼第三人包括有独立请求权第三人与无独立请求权第三人这两类。有独立请求权第三人是对于原告人和被告人之间的诉讼标的提出独立请求的人，是将本诉的原告人和被告人作为被告人提出诉讼请求而参加诉讼的人。无独立请求权第三人则是对于原告人和被告人之间的诉讼标的无独立请求权，但案件的处理结果与其有法律上的利害关系的人；此时，无独立请求权第三人可以由法院通知或申请参加诉讼。而行政诉讼第三人不存在有独立请求权第三人与无独立请求权第三人之分。因为如果行政诉讼存在有独立请求权的第三人的话，其将本诉的原告和被告作为被告，此时作为行政相对人的本诉原告也会被列为行政诉讼被告之一；而行政诉讼中的被告只能是作出行政行为的行政主体。因此，行政诉讼第三人类似于民事诉讼中的无独立请求权的第三人。但二者也有区别：民事

诉讼中无独立请求权的第三人是与案件的处理结果有利害关系的人，其不可单独起诉，但可以参加到诉讼中，这种参与可能使其负担实体上的民事责任；而行政诉讼中的第三人是同提起诉讼的行政行为或者同案件处理结果有利害关系的人，其可以参加诉讼，当其对行政行为提起诉讼时也可由第三人转变为共同原告，此时即便败诉也不一定承担实体上的行政责任。

（3）级别管辖的规定有所不同。高级人民法院管辖的第一审案件是全省（自治区、直辖市）性的重大案件，最高人民法院管辖的第一审案件一般均为全国范围内的重大案件。三大诉讼关于级别管辖的不同主要体现在中级人民法院管辖的一审案件类型上：中级人民法院主要管辖危害国家安全、恐怖活动以及可能判处无期徒刑、死刑的一审刑事案件，[①] 主要管辖重大涉外案件、在本辖区有重大影响以及最高人民法院确定由中级人民法院管辖的一审民事案件，主要管辖对国务院部门或者县级以上地方人民政府所作的行政行为提起诉讼、海关处理的案件和本辖区内重大、复杂以及其他法律规定由中级人民法院管辖的一审行政案件。

（4）级别管辖的变通规定上有所不同。三大诉讼中共同的规定是管辖权能向上转移，即上级人民法院可以决定审判或经下级人民法院请求移送后审判下级人民法院管辖的第一审案件。但在管辖权能否向下转移（将由自己管辖的第一审案件交给下级人民法院审判）的规定上则有所不同。在民事诉讼中，满足法定“确有必要将本院管辖的第一审民事案件交下级人民法院审理”的条件与“报请其上级人民法院批准”的程序，管辖权能向下转移；[②] 而在刑事诉讼与行政诉讼中，上

① 此外，没收违法所得的申请由犯罪地或者犯罪嫌疑人、被告人居住地的中级人民法院组成合议庭进行审理。

② 2017 年修正后《民事诉讼法》第 38 条规定：上级人民法院有权审理下级人民法院管辖的第一审民事案件；确有必要将本院管辖的第一审民事案件交下级人民法院审理的，应当报请其上级人民法院批准。下级人民法院对它所管辖的第一审民事案件，认为需要由上级人民法院审理的，可以报请上级人民法院审理。

级人民法院不能将应当由自己管辖的第一审案件交给下级人民法院审判。

（5）地域管辖的规定有所不同。刑事案件由犯罪地法院管辖为一般原则，由被告人居住地法院管辖作为例外。民事案件由被告所在地法院管辖为一般原则，由原告所在地法院管辖作为例外，还有不动产、港口作业和继承遗产纠纷等三类专属管辖案件；此外，还有针对合同纠纷、侵权纠纷等规定的特殊地域管辖。行政案件由被告所在地法院管辖为一般原则，因不服限制人身自由的行政强制措施而提起的行政诉讼由被告或者原告所在地法院管辖，因不动产提起的行政诉讼由不动产所在地法院管辖。

（6）法院对起诉的审查时间以及处理上有所不同。法院通过对起诉的审查（在刑事诉讼中，表现为对检察院提起的公诉或自诉人提起的自诉进行审查；在民事、行政诉讼中，表现为对原告提起的起诉进行审查），认为符合法定条件，从而决定正式开始审理活动。一审法院对刑事公诉案件的审查期限为收到起诉状之日起 7 日内，并依据不同情形做出依法受理、退回检察院、通知检察院补充材料决定等处理。法院对刑事自诉案件第一审程序自收到自诉状之日起 15 日内审查完毕。符合受理条件的，应当决定立案，并书面通知自诉人或代为告诉人。对不符合受理条件的，说服自诉人撤回自诉或裁定不予受理。一审法院对民事、行政案件的审查期限均为收到起诉状之日起 7 日内，符合受理条件的，应当决定立案，对不符合起诉条件的，裁定不予受理。

（7）法院在庭前向被告方送达起诉书副本的期间不同。在将起诉书副本送达被告方的时间上，刑事诉讼是在开庭 10 日以前，民事、行政诉讼则是在立案之日起 5 日内。

（8）耽误期间的恢复在申请期间上有所不同。耽误期间的恢复指的是当事人因不可抗拒的事由或者其他正当理由耽误期限的，在障碍消除后可以通过申请顺延期限，继续进行应当在期满以前完成的诉讼活动。当事人就恢复耽误期间的申请期间上，刑事诉讼是在障碍消除后的5日内，民事、行政诉讼则是在障碍消除后的10日内。

(9) 简易程序的适用情形上有所不同。三大诉讼法中，简易程序都主要适用于基层人民法院且案件事实清楚的案件。但在其他适用情形上有不同。在刑事诉讼中适用简易程序，还要求被告人“两个无异议”：对指控的犯罪没有异议以及对适用简易程序没有异议。在民事诉讼中适用简易程序的情形还包括当事人双方的约定适用。在行政诉讼适用简易程序的情形还包括当事人双方的同意适用等4类；① 但是，发回重审、按照审判监督程序再审的案件不适用简易程序。

(10) 简易程序是否独任审理上不同。刑事案件适用简易程序审理的，可能判处的有期徒刑超过三年的则应当组成合议庭；否则可以由由审判员独任，也可以组成合议庭。民事与行政案件适用简易程序审理的，由审判员独任。

(11) 妨害庭审秩序行为的罚款强制措施的金额有所不同。三大诉讼中，妨害庭审秩序行为的强制措施指的是审判过程中，如果诉讼参与人或者旁听人员违反法庭秩序，法院根据情节轻重可以予以训诫、责令退出法庭、罚款、拘留等或依法追究刑事责任；对妨害庭审秩序行为采取的罚款、拘留，都必须经法院院长批准。然而三大诉讼关于妨害庭审秩序行为强制措施中罚款的金额有所不同：刑事诉讼的罚款金额是1000元以下，民事诉讼的罚款金额是对个人为10万元以下、对单位为人民币5万元以上100万元以下，行政诉讼的罚款金额是1万元以下。

(12) 法院是否必须准许撤诉以及按撤诉处理的情形不同。在刑事诉讼中，公诉案件在法院判决宣告前，检察院要求撤诉的，法院应当审查要求撤诉的理由并做出是否准许的裁定，即法院可裁定准许或不准许；审判期间，法院同意公诉人因需要补充侦查而申请延期审理的

---

① 在行政诉讼中，法院审理下列第一审行政案件，认为事实清楚、权利义务关系明确、争议不大的，可以适用简易程序：被诉行政行为是依法当场作出的，案件涉及款额二千元以下的，属于政府信息公开案件的，当事人各方同意适用简易程序的。但是，发回重审、按照审判监督程序再审的案件不适用简易程序。

建议，然而检察院在补充侦查期限届满后仍未将案件移送法院且未说明原因的，法院可以按检察院撤诉处理。自诉案件的自诉人以及刑事附带民事诉讼原告人自愿撤诉的，法院应当准许；自诉人经法院两次传票传唤以及刑事附带民事诉讼原告人经法院传票传唤，无正当理由拒不到庭，或者未经法庭许可中途退庭的，法院应当裁定按照撤诉处理。而民事、行政诉讼中的原告人申请撤诉或者经法院传票传唤、无正当理由拒不到庭或者未经法庭许可中途退庭的，法院可以而不是“应当”裁定撤诉或按照撤诉处理，即可以不准许撤诉或者不按撤诉处理。此外，在民事诉讼中，原告应当预交而未预交案件受理费，法院应当通知其预交，通知后仍不预交或者申请减、缓、免未获批准而仍不预交的，裁定按照撤诉处理。

（13）法院对撤诉或按撤诉处理后再次起诉的处理上有所不同。在刑事公诉案件中，法院裁定准许检察院撤诉的，没有新事实、证据，检察院重新起诉的，法院应当将案件退回检察院。在刑事自诉案件中，除因证据不足而撤诉的，自诉人就同一事实又告诉的，法院不予受理；自诉人提出了新的足以证明被告人有罪的证据，再次提起自诉的，法院应当受理。在民事诉讼中，原告撤诉或者法院按撤诉处理后，原告以同一诉讼请求再次起诉的，法院应予受理；但是离婚案件如没有新情况或新理由且在6个月内，原告撤诉或者法院按撤诉处理后又起诉的，法院不予受理。在行政诉讼中，法院裁定准许原告撤诉后，原告以同一事实和理由重新起诉的，不予受理；但未按期交受理费而按撤诉处理的，原告在法定期限内再次起诉，并解决诉讼费预交问题的，应予受理。

（14）延期审理的主要情形不同。延期审理指的是在遇有影响审判顺利进行的诉讼内情形时，法院把已定的审理日期或正在进行的审理推迟至另一日期审理。三大诉讼法中，延期审理都包括当事人临时提出回避申请以及需要通知新的证人到庭、调取新的物证、重新鉴定或者勘验等补充调查的案件。但在其他适用情形上有不同。刑事诉讼中延期审理的适用情形还包括：公诉人提出补充侦查建议；被告人拒绝辩护或检察院变更、追加起诉，需要留出时间更换辩护人或给辩护人准备辩护等。民事与行政诉讼中延期审理的适用情形还包括必须到庭的当事人和其他诉讼参与人有正当理由没有到庭等。①

（15）中止审理的主要情形有所不同。法院在受理案件到作出判决之前的审判过程中，出现了某些使案件在较长时间内无法继续审理的情形，可以中止审理。中止审理的原因消除后，再行恢复诉讼。三大诉讼法中，中止审理在具体适用情形上有所不同。刑事诉讼中止审理的适用情形主要包括被告人脱逃或患有严重疾病且无法出庭；自诉人患有严重疾病而无法出庭，且未委托诉讼代理人出庭等原因；此外，审判中如发现不宜适用简易程序、需要转为普通程序审理等其他原因，也需要中止审理。在民事与行政诉讼中，中止审理的相同适用情形都包括：一方当事人的法人或者其他组织终止且尚未确定权利义务承受人的，一方当事人因不可抗拒的事由而不能参加诉讼的，本案必须以尚未审结的另一案审理结果为依据的等；中止审理的类似适用情形包括：民事诉讼双方当事人中的一方或行政诉讼中原告死亡，需要等待继承人表明是否参加诉讼的；民事诉讼双方当事人中的一方或行政诉讼中原告丧失诉讼行为能力，尚未确定法定代理人的。此外，在行政诉讼中，“案件涉及法律适用问题，需要送请有权机关作出解释或者确认的”。②

（16）终止审理的情形不同。在刑事诉讼中，终止审理主要情形包括“（一）情节显著轻微、危害不大，不认为是犯罪的；（二）犯罪已过追诉时效期限的；（三）经特赦令免除刑罚的；（四）依照刑法告诉才处理的犯罪，没有告诉或者撤回告诉的；（五）犯罪嫌疑人、被告人

---

① 2018年2月8日起施行的最高人民法院《关于适用〈中华人民共和国行政诉讼法〉的解释》（法释〔2018〕1号）第72条已对延期审理问题作出具体规定，基本参照民事诉讼法的规定而来。故民事与行政诉讼中的延期审理主要情形基本相同。

② 2018年2月8日起施行的最高人民法院《关于适用〈中华人民共和国行政诉讼法〉的解释》（法释〔2018〕1号）第87条第5款。

死亡的；（六）其他法律规定免予追究刑事责任的”。[①] 在民事诉讼中，终止审理主要情形包括“（一）原告死亡，没有继承人，或者继承人放弃诉讼权利的；（二）被告死亡，没有遗产，也没有应当承担义务的人的；（三）离婚案件一方当事人死亡的；（四）追索赡养费、扶养费、抚育费以及解除收养关系案件的一方当事人死亡的”。[②] 在行政诉讼中，终止审理主要情形包括“（一）原告死亡，没有近亲属或者近亲属放弃诉讼权利的；（二）作为原告的法人或者其他组织终止后，其权利义务的承受人放弃诉讼权利的”；因“（一）原告死亡，须等待其近亲属表明是否参加诉讼的；（二）原告丧失诉讼行为能力，尚未确定法定代理人的；（三）作为一方当事人的行政机关、法人或者其他组织终止，尚未确定权利义务承受人的”三类原因“中止诉讼满九十日仍无人继续诉讼的，裁定终结诉讼，但有特殊情况的除外”。[③]

（17）一审审理期限不同。民事诉讼一审审理期限要根据审理程序加以区别规定：一审普通程序审理期限一般为立案之日起6个月内，一审简易程序审理期限为立案之日起3个月内。刑事诉讼一审审理期限要根据案件类型与审理程序加以区别规定：一审公诉案件普通程序审理期限一般为受理后2个月内、最迟不得超过3个月，“6类特殊案件”[④]经批准则可以再延长3个月；一审法院适用普通程序审理自诉案件，被告人被羁押的，适用法院审理公诉案件的期限规定；未被羁押的，应当在受理后6个月以内宣判。法院适用简易程序审理公诉或自诉案件一般应当在受理后20日以内审结，可能判处有期徒刑超过3年的则可以延长至1个半月。法院适用速裁程序审理刑事案件一般应当在受理后10日以

① 2018年修改后《刑事诉讼法》第16条。

② 2017年修正后《民事诉讼法》第151条。

③ 2018年2月8日起施行的最高人民法院《关于适用〈中华人民共和国行政诉讼法〉的解释》（法释〔2018〕1号）第87条、第88条。

④ 一审审限可以再延长3个月的6类案件为：可能判处死刑的案件，附带民事诉讼的案件，交通十分不便的边远地区的重大复杂案件，重大的犯罪集团案件，流窜作案的重大复杂案件，犯罪涉及面广且取证困难的重大复杂案件。

内审结，可能判处有期徒刑超过1年的则可以延长至15日。行政诉讼一审审理期限要根据审理程序加以区别规定：一审普通程序审理期限一般为立案之日起6个月内，一审简易程序审理期限为立案之日起45日内。

（二）一审庭审程序的专项模拟有利于督促学生融会贯通地思考、归纳与掌握三大诉讼法在二审与再审诉讼程序上的不同之处

1. 二审程序上的区别

（1）上诉主体不同。在刑事诉讼中，被告人、自诉人及其法定代理人享有独立的上诉权，被告人的近亲属和辩护人经被告人同意享有上诉权；附带民事诉讼当事人和法定代理人只对附带民事诉讼部分享有上诉权。值得一提的是，被害人及其法定代理人对刑事判决不服，只能请求检察院抗诉，不享有上诉权。在民事诉讼中，享有上诉权主体包括：原告、被告、有独立请求权的第三人、一审判决承担责任的无独立请求权的第三人及其法定代理人，共同诉讼人，诉讼代表人。在行政诉讼中，享有上诉权主体包括：原告、被告、第三人及其法定代理人，经特别授权的委托代理人。

（2）上诉期间与方式不同。在刑事诉讼中，对第一审判决、裁定不服的上诉期间分别为判决书、裁定书送达之日起10日、5日内，方式是用书状或者口头向上一级法院提起上诉。在民事、行政诉讼中，对第一审判决、裁定不服的上诉期间分别为判决书、裁定书送达之日起15日、10日内，方式是用上诉状向上一级法院提起上诉。

（3）二审审查原则不同。在刑事诉讼中，二审法院要贯彻全面审查原则，法院审理上诉、抗诉案件应当对原审法院的判决、裁定认定事实和适用法律进行全面审查，不受上诉、抗诉范围的限制。此外，二审法院还要贯彻上诉不加刑原则：仅有被告人或者他的法定代理人、辩护人、近亲属上诉的案件，二审不得就被告人的刑罚予以加重；检察院提出抗诉或者自诉人提出上诉的，不受限制。① 在民事诉讼中，二

① 二审法院发回原审法院重新审判的案件，除有新的犯罪事实，人民检察院补充起诉的以外，原审法院也不得加重被告人的刑罚。

审法院贯彻有限审查原则：审理上诉案件应当对上诉请求的有关事实和适用法律进行审查。行政诉讼贯彻全面审查原则，法院审理上诉案件应当对原审法院的判决、裁定和被诉行政行为进行全面审查。

（4）二审审理方式的具体规定上有所不同。三大诉讼中二审审理方式均包括开庭审理与调查式不开庭审理这两种方式。但在具体规定上有所不同。在刑事诉讼中，二审法院对于4类案件应当开庭审理；① 对其他不属于应当开庭审理的案件，在阅卷之后，应当讯问被告人以及听取其他当事人、辩护人、诉讼代理人的意见，合议庭采用调查式不开庭审理方式。在民事、行政诉讼中，二审法院在阅卷之后，应当调查和询问当事人，对没有提出新的事实、证据或者理由的，合议庭采用调查式不开庭审理方式。

（5）二审维持原判的文书形式不同。在刑事诉讼中，二审法院维持原判的文书形式为裁定书。在民事、行政诉讼中，二审法院维持原判的文书形式可能为判决书或裁定书；其中，对不服一审法院裁定的上诉案件的处理，一律使用裁定。

（6）二审的审限不同。在刑事诉讼中，二审法院审理上诉、抗诉案件的审结期限一般为2个月，"6类特殊案件"② 经批准则可以再延长2个月。在民事、行政诉讼中，二审对判决不服的上诉案件，一般分别在立案之日、收到上诉状之日起3个月内审结；二审对裁定不服的上诉案件，审理期限一般应当为立案之日起30日内。

2. 再审（审判监督）程序上的不同

（1）启动再审的法定申诉理由不同。刑事诉讼启动再审的法定申

---

① 刑事诉讼中，二审法院应当开庭审理的4类案件为：被告人、自诉人及其法定代理人对第一审认定的事实、证据提出异议，可能影响定罪量刑的上诉案件；被告人被判处死刑的上诉案件；人民检察院抗诉的案件；其他应当开庭审理的案件。

② 二审审限可以再延长2个月的6类案件为：可能判处死刑的案件，附带民事诉讼的案件，交通十分不便的边远地区的重大复杂案件，重大的犯罪集团案件，流窜作案的重大复杂案件，犯罪涉及面广且取证困难的重大复杂案件。

诉理由为5类情形之一,[①] 民事诉讼启动再审的法定申诉理由为13类情形之一,[②] 行政诉讼启动再审的法定申诉理由为8类情形之一。[③]

（2）再审对原裁判执行上的效力有所不同。三大诉讼中共同的规定是：当事人申请再审的，不停止判决、裁定的执行。但三大诉讼中，当当事人的再审申请满足法定启动再审的理由，且法院按照审判监督程序决定再审审判时，法院再审对原裁判执行上的效力有所不同，或可以或应当中止原裁判的执行。在刑事诉讼中，法院可以决定中止原裁判的执行。在民事诉讼中，法院应当裁定中止原裁判的执行，但“追索赡养费、扶养费、抚育费、抚恤金、医疗费用、劳动报酬等案件，可以不中止执行”。[④] 在行政诉讼中，法院应当裁定中止

---

① 根据2018年修改后《刑事诉讼法》第253条，启动再审的法定申诉理由为下列情形之一：“（一）有新的证据证明原判决、裁定认定的事实确有错误，可能影响定罪量刑的；（二）据以定罪量刑的证据不确实、不充分、依法应当予以排除，或者证明案件事实的主要证据之间存在矛盾的；（三）原判决、裁定适用法律确有错误的；（四）违反法律规定的诉讼程序，可能影响公正审判的；（五）审判人员在审理该案件的时候，有贪污受贿，徇私舞弊，枉法裁判行为的。”

② 根据2017年修正后《民事诉讼法》第200条，启动再审的法定申诉理由为下列情形之一：“（一）有新的证据，足以推翻原判决、裁定的；（二）原判决、裁定认定的基本事实缺乏证据证明的；（三）原判决、裁定认定事实的主要证据是伪造的；（四）原判决、裁定认定事实的主要证据未经质证的；（五）对审理案件需要的主要证据，当事人因客观原因不能自行收集，书面申请人民法院调查收集，人民法院未调查收集的；（六）原判决、裁定适用法律确有错误的；（七）审判组织的组成不合法或者依法应当回避的审判人员没有回避的；（八）无诉讼行为能力人未经法定代理人代为诉讼或者应当参加诉讼的当事人，因不能归责于本人或者其诉讼代理人的事由，未参加诉讼的；（九）违反法律规定，剥夺当事人辩论权利的；（十）未经传票传唤，缺席判决的；（十一）原判决、裁定遗漏或者超出诉讼请求的；（十二）据以作出原判决、裁定的法律文书被撤销或者变更的；（十三）审判人员审理该案件时有贪污受贿，徇私舞弊，枉法裁判行为的。”

③ 根据2017年修正后《行政诉讼法》第91条，启动再审的法定申诉理由为下列情形之一：“（一）不予立案或者驳回起诉确有错误的；（二）有新的证据，足以推翻原判决、裁定的；（三）原判决、裁定认定事实的主要证据不足、未经质证或者系伪造的；（四）原判决、裁定适用法律、法规确有错误的；（五）违反法律规定的诉讼程序，可能影响公正审判的；（六）原判决、裁定遗漏诉讼请求的；（七）据以作出原判决、裁定的法律文书被撤销或者变更的；（八）审判人员在审理该案件时有贪污受贿、徇私舞弊、枉法裁判行为的。”

④ 2017年修正后《民事诉讼法》第206条。

原判决的执行。

（3）再审的审限不同。在刑事诉讼中，法院再审应当在3个月以内审结，需要延长期限的也不得超过6个月；审限自作出提审、再审决定之日起算。在民事、行政诉讼中，法院再审按照一审程序审理的，适用一审审限；按照二审程序审理的，适用二审审限；审限自再审立案的次日起算。

四、国内庭审程序专项模拟实践教学模式实施中存在的主要问题与解决对策

（一）学生实践中在申请回避权利的告知程序上有疏漏，指导老师要予以及时指正

按照刑诉法的规定，除了当事人、法定代理人之外，辩护人、诉讼代理人都有依法独立申请回避的权利。故审判长应当询问所有出庭的被告人、被害人、自诉人、附带民事诉讼的原告人、附带民事诉讼的被告人、法定代理人、诉讼代理人、辩护人是否申请回避。而实践中，审判方学生往往对回避权利的对象告知不够全面而出现遗漏。

如在某个班级学生专项庭审程序模拟的“被告人刘某光、刘某、李某贪污案”中，审判长没有询问出庭的辩护人是否申请回避，即回避权利的告知对象不全面。庭审中，审判长问完三个被告人是否申请回避后，还应该询问出庭的辩护人是否申请回避。

如在某个班级学生专项庭审程序模拟的“山东招远麦当劳案”中，审判长在告知申请回避权利后，一一询问每个被告人是否申请回避，却忘了询问出庭的辩护人以及被害人的诉讼代理人是否申请回避。

如在某个班级学生专项庭审程序模拟的“被告人王某天电动车电池失火案”中，审判长问了被告人和辩护人是否申请回避，却忘了询问出庭的被害人及其诉讼代理人是否申请回避。

此外，按照刑诉法的规定，回避申请的告知程序还可放在庭前预备会议中进行，这也是学生关于回避环节安排上的另一个不错的选择

思路；这样既节省了后续庭审时间，也使正式庭审程序更加简化与紧凑。

（二）学生实践中对共同犯罪案件中讯问被告人存在程序上的不当之处，指导老师要予以及时指正

学生往往发生在其他共同被告人在场时讯问其中一个被告人的程序错误。

如在某个班级学生专项庭审程序模拟的“被告人李某一等五人强奸案”中，公诉人在宣读完起诉书之后，在五名被告人同时在场时，立即一一讯问被告人，存在程序不当之处。首先，公诉方对被告人进行讯问之前，审判长应当先让被告人围绕起诉书进行陈述。因为只有被告人先行陈述之后，控辩双方对被告人的发问才能做到有的放矢。其次，对同案审理的五名被告人应当分别进行讯问，除非存在需要同案被告人同时到庭对质的情形。

如在某个班级学生专项庭审程序模拟的“山东招远麦当劳案”中，被告人出场后本应当被安排在固定的、面对审判方的被告席上，先接受审判长关于身份问题的确认，再由审判人员以及控辩双方对被告人进行分别讯问，以免被告人之间互相串供。而在模拟庭审现场，众多被告人一窝蜂地拥堵在辩护人的身边；并且在法庭调查阶段以及法庭辩论阶段，多名被告人同时在庭上接受讯问。

（三）学生实践中在出庭诉讼角色的确定上存在错乱或遗漏，指导老师要予以及时指正

实践中学生往往容易混淆证人与被害人、鉴定人、法定代理人等诉讼角色，指导老师要予以及时指正。

如在某个班级学生专项庭审程序模拟的“被告人邓某娇故意伤害案”中，混淆了证人与被害人这两类诉讼角色。除了邓某大被该案被告人邓某娇刺伤致死之外，黄某智也曾被该案被告人邓某娇打成构成犯罪标准的轻伤；故黄某智本是被害人，却在专项庭审程序模拟中被错误地列为辩方证人。注意：被害人作为当事人，属于案件的利害关

系人，可以参与整个案件的庭审过程，可在被告人围绕起诉书陈述之后进行陈述，有向被告人发问的权利、申请回避的权利等；而证人作为其他诉讼参与人，与案件的审理结果没有利害关系，只能在作证时出席法庭，作证完毕后应立即被带出法庭，不能旁听整个庭审过程。此外，在此案模拟中，学生们错误地将出庭作证的鉴定人列为控方证人以及将鉴定意见列为证人证言，混淆了鉴定人与证人这两类诉讼角色。在我国，鉴定人与证人的主要区别在于：一是形成的证据种类不同。鉴定人针对案件的专门事实问题鉴定后形成的证据是鉴定意见，证人陈述的案件事实形成的证据是证人证言，而鉴定意见与证人证言是两个独立的证据种类。二是陈述的内容不同。鉴定人与证人都可以出庭陈述，但陈述的对象却不同。鉴定人陈述的是对案件中的专门性问题进行的鉴定情况，包括委托或指定鉴定的主体、鉴定对象及相关基本情况、鉴定事由及过程、鉴定分析和鉴定意见等，即鉴定人可以陈述意见（opinion）；而证人陈述的只能是其所见所闻的案件事实（fact）。三是参与的方式不同。鉴定人受公安司法机关指派或聘请，证人则因了解案件事实有参与作证的义务。四是能否回避不同。鉴定人是回避的适用对象；而证人优先性决定了证人不属于回避的适用对象。五是否要求具有专门技术不同。鉴定人需要具有专门技术，证人不需要具有专门技术。六是能否对案情共同讨论不同。多个鉴定人可以实施共同鉴定，即对案情共同讨论；而多个证人作证时不能在一起共同讨论，而要分别作证。

如在某个班级学生专项庭审程序模拟的“被告人李某一等五人强奸案”中，除了被告人王某是成年人之外，其余四位被告人都为未成年人。而此案庭审程序模拟中，只有被告人李某一的母亲作为控方证人出庭作证，且作证完毕后立即被带出法庭；显然，存在程序违法之处。一是混淆了证人与法定代理人这两类诉讼角色。证人是在诉讼案件之前了解案件情况的与案件没有利害关系的人。被告人李某一的母亲在案件之前并不了解案件情况，显然不应当作为证人出庭，而应当作为未成年被告人李某一的法定代理人，且应当参与整个案件的庭审过程，可在被告人围绕起诉书陈述之后进行陈述，有向被告人发问的权利、申请回避的权利等。二是其他三名未成年被告人的父母均未出庭。不仅仅是被告人李某一的法定代理人有权出庭，其他未成年被告人的法定代理人也应当到庭。因为根据《刑诉法》第 281 条的规定，对于未成年人刑事案件，在审判的时候，应当通知未成年被告人的法定代理人到场；到场的法定代理人代为行使未成年被告人的诉讼权利，并可以在未成年被告人最后陈述后进行补充陈述。

（四）学生实践中扮演的个别角色在诉讼中的应有作用没能发挥出来，指导老师要予以及时指正

实践中学生往往容易忽略法定代理人、法警的存在以及被害人、诉讼代理人的作用。

如在某个班级学生专项庭审程序模拟的“被告人邓某娇故意伤害案”中，首先，被告人邓某娇的母亲虽然作为邓某娇的法定代理人出庭，但整个庭审却忽略了她的存在。表现在：模拟中审判长只讯问被告人，却没有问过法定代理人任何问题；整个模拟过程中，法定代理人一言未发，实属不正常。本案被告人邓某娇由于是限制行为能力人，故法定代理人在出庭的情况下，审判长要询问法定代理人有没有补充提问或发表意见，即要给予其享有充分的、等同于被告人的诉讼权利（如法定代理人也有陈述意见、盘问被告人以及询问证人、鉴定人等权利）。如在某个班级学生专项庭审程序模拟的“被告人李某一等五人强奸案”中，此案被告人有五位，却只配备了一名法警，该法警无精打采地坐在旁听席，带证人出庭以及退出法庭的动作迟缓，没有及时传递证据材料，工作完成得很不到位。注意，共同犯罪庭审现场最少要有两名法警，被告人数较多的，法警人数也要相应增加；必要时，一名被告人可相应配备一名法警，法警站在被告人身边。法警不仅要负责将出示的证据传递给对方当事人进行辨认，保障对方当事人在此基础上发表质证意见，还要全程警惕，防止庭审过程中出现被告人等使

用暴力危及他人的紧急情况，确保庭审安全状况在其掌控之内。

如在某个班级学生专项庭审程序模拟的“山东招远麦当劳案”中，充当法警的同学没有履行好法警的应有职责，基本处于不作为的状态。首先，法警没有押送被告人上庭，被告人在场内自由穿梭，造成了法庭秩序的混乱，这是一个重大失误。此外，举证方出示证据后，法警没有在法庭调查的举证与质证环节起到应有的穿针引线式传递证据的作用；因为在法庭上一方出示的证据必须交由另一方质证，如果没能做到“一举证一质证”的程序，就等于直接剥夺了另一方的质证权利。

如在某个班级学生专项庭审程序模拟的“被告人于某故意伤害案”中，被害人家属委托的诉讼代理人只在法庭调查阶段对被告人进行了发问；而在法庭辩论过程中，在公诉人发表公诉词后，诉讼代理人未作任何发言，即没有发表诉讼代理意见与主张。可见，诉讼代理人的应有作用发挥得很不够。

如在某个班级学生专项庭审程序模拟的“杭州保姆莫某晶放火、盗窃案”中，根据案件事实，本案的死者家属林某斌本该是情绪激动、悲愤交加的。但是在模拟过程中，扮演死者家属林某斌的同学出演极不真实，从庭审开始到结束一言不发，且神态平静，没有表现出刚刚丧失妻儿的悲痛与愤慨的情绪，完全脱离现实情况，没有发挥出该角色应有的作用；因为身为受害人，特别是在妻子与三位子女全部丧命的情况下，林某斌扮演者在庭上的表现应该是非常激动乃至丧失理智的，有时候甚至需要法警或法官来维持法庭秩序。出现这种反常状况的原因在于该学生没有在认真查找资料的基础上去思考如何丰富这个人物形象，没有全身心地投入该角色中去。

（五）学生在实践中使用证据名称不规范，指导老师要予以及时指正

实践中学生往往容易混淆视听资料与电子数据、鉴定意见与书证、物证与书证、电子数据与书证等证据种类。

如在某个班级学生专项庭审程序模拟的“被告人王某天电动车电池失火案”中，公诉人错误地将网上发帖的截图证据列为视听资料。注意：2013 年 1 月 1 日实施的修正后民事诉讼法、刑事诉讼法以及 2015 年 5 月 1 日实施的修正后行政诉讼法均增加了电子数据这一证据种类。根据 2016 年 10 月 1 日施行的最高法、最高检、公安部《关于办理刑事案件收集提取和审查判断电子数据若干问题的规定》第 1 条，电子数据是“以数字化形式存储、处理、传输的，能够证明案件事实的数据”;[①] 因此，网上发帖的截图证据应该属于电子数据，而不是视听资料。电子数据与视听资料虽然都要借助于技术设备载体、运用技术手段收集与审查，都要注重审查内容的真实性、制作过程的连续性等很多共同点，但二者不是包含与被包含的关系，而是两种独立的证据类型。视听资料是以模拟信号的方式在介质上进行存储，通过影像和声音来表现，能被人们视觉和听觉感知。电子数据是以数字信号的方式在介质上进行存储，是基于电子技术手段而形成的电磁记录物，其在案件中发挥证据作用时更多的是利用其记载的内容。二者主要区别在于：一是存储方式不同。视听资料是以模拟信号的方式，限定以模拟录音录像设备，如磁带录像机、磁带录音机、胶卷相机等设备形成的资料。电子数据是以数字信号的方式，是以二进制即 0、1 代码方式记录的数据。计算机上处理的数据，如软盘、硬盘等存储设备及光盘、U 盘、手机存贮卡、相机存贮卡等存储设备上存储的信息、电子文件资料都属于电子数据。二是外在表现不同。视听资料通过影像和声音来表现，能被人们视觉和听觉感知。包括：录音、录像以及在计算机上形成的视频资料等多媒体资料。电子证据主要包括“网络平台发布的信息”“网络应用服务的通信信息”“用户注册信息、身份认证信息、电子交易记录、通信记录、登录日志等信息”以及“文档、图片、

---

① 2016 年 10 月 1 日施行的最高法、最高检、公安部《关于办理刑事案件收集提取和审查判断电子数据若干问题的规定》第 1 条第 1 款：“电子数据是案件发生过程中形成的，以数字化形式存储、处理、传输的，能够证明案件事实的数据。”

音视频、数字证书、计算机程序等电子文件”。[①]

如在某个班级学生专项庭审程序模拟的“被告人邓某娇故意伤害案”中，将被害人伤情鉴定意见列为书证，存在证据种类的归纳不当。鉴定意见是独立的证据种类，不能与书证或物证混淆。

如在某个班级学生专项庭审程序模拟的“被告人李某一等五人强奸案”中，公诉人将未出庭的证人张经理的书面证言列入书证。注意：证人的书面证言依然是证人证言这一证据种类，不能归为书证。

如在某个班级学生专项庭审程序模拟的“被告人莫某晶放火、盗窃案”中，公诉方学生将当票和通话内容错误地列为物证，将手机搜索记录、网络赌博记录错误地列为书证。注意：当票和通话内容在本案中均以其内容来证明案情，故是书证，不能归为物证；手机搜索记录与网络赌博记录是存储于网络等电子介质中的信息，是电子数据证据，不能归为书证。

（六）学生在实践中出示证据有遗漏或错乱，指导老师要予以及时指正

实践中学生往往存在举证顺序混乱，举证条理不清晰，乃至遗漏出示关键证据等种种问题。

如在某个班级学生专项庭审程序模拟的“山东招远麦当劳案”中，先出示物证，然后证人出庭作证，举证顺序不正确。举证顺序一般遵循先出示证人证言、鉴定意见等言词证据，再出示物证、书证、视听资料、电子数据以及勘验、检查、辨认、侦查实验笔录等实物证据。因为言词证据更通俗易懂且最直接明了，先出示言词证据有利于诉讼参与人员以及旁听人员更加直观清楚地理解案情。

---

① 2016年10月1日施行的最高法、最高检、公安部《关于办理刑事案件收集提取和审查判断电子数据若干问题的规定》第1条第2款：“电子数据包括但不限于下列信息、电子文件：（一）网页、博客、微博客、朋友圈、贴吧、网盘等网络平台发布的信息；（二）手机短信、电子邮件、即时通信、通讯群组等网络应用服务的通信信息；（三）用户注册信息、身份认证信息、电子交易记录、通信记录、登录日志等信息；（四）文档、图片、音视频、数字证书、计算机程序等电子文件。”

如在某个班级学生专项庭审程序模拟的“被告人邓某娇故意伤害案”中，出示的证据有遗漏且举证顺序有问题。首先，作为本案的重要物证，被告人邓某娇故意伤害的凶器——刀，在整个庭审过程中未予出示。其次，证据的举证顺序为先言词证据（证人证言、鉴定意见），后实物证据（物证、书证、勘验检查笔录等）；模拟中却先出示书证，然后才传证人出庭作证。

如在某个班级学生专项庭审程序模拟的“被告人李某一等五人强奸案”中，公诉方在法庭调查阶段宣读被害人陈述时有提到医院诊断证明以及被害人至医院鉴定伤情，却未对医院诊断证明以及被害人至医院鉴定伤情予以举证，无法实现预期的公诉指控效果。此外，辩护方出示的一份现场勘验笔录也不合法，因为现场勘验笔录的实施主体应为侦查机关，公诉方可以以此份证据来源不合法为由要求法院对其证据资格不予认定。

如在某个班级学生专项庭审程序模拟的“被告人莫某晶放火、盗窃案”中，由于该案证据众多，公诉人出示的前 12 项证据顺序为：（1）莫某晶华为牌手机一部，（2）手机搜索记录，（3）消防人员火灾调查报告，（4）网络赌博记录，（5）典当行的当票，（6）报警通话书面记录，（7）莫某晶前雇主出庭作证，（8）典当行工作人员出庭作证，（9）被害人所在小区邻居出庭作证，（10）现场勘验笔录，（11）某消防人员出庭作证，（12）法医尸体检验报告，顺序显得相当混乱。原因如下：首先，被告人犯有数罪的，出示证据的顺序一般应依罪举证，即先围绕放火罪举证质证，再围绕盗窃罪举证质证。顺序如下：先由公诉人出示证据，辩护方进行质证；然后辩护方出示证据，公诉人进行质证。其次，举证顺序一般先言词证据后实物证据，言词证据中举证顺序一般先证人证言后鉴定意见，实物证据包括物证、书证、各类笔录类证据以及视听资料、电子数据等；本案中消防人员和法医提供的鉴定意见都属于言词证据，应放在证人证言之后出示；典当行的当票与报警通话书面记录均为书证，属于实物证据，一般在鉴定意见之后出示。此外，此案证据材料众多，公诉方学生可以对相关证据进行分类，依顺序一类一类地分组出示，将更加条理清晰。此案公诉人出示举证顺序可安排如下——1. 放火罪：(1) 出示一组证人证言（两位证人——被害人所在小区邻居分别出庭作证、某消防人员出庭作证），(2) 出示一组鉴定意见（消防人员火灾调查报告、法医尸体检验报告等），(3) 出示一组物证（莫某晶华为牌手机一部等），(4) 出示一组书证（报警通话书面记录等），(5) 出示一组笔录类证据（现场勘验笔录等），(6) 出示一组电子数据证据（手机搜索记录，网络赌博记录等）；2. 盗窃罪：(1) 出示一组证人证言（两位证人——莫某晶前雇主分别出庭作证、典当行工作人员出庭作证），(2) 出示一组书证（典当行的当票等）。

（七）学生实践中在证人、鉴定人作证或询问程序上有不当之处，指导老师要予以及时指正

在法庭调查中，只要证人或鉴定人出庭，控辩双方都有权对他们进行发问、询问；同时，审判方有义务提醒双方是否对证人或鉴定人进行发问、询问。实践中，学生在证人、鉴定人作证或询问程序的细节上容易出现漏签保证书、控辩双方询问顺序不当等错误，需要指导老师及时指导。

如在某个班级学生专项庭审程序模拟的“被告人李某一等五人强奸案”中，遗漏了证人、鉴定人到庭作证签保证书这一重要步骤。证人、鉴定人出庭的要逐个到庭作证。审判人员要询问每个证人的基本信息、告知其相关法律责任并且要求其当庭在如实作证的保证书上签字或明确说明庭前已签过。再如，在此案模拟庭审中学生还存在另一处认识误区与程序错误：所有证人，无论是控方还是辩方证人，均由合议庭先提问，然后由公诉方询问，再由辩护方进行询问。注意：证人出庭作证时，应当是证人先陈述自己所知道的案件事实的证词；对证人的询问应当遵循哪方提供的证人就由哪方先进行询问的顺序，即控方证人由公诉方先行询问，再由辩护方进行询问；辩方证人，由辩

护方先行询问，再由公诉方进行询问；只有在控辩双方询问完毕之后，审判人员认为相关事实仍不清楚需要补充询问时，再向证人提问。

如在某个班级学生专项庭审程序模拟的“山东招远麦当劳案”中，在证人、鉴定人作证或询问程序上就存在不当之处：控辩双方向法庭申请证人、鉴定人出庭后，证人、鉴定人被安排到辩护席的空位处，控辩双方在证人、鉴定人在未作任何陈述的情况下就直接来提问。首先，刑事诉讼中证人、鉴定人不能坐在辩护席的空位处，而通常安排在专门的席位。其次，证人、鉴定人出庭先表明自己的身份后，先进行陈述，再由控辩双方对证人、鉴定人进行询问；询问应当先由提请证人、鉴定人出庭的一方进行，发问完毕后，经审判长准许，对方也可以询问；而不是证人、鉴定人刚出庭，在未做任何陈述的情况下，由控辩双方任意提问。

（八）学生在实践中扮演的公诉人与审判人员没有很好地履行告知与释明义务，指导老师要予以及时指正

举证方应该适当承担证据的释明义务，即在出示证据的时候，要讲明证据材料的归类、每个证据材料的主要内容以及证明目的。审判人员在庭审中也要履行告知与释明义务，如告知与释明庭审方式、出庭人员、回避以及法院裁决等事宜。而在实践中，学生很容易疏忽，需要指导老师及时指正。

如在某个班级学生专项庭审程序模拟的“被告人李某一等五人强奸案”中，首先，此案中有四位被告人是未成年人，因此应当不公开开庭审理，但案件不公开开庭的需要说明理由，审判长却未作说明。其次，此案被害人或被害人的诉讼代理人均没有出庭，整个审理过程未涉及被害人陈述，也不妥当。正确的做法为：审判长最好在开庭的一开始对被害人及其诉讼代理人是否到庭进行明确说明，公诉人应在举证环节当庭宣读被害人陈述。再次，公诉人在出示证据的时候没有释明证据种类、证明对象以及与案件事实的关联性，导致举证的条理很零乱、举证的内容不清晰。此外，此案模拟中，辩护人要求对被害

人的伤情进行重新鉴定，审判长依职权驳回了重新鉴定的申请，但遗憾的是对驳回的理由未予以说明。最后，在整个庭审的质证环节，审判方都只关注公诉方和辩护方的意见，不够重视被告人的权利，以至于在质证过程中，审判方至始至终都没有询问过被告人对出示的证据有无异议。

如在某个班级学生专项庭审程序模拟的“山东招远麦当劳案”中，公诉人在出示证据时，因证据较多，举证时只宣读了证据目录，没有对证据进行单独的介绍，没有说明证据是针对哪一项具体指控内容，缺少对证据的阐释说明必然减弱了证据的证明力。注意：公诉方应逐份出示证据，同时还要仔细说明证据的来源、内容以及所要证明的对象与目的。此外，此案模拟中，多个辩护人在法庭辩论环节提出要对被告人进行精神病鉴定的要求时，审判长却置若罔闻。正确的做法是：审判长若认为辩护人申请精神病鉴定的要求以及理由正当，则应当裁定中止审理，进行精神病鉴定；若认为辩护人申请精神病鉴定的要求以及理由不合理，则应当当庭驳回申请并说明理由，庭审继续。

如在某个班级学生专项庭审程序模拟的“扬州大学副教授周某停车场故意伤害案”中，审判长在最后的口头宣判之后，没有告知被告人享有的上诉权利等事宜。审判长口头宣判后，要说明：此为口头判决，书面判决会在5日之内送达，不服判决可在收到书面判决之日起10日内向本法院或向上一级人民法院提起上诉。

如在某个班级学生专项庭审程序模拟的“被告人于某故意伤害案”中，宣判结果仅仅采纳了公诉方所主张的于某构成防卫过当的故意伤害罪的观点，没有采纳辩护人认为于某构成正当防卫的观点。然而庭审宣判中，没有具体解释说明为何于某构成防卫过当的故意伤害罪而不是正当防卫。

如在某个班级学生专项庭审程序模拟“孙某杰驾车拖拽交警致死案”中，控辩双方争议的焦点是被告人孙某杰是构成过失致人死亡罪还是故意伤害罪。审判长口头宣判中没有对合议庭认定被告人构成故意伤害罪的判决结果作理由阐述，而是直接采纳了公诉方提出的故意伤害致人死亡的意见，但没有分析说明不采纳辩护方的过失致人死亡辩护意见的原因。

（九）学生实践中在法庭调查与法庭辩论程序的衔接上不到位，指导老师要予以及时指正

所有在法庭辩论环节发表的辩论观点要建立在法庭调查环节举证的基础上，即先举证后辩论，如果没有前面法庭调查阶段的举证与质证，那么后面法庭辩论阶段发表的辩论观点如何得来，如何让人信服?举证质证是庭审中的重要环节，对法庭辩论观点的真实性有决定性作用。辩护观点再精彩若没有之前法庭调查环节提供的证据作为支撑，都是没有根基的大厦。

以刑事公诉案件为例，尽管举证义务在公诉方，但被告人以及辩护人有举证的权利且不能轻易放弃举证的权利。辩护人的职责、立场和诉讼地位决定了辩护人为了更好地为犯罪嫌疑人、被告人争取合法权利，也应主动收集与提出有力的证据来支撑自己的辩护，这也是对辩护人自身素质的考验。如果辩护方在法庭调查的举证环节无异议且无任何举证，将不能对法庭辩论环节发表的辩护词起到很好的铺垫作用。

如在某个班级学生专项庭审程序模拟的“被告人李某一等五人强奸案”中，在法庭调查过程中，只有被告人李某一的辩护人提供了其当事人母亲梦某与李某一的通话内容这一份证据，其他辩护人均没有提供任何证据。注意：虽然辩护方没有举证的义务，但是享有提供有利于被告人证据的权利，但此案庭审程序模拟中，除李某一之外的其他被告方却放弃行使这一举证权利；且被告人李某一的母亲梦某与李某一的通话内容只能说明李某一问其要钱，不能证明李某一没有强奸被害人；且被告人李某一的母亲作为亲属所做出的有利于被告人的陈述，其证明力有待其他证据加以补强。然而在法庭辩论阶段，五个被告人的辩护人都发表了精彩的无罪辩护词，辩护方还提出公诉方的证

据有矛盾以及被害人杨某有多次挑逗行为，然而这些在之前的举证环节都没有出示任何证据加以证明；辩护意见最终未被法庭采纳，原因就在此。

如在某个班级学生专项庭审程序模拟的“山东招远麦当劳案”中，法庭正式进入法庭调查阶段，继公诉方宣读起诉书后，被告人以及辩护人对公诉方的举证均无异议，在公诉方举证完毕后，辩护方没有出示任何有利于被告方的证据。被告人以及辩护人却在后面的法庭辩论环节，提出在量刑上对被告人从轻、减轻处罚的辩护观点。相比公诉人所出示的一系列证据，辩护观点因缺乏证据而难以令人信服。

如在某个班级学生专项庭审程序模拟的“杭州保姆莫某晶放火、盗窃案”中，在法庭调查阶段的举证环节，公诉人举证大多围绕放火罪进行，涉及盗窃罪的指控只有被告人莫某晶前任雇主的证言和被告人莫某晶本人的供述这两个证据，盗窃罪所涉及物品以及金额等均未提及，被告人以及辩护人对公诉方关于盗窃罪的举证也无异议。而到了法庭辩论环节，公诉人发表的公诉意见中认为被告人盗窃数额巨大，证据确实充分，应当构成盗窃罪；辩护律师则提出被告人在盗窃罪上构成自首，在量刑上应当从轻、减轻处罚。所有的辩论观点应当建立在举证质证的必要铺垫之基础之上，公诉人举证未涉及盗窃罪所涉及物品以及金额，何来的言之凿凿在辩论阶段发表“被告人盗窃数额巨大，证据确实充分”的公诉意见？辩护人在法庭调查阶段关于公诉人盗窃罪都没有异议，何来的信誓旦旦在辩论阶段发表“盗窃罪构成自首，在量刑上应当从轻减轻处罚”的辩护意见？

（十）学生在实践中扮演的审判长在组织全局和临场应变的能力上不够强，有待通过不断的实践加以提高

在实践中扮演审判长的学生在庭审节奏的把握上不够到位，在出现新事实、新证据以及其他突发性问题时往往措手不及。

如在某个班级学生专项庭审程序模拟的“被告人李某一等五人强奸案”中，审判长对现场突发情况的处理能力不够。在法庭辩论环节，

被告人李某一的辩护人在法庭辩论阶段突然提出：被害人内裤的物证鉴定结果显示只有另两名被告人的精斑，却没有被告人李某一的精斑，故其当事人未与被害人发生性行为；同时，提出酒吧经理张某有组织卖淫行为的新事实。此时，公诉人却未予以任何辩论回击，审判人员也因措手不及而没有任何反应。被告人李某一的辩护人在法庭辩论阶段提出的这份物证鉴定结果应该算作新证据，张经理有组织卖淫行为应属于新事实，说明之前的法庭调查阶段对整个事实与证据的调查并不充分，事关定罪。面对这种情况，审判长应当宣布中止法庭辩论，重新回到法庭调查阶段。

如在某个班级学生专项庭审程序模拟的“扬州大学副教授周某停车场故意伤害案”中，审判长告知鉴定人如实作证义务并让其签完如实作证的保证书之后，立即请公诉人进行询问；接着，辩护人在向出庭作证的鉴定人发问时，有意就鉴定人没能回答出被害人具体受伤害的时间来刁难鉴定人，并使用言语威胁。应当注意，审判长应当在此案伤情鉴定人完整陈述接受被害人伤情鉴定委托、鉴定条件及过程情况以及被鉴定人员的伤势程度等内容之后，再由公诉人对鉴定人进行询问，不能直接让公诉人对鉴定人进行询问。且一般来说，伤情鉴定不能鉴定出被鉴定人员的受伤时间，主要鉴定的是被鉴定人员的伤势程度。此时，审判长应当对辩护人发出警告，提醒其注意询问方式与内容。此外，此案模拟中，其中一个辩护人询问证人：你觉得被害人当时是醉酒状态吗？证人回答：好像是醉酒状态。审判长却对此没有任何反应。此时，审判长不仅要对辩护人的诱导发问方式及时制止，而且有必要提醒证人：证人有权拒绝不当发问，证人只需且只能客观陈述事实，不能使用推测的话语表达意见，更不能主观臆断。

如在某个班级学生专项庭审程序模拟的“山东招远麦当劳案”中，审判长的庭审驾驭能力有待进一步提高，表现在：公诉方和辩护方多次以诱导的方式讯问被告人、询问证人，审判长没有及时制止；法庭调查结束后进入法庭辩论之初，审判长没有整理案件的争议焦点；法庭辩论环节过于冗长，控辩双方对某些争议太过执拗且都试图说服对方，导致有时纠结于重复问题，反反复复地循环发表已陈述过的辩论意见，导致整个庭审的节奏极度缓慢，出现审理拖拉、耗费四个多小时而案件审判不决的局面；在辩护人提出的辩护意见中提出了新的证据但双方僵持不下时，法官直接结束法庭辩论进入被告人最后陈述阶段。注意：首先，公诉方和辩护方以诱导的方式讯问被告人、询问证人，审判方应当及时制止。其次，在法庭调查结束后进入法庭辩论之初，审判长对于案件争议焦点要作梳理与总结，以起到承前启后的积极引导作用；因为争点归纳的缺失极易导致控辩双方在后续的法庭辩论环节模糊辩论重点乃至偏离争议焦点，在一些无关紧要的问题无效辩论必然有损审判效率。最后，无论是在法庭辩论环节还是被告人最后陈述环节，一旦出现新证据，审判长不能置之不理，应当回溯到法庭调查阶段来进行新证据的举证、质证与核实。此外，审判长为了把握全局和提高审判效率，刑事案件还可以召开庭前预备会议。①

（十一）学生在实践中扮演的审判长在口头宣判环节与之前法庭调查与辩论程序的衔接上不到位，指导老师要予以及时指正

学生在实践中扮演的审判长往往出现口头宣判的审判结果超出指控范围的现象，从而违背审判中立原则和控审分离原则。

如在某个班级学生专项庭审程序模拟的“被告人于某故意伤害案”的口头宣判环节，审判长对附带民事诉讼部分也作出了判决，而在起诉书乃至整个庭审的法庭调查与辩论过程中均没有涉及附带民事的诉求，可见宣判超出了起诉书的范围，存在法院口头宣判的结果与之前法庭调查与辩论程序衔接上的不到位。

---

① 按照《刑事诉讼法》以及相关司法解释的规定，对于证据材料较多、案情重大复杂、社会影响重大的案件，在开庭以前，召集公诉人、当事人和辩护人、诉讼代理人召开庭前预备会议：对案件管辖、回避、出庭证人名单、非法证据排除、是否调取新证等与审判相关的问题，了解情况，听取意见；还可询问控辩双方对证据材料有无异议，对有异议的证据，应当在庭审时重点调查；对无异议的，庭审时举证、质证可以简化。

如在某个班级学生专项庭审程序模拟的“杭州保姆莫某晶放火、盗窃案”的当庭口头宣判时，审判长提及被告人自首情节为减刑情节，实属违法；因为公诉方和辩护方无论是在起诉书、公诉词和辩护词，还是在法庭调查的举证质证乃至法庭辩论环节都没有提及自首的情节，法庭却直接认定被告人构成自首。即自首情节不仅属于未经当庭核对的事实，其认定还属于审判超出指控范围。

（十二）学生实践中反映出对相关实体法律知识掌握得不够深入，指导老师要予以及时指正

实体法与程序法紧密关联。在专项庭审程序模拟中，一些学生对各类案件的庭审流程关注有余，而不够注重相关实体法知识的前期准备、巩固复习与拓展延伸。

如在某个班级学生专项庭审程序模拟的“南京虐童案”中，审判长宣布案由时，采用了在媒体报纸上广泛出现的词语“虐童案”，直接表述为“就被告人李某琴虐童案：现在公开开庭”。然而，此处按照媒体口语表述为“虐童案”不合适，应该采用专业法律术语，表述为“故意伤害案”，因为虐待罪与故意伤害罪是两个截然不同的罪名。

如在某个班级学生专项庭审程序模拟的被告人“王某天电动车电池失火案”中，公诉人与被害人诉讼代理人之间存在观点分歧：公诉人认为被告人是由于过于自信才导致了火灾的发生，而诉讼代理人认为是被告人疏忽大意才酿成了惨剧。首先，属于控诉方的被害人及其诉讼代理人理应作为公诉人的辅助者，双方指控观点应一致或互为补充，齐心协力共同承担控诉职能，而不是互相牵制乃至自相矛盾；其次，这也反映出学生们对过于自信的过失与疏忽大意的过失这一刑法知识分辨得不够清晰。

如在某个班级学生专项庭审程序模拟的“扬州大学副教授周某停车场故意伤害案”初步模拟中，在法庭调查的围绕起诉书陈述阶段，被告人一开始就提出自己面对妻儿被殴打，持刀向被害人挥舞的举动只是为吓退对方，并无伤人故意，虽客观上致他人受伤、死亡，但只

构成过失杀人而不是故意伤害罪；公诉人忽视了被告人提出的“过失”这个争论点，没有就“过失”还是“故意”的主观要件方面对被告人进行针对性的讯问，只是围绕伤害致死行为确实是被告人所造成的客观要件方面进行调查；在法庭辩论阶段，公诉人除了控诉被告人犯故意伤害罪之外，没有对辩方“过失致人死亡罪”的观点作出有力反驳，更没有和辩护人就定罪上的分歧进行激烈辩论，说明学生在对刑事实体法构成要件的实际运用上存在不足。这些问题被指导老师指出后，学生们才恍然大悟。

如在某个班级学生专项庭审程序模拟的“杭州保姆莫某晶放火、盗窃案”中，控辩双方就放火罪和失火罪的争议以及放火罪是否需要行为、结果均为故意进行了反复争论，场面激烈而混乱。能否透彻掌握相关刑法知识成为此案辩论思路是否清晰的关键。放火罪与失火罪的主要区别在于二者的主观要件是否为故意。此外，放火罪既不是行为犯，也不是结果犯，而是危险犯；即只要主观方面有明知自己的放火行为会引起火灾仍希望或者放任的故意，客观上实施了使对象物燃烧并引起火灾的行为，并足以造成危害公共安全的危险，就构成放火罪。

（十三）学生实践中在庭审模拟的其他程序事项或细节上拿捏不到位，指导老师要予以及时指正

学生在三大诉讼法中已经学习过庭审程序，对各方面应注意的程序事项或细节都有了解。但是，到了真正实践的时候，还是会出现很多问题。这也说明理论知识只有与实践相结合才能得到最大程度的检验，并且在实践中发现问题、改正问题和弥补理论上的缺失，从而促使对理论知识进行更加全面深入的学习与理解。正所谓：读书多遍，不如来次实践。

如在某个班级学生专项庭审程序模拟的“扬州大学副教授周某停车场故意伤害案”准备过程中，首先，审判长为了让更多同学参与进来，在合议庭组成时，准备参照民事案件模拟法庭合议庭由 3 人以上单

数组成的做法，安排7名审判员；此做法按照刑诉法实属合议庭组成不合法，因为该案件属于基层人民法院管辖的第一审普通刑事案件，合议庭应当由审判员3人组成合议庭进行，7个审判员属于高级人民法院或最高级人民法院审理一审刑事案件的合议庭组成的最高规格。其次，在初步模拟阶段，证人证词有很多问题，突出表现在辩护人和公诉人请来的证人，都有“卧底”嫌疑，陈述的证词似乎是在帮助证实对方观点，且不论是控方还是辩护方对证人的提问都有诱导性发问的情况，这些均不妥。本方证人的证词从常态上应当有利于本方，且对证人的询问不得采用威胁、引诱等非法方式。再次，被告人的儿子出庭作证时显得尤为欢乐，自己的父亲坐在被告席上也没有丝毫的难过，反而是一副大义灭亲的凛然姿态，表现有些浮夸，也可谓“失真”。最后，审判长宣读判决书。此做法实属先定后审的程序违法现象，审判长只能当庭口头宣告判决结果，再定期送达判决书。这些问题都被指导老师及时一一指正。

如在某个班级学生专项庭审程序模拟的“山东招远麦当劳案”中，扮演书记员的同学在宣读完法庭规则后就自行宣布“现在开庭”。庭审的启动流程应该是书记员在确认控辩双方都已到庭后，从宣读法庭规则开始，然后再请审判人员入场，再向法官询问是否可以开庭，而审判长在说出“现在开庭”的那一瞬间，真正的庭审才拉开序幕。此外，在此案模拟中，被告人张某的辩护人讯问与询问的几个问题不够专业且针对性不够，发表的辩护意见与被告人对案件事实的陈述出现不一致，从而易让法官产生辩护人在歪曲事实或是被告人在撒谎等诸如此类不利于被告人的看法。

如在某个班级学生专项庭审程序模拟的“被告人刘某光、刘某、李某贪污案”中，审判长忘记询问被告人是否有前科或被采取过强制措施，小小的疏漏可能影响刑期的折抵；尚未请法警将被告人刘某光带下去，就直接传唤被告人刘某到庭接受讯问；证人在保证书上签完字后，为避免耽误庭审记录，执行法警应主动将保证书交予书记员；

被告人刘某的扮演者在最后陈述时一再笑场，庄严的庭审犹如一场闹剧。也反映出学生在庭审模拟实践中的严肃度和真实度不够，指导老师要予以及时地指正。

如在某个班级学生专项庭审程序模拟的“被告人王某天电动车电池失火案”中，书记员在控辩双方尚未到场的情况下就请全体起立并宣读了法庭规则，被告人身后未安排法警。审判长询问被告人：什么时候收到起诉书的？被告回答：起诉书收到近两个月。这在实际的法律操作中是反常的，正常的情况是起诉书应于开庭十日前送达，因为如果从起诉书送达时日起到开庭之日就长达两个月时间，必然超出法定的一般在受理后2个月以内宣判的一审审理期限。审判长只询问被告人王某天是否被拘留、逮捕。审判长应当核对被告人是否被采取以及采取了哪些强制措施，而不是只询问被告人是否被拘留、逮捕，因为强制措施中除了拘留、逮捕期限可以折抵刑期之外，指定居所监视居住期限在刑诉法中也可以折抵刑期。审判人员没有逐条告知被告人诉讼权利，最为严重的是遗漏了被告人最后陈述这一独立环节。虽然只是庭审模拟，也需要认真严肃对待每一个环节，不能有疏漏，否则就是公然剥夺诉讼参与人应有的诉讼权利，破坏司法公正。

如在某个班级学生专项庭审程序模拟的“南京虐童案”中，首先，审判长请法警传被告人到庭时，发现被告人已经坐在被告席上。其次，公诉人在宣读起诉书中提到被害人所受伤害的鉴定结果为轻伤，然而在其后的法庭调查阶段，公诉人既未出示书面鉴定意见，也未要求鉴定人出庭，是一个疏漏。最后，控辩双方在集中辩论完后，公诉人关于争议焦点作了个总结的做法也很不妥；为体现审判长引导和掌控庭审全局的作用，应当由审判长对争议焦点做总结。指导老师对这些细小问题的及时指正可谓是一语道醒梦中人，令学生顿悟，也令学生反省自己的法律素养还不够。

如在某个班级学生专项庭审程序模拟的“被告人于某故意伤害案”中，首先，出庭的诉讼参与人不够全面，学生的参与度还有待提高。

于某案涉及到很多诉讼参与人，至少包括四位被害人、案发时的民警以及在场近十位证人。而在模拟庭审当中，出庭的只有一位死亡被害人近亲属委托的诉讼代理人以及苏某霞和杜某岗这两名证人，其他三位被害人均没有出庭，公诉人也没有宣读未出庭的三位被害人的书面陈述意见；至少程某贺、严某军、郭某刚这三个被害人，应当安排同学出庭。其次，在模拟完整审判程序的基础上，为了效率的提高与程序展现的简明，加上考虑控制模拟时间长度的原因，对于自由辩论阶段大幅缩减，导致双方对于某构成正当防卫还是过当防卫这一实体争议焦点问题的辩论简化了，辩论还没有充分有效地展开就草草结束，导致庭审最精彩的部分缺失；同时，在控辩双方没有很好地围绕核心问题展开辩论的时候，审判长应当予以适当引导，从而让双方的辩论更加高效；而本案模拟中的审判长没有及时进行总结和引导，使整个庭审显得虎头蛇尾。

如在某个班级学生专项庭审程序模拟的“杭州保姆莫某晶放火、盗窃案”中，首先，审判长在庭审过程中将“浙江省杭州市中级人民法院”直接简称为“浙江省杭州市人民法院”，显得极不专业；该案是由杭州市中级人民法院审理的第一审案件，即在审判管辖的划分上，该案在级别上由中级人民法院管辖，在地域上由杭州市所在地法院管辖。而上台的审判员同学在庭审过程中忽略了法院名称中的级别为“中级”；注意：审判长在提及审判管辖的时候一定要同时明确级别与地域管辖，由此体现法律的严谨性。其次，在模拟中，公诉人和辩护人入庭的时间安排不妥：控辩双方先入庭，书记员再宣读法庭规则；正确的做法应该是书记员先宣读法庭规则后，控辩双方才能入庭。这主要是考虑到公诉人和辩护律师都是法律专业人士，对法庭规则是比较熟悉的，因而书记员主要是对旁听人员宣读法庭规则的。再次，审判长询问被告人：“因为何事由？何时被拘留和逮捕？”被告人答：“2017 年 6 月 22 日因涉嫌放火、盗窃被拘留，同年 7 月 1 日，涉嫌放火罪、盗窃罪被逮捕。”这一番问答后，审判长没有再继续讯问被告人关于强制措施事宜，导致被采取强制措施的具体情况语焉不详。正确的做法是审判长要详细讯问被告人是否被采取了强制措施、被采取的强制措施种类以及被采取强制措施的起止时间。这样讯问不仅可以防止遗漏，而且一并核实强制措施是否可能折抵刑期以及折抵的具体刑期。此外，被害人家属林某斌委托的诉讼代理人在公诉人宣读起诉书之后立即发表代理意见，也存在程序错误；在法庭调查阶段，公诉人宣读起诉书之后应该由双方围绕起诉书陈述，等到进入法庭辩论阶段，公诉人发表公诉词之后，诉讼代理人才能发表代理意见。最后，同为控诉方的公诉人与诉讼代理人在法庭辩论环节就罪名的认定上出现重大分歧：公诉人认定被告构成放火罪与盗窃罪，诉讼代理人却认定为故意杀人罪与盗窃罪。这种自乱阵脚的行为无疑给了辩护方以可趁之机。出现这种状况最主要的原因在于庭前准备不足。公诉人与诉讼代理人之间缺乏庭前沟通，在庭上出现各自为战的局面也就不足为奇了；另一个重要的原因就是诉讼代理人的刑事法律基础知识掌握得不扎实，在认定罪名上出现了错误。

Chapter 5 第五章

实践教学模式之国外陪审团审判程序专项模拟

一、国外陪审团审判程序专项模拟实践教学模式内涵概述

陪审团起源于英国，盛行于美国，至今仍被国际上很多国家采用。当今世界，美国陪审团制度最为完备，分为大陪审团和小陪审团。美国的大陪审团起源于英国，一般由随机挑选出来的 16～23 名不等的美国公民组成，主要承担旨在限制检察官指控权力的起诉前审查职责，当今其地位逐渐衰落；此外，英国的大陪审团职能也逐渐由治安法官取代并最终于 1948 年被取消。① 美国的小陪审团主要承担就事实进行审判的职责（the jury is the judge of facts）。在美国，在刑事审判中，1895 年联邦最高法院通过斯帕尔夫和汉森诉美国案（Sparf and Hansen v. United States）确认：法官的责任是针对案件事实向陪审团给出适用法律的指示，陪审团的责任是根据其良心认定事实、接收并适用法官指示的法律对被告人作出有罪或者无罪的裁定；在民事审判中，适

---

① 参见张姝丽：《美国大陪审团制度述评》，载《中国党政干部论坛》2017 年第 4 期，第 103 页。

用法律的权力从陪审团转移至法官更为快捷，在1820年已基本完成。[①] 可见，通常意义上说的陪审团指的是小陪审团，故本书关于国外陪审团审判程序专项模拟实践教学模式选取的是最为典型与完备的美国12人小陪审团审判程序。

国外陪审团审判程序专项模拟实践教学模式是将学生分成公诉组（原告组）、辩护组（被告组）、法官组与陪审团组四组，学生分组进行查阅资料、讨论案情和证据归类，选出代表扮演陪审团成员、公诉人（原告人）、被告人和辩护人（诉讼代理人）以及主持陪审团审判活动的法官和负责记录陪审团审判活动的书记员等角色，并完整模拟庭前证据开示程序、遴选陪审员程序以及陪审团审判案件程序等全过程的模拟实践活动。

我国不实行陪审团审判制度，实行的是人民陪审员参与到合议庭与审判员一起进行审判的参审制。2015年4月最高法颁布的《人民陪审员制度改革试点方案》以及2015年5月司法部印发的《人民陪审员制度改革试点工作实施办法》从司法解释层面正式启动人民陪审员制度改革的试点，并在全国10个省、自治区、直辖市的部分法院试点。2018年4月27日第十三届全国人民代表大会常务委员会第二次会议通过《人民陪审员法》，在保留了我国一贯以来的陪审员参审模式的基础上，借鉴了英美陪审团模式的元素，在司法革新进程中添上了耀眼一笔。《人民陪审员法》是人民陪审员制度拥有的单独法律，其在2004年全国人民代表大会常务委员会《关于完善人民陪审员制度的决定》内容的基础上对陪审员的资格准入、选任方式、职责、奖惩方式、待遇和补助等方面作了更加完整与体系的规定，进步意义是巨大的。立法对人民陪审员参与审判系列规定的完善，旨在增加庭审活动的透明性、促使法官多角度看待案件、纠正法官的片面成见、防止法官滥用

---

① 参见陈学权：《美国刑事审判中陪审团适用法律权述评》，载《比较法研究》2017年第2期，第76～77页。

司法权以及加强案件审理的公正性，并为我国后续各项司法改革的进程起到积极铺垫的作用。

通过对国外陪审团审判程序的学习与模拟实践，学生在实战应用中了解国外诉讼案件审判程序、制度与原则等相关规定。尽管学生了解到的只是国外司法制度的冰山一角，但此模拟实践对激发学生的学习兴趣有不小的帮助，还可以拓宽学生的知识面与视野，促使学生思考如何在国内外比较基础上为我国正在试点的人民陪审员制度改革寻求借鉴价值与完善方向。

二、国外陪审团审判程序专项模拟实践教学模式实施要求

首先，国外陪审团审判程序专项模拟要具备同国内庭审程序专项模拟在教室和设施等硬件方面的共性实施要求。其次，指导老师要在模拟之前向学生完整介绍国外陪审团审判程序的具体内容与流程，还可同时借助播放国外陪审团审判的相关视频录像以便学生更为直观地加以掌握。接着，指导老师提供给学生的案例必须是在事实或证据认定方面具有一定争议的真实案件。如此，才能激发学生的参与热情，学生踊跃讨论与深入分析案情才能确保在陪审团庭审时控辩双方对抗的激烈性。然后，学生在自主与择优的基础上分配角色与程序模拟。在自主与择优的基础上，初步确定陪审团成员、公诉人（原告人）、被告人和辩护人（诉讼代理人）以及主持陪审团审判活动的法官和负责记录陪审团审判活动的书记员等角色的模拟参与人员。在模拟参与人员初步确定之后，学生可以利用课外时间进行初步模拟；在此基础上，推选出本组表现优秀的同学作为代表参加最终展演的国外庭审程序专项模拟活动。必要时通过角色互换，对同一案例可以进行再次模拟。最后，指导老师针对国外庭审程序专项模拟活动过程中的优点与不足进行全面点评，学生进行深入反思与总结，指导老师根据学生模拟实践的参与情况以及自我总结进行综合成绩评定。

值得一提的是，在国外陪审团审判程序专项模拟中，学生不论是

担任陪审团成员、公诉人（原告人）、被告人和辩护人（诉讼代理人），还是主持陪审团审判活动的法官，或负责记录陪审团审判活动的书记员，每一个具体角色对庭审的程序和各自的权利义务职责都必须了然于胸，才能按法律规定的程序游刃有余地进行诉讼活动，从而让自身诉讼行为无懈可击，最终达到事半功倍的效果。另外，很多学生最早对国外陪审团审判都是从电影或电视剧开始的；为了使剧情跌宕起伏和具有可观性，影视剧里的刑事案件陪审团审判往往是无比激烈的，辩护人和公诉人的精彩辩论常常让观众大为称赞；而学生在对国外陪审团审判程序的模拟中，会发现现实中的陪审团审判因为极强的专业性与严格的程序性，其实是很平淡甚至是枯燥的，与在影视剧里的表演差距相去甚远。此外，对国外陪审团审判程序的学习与模拟光靠对条文的死记硬背是远远不够的，还要学会清晰地表达自己的观点与思辨他人的观点，更要学会用中外比较思维来思考案件中的专业性问题。

三、国外陪审团审判程序专项模拟实践教学模式综合价值

（一）学生通过对国外陪审团审判程序的专项模拟，充分感受到民众参与司法活动的重要价值

首先，民众参与司法活动是实现司法民主的重要途径。作为陪审团成员的民众直接参与司法活动，给一丝不苟的司法审判程序增添了民主气息，司法活动不再让民众觉得遥不可及，而是更加贴近生活和民众价值观；陪审团直接参与司法活动可以广泛采纳公众的智慧，有效避免职业法官的专业局限、司法专断与个人偏见，从而使司法裁决更合理，更接地气。“司法民主的主要内容就是保障人民能够直接参与司法审判，用人民的权力来限制精英的权力，其目的就是用常人的判断来约束法官的偏见，保障裁决的公正性。”①

① 参见高其才、肖建国、胡玉鸿：《司法公正观念源流》，人民法院出版社 2003 年版，第 704 页。

其次，民众参与司法活动是实现司法公正的重要途径。绝对的权力必然导致绝对的腐败。相对于职业法官通常要受到仕途升迁与社会舆论等诸多因素的影响而言，作为一般民众的陪审团成员在审判中所受的干扰往往较小；且陪审团成员遴选的随机性、流动性、不受政府干涉性以及进入审判后与外界禁止接触等规定起到预防司法腐败的作用，有效避免了两大影响事实认定裁判结果现象的发生：当事人通过贿赂等不当方式试图接近陪审团成员，或政府部门试图通过权力施压陪审团成员。此外，陪审团发挥集体智慧对事实的独立认定可以弥补法官知识与经验的不足，且能有效地督促与保障法官保持客观公正的审判中立立场，防止法官独断行为的产生，对司法程序直接进行监督，有利于实现案件裁判结果的公正性和正当化；陪审团作为审判参与者兼任司法活动的监督者，阻止了法官独断与滥用司法权现象的产生，加强了司法透明性与公开性；减少了当事人对案件的猜疑，加强了当事人对案件审判有理有据的信赖，使民众越来越相信司法的公正；即使陪审团做出的判决并不如当事人所愿，当事人也会欣然接受，认为其是公正的，不会选择去上诉或申诉而是自愿履行裁判，从而减轻了法院的诉累。

最后，民众参与司法活动是保障人民主权原则的重要途径。陪审团审判的实质是公民审判，是普通民众发挥合议作用对案件事实进行裁判，意味着将审判权给了民众，使得法律走进民众的心中而不仅仅是身外之物并保障了民众思想在法律上的自由，将民众内心对自由的渴望直接反映出来，是民众充分行使其政治自由权与参与权的途径，也是人民主权原则的直接体现。因此，学生只有在明晰与感受到民众参与司法活动的重要性之后，在对国外陪审团审判程序的专项模拟中更加具有强烈的责任感与光荣的使命感，才能真正理解陪审团的设立初衷。

（二）学生通过对国外陪审团审判程序的专项模拟，有利于对美国与我国刑事诉讼中庭前审查程序进行横向比较

美国的庭前审查程序是刑诉程序的重要组成部分，主要表现为专

门的预审程序。预审程序一般实行书面材料审阅与抗辩式程序并重的模式，其中一个环节即为庭前证据开示；其性质并非只是单纯的对控方提交的案件材料做简单的形式审查，往往还涉及听取当事人陈述、听取证人对交叉询问的陈述、审查双方展示的证据以及相关意见等实体性审查。根据美国《联邦刑事诉讼规则》，如果治安法官查明被告人所犯罪行轻微，可以依职权选择不进行预审；如果查明被告人所犯罪行严重，必须告知被告人有选择进行预审之权利。所以，在美国的司法实践中，预审程序一般只适用于重罪案件的审判，轻罪案件则可以不经过预审程序而由治安法官直接进行判决处理。预审程序中，控辩双方当事人都必须到治安法院，且不同的预审结果将会带来不同的处理方式：证据材料经过预审审查加以确认为证据充分的，案件会被递交到大陪审团审查（有进行大陪审团审查的州）① 或审判法院正式庭审；证据材料经过预审审查加以确认为不足以充分证明指控事实的，检方指控将被驳回，被告人将被释放或被解除一切限制性措施。此外，负责庭前审查程序的治安法官与后续正式庭审的审判法官不能为同一人。由此可见，美国的庭前审查程序主要着眼于制约公诉权和防止裁判者预断，是预防国家公权力对个人权益的过度侵害以及保障犯罪嫌疑人和被告人人权的重要利器。如在“辛普森谋杀案”的庭前证据开示环节的模拟中，控辩双方通过庭前证据的互相展示以及交叉质证，力求证据的关联、充分与合法，避免出现无正当理由的指控；同时，也有利于治安法官发现和排除非关联性、非法或传闻等证据材料，从而限制陪审团正式审判程序中审查证据材料的范围以及控辩双方争议与辩论的范围，避免陪审团接触不适当证据材料，确保陪审团自由心

① 美国刑事案件的庭前审查程序包括预审程序和大陪审团审查程序，大陪审团审查程序是预审程序的后续审查程序，二者功能基本相同，都是通过筛选出那些没有充分证据指控的案件，来实现对公诉权的制约。区别在于：美国各州基本都规定了预审程序，却仅有一半的州规定了大陪审团；预审程序是公开的，而大陪审团审查程序是秘密的；被告人必须参加预审程序并接受质询，但不参加大陪审团审查程序。

证的客观公正性。

而在我国刑事诉讼中，法院开庭前的程序主要包括庭前审查程序以及组成合议庭、送达诉讼文书等技术性准备程序。[①] 庭前审查是起诉程序与审判程序的中间程序，是法院在庭前对公诉或者自诉案件进行审查，以确定是否需要将案件交付审判的一个诉讼程序，其性质为初步的形式审查，体现在法院负责庭前审查程序的法官与后续正式庭审的审判法官可以是同一人，这易导致法官在庭前形成主观臆断，使庭审“走过场”；庭前审查的对象是起诉书与案件相关材料，审查内容为起诉书是否有明确的犯罪事实指控和该案件是否属于本法院管辖范围，其功能定位为将材料不完备以及不属于管辖等追诉情形提前过滤出去，而不涉及犯罪事实等实质问题。此外，被追诉人对庭前审查程序不享有选择适用的权利。值得一提的是，我国2013年1月1日实施的修正后《刑事诉讼法》增设了庭前会议程序，但受限于其“了解情况，听取意见”[②] 的立法目的以及“只强调其配合正式庭审程序的从属功能，对庭前准备程序本身的人权保障与公诉规制的功能视而不见”。[③] 可见，我国庭前审查的立法目的主要在于提高审判效率和节省司法资源。

（三）通过国外陪审团审判程序专项模拟的实践，学生充分领悟出当事人主义平等对抗诉讼模式的特征

当事人主义平等对抗诉讼模式（adversarial system）主要强调双方当事人积极主动在诉讼中发挥争辩与对抗下的主体作用，裁判者在诉讼中只起居中公断的消极作用。学生通过对国外陪审团审判程序的专项模拟，充分领悟出当事人主义平等对抗诉讼模式的基本特征：

---

① 参见宋英辉、陈永生：《刑事案件庭前审查及准备程序研究》，载《政法论坛》2002年第2期，第65页。

② 2013年修正后《刑事诉讼法》第182条第2款：在开庭以前，审判人员可以召集公诉人、当事人和辩护人、诉讼代理人，对回避、出庭证人名单、非法证据排除等与审判相关的问题，了解情况，听取意见。

③ 参见刘晶：《刑事庭前准备程序的反思与重构》，载《东方法学》2014年第3期，第131页。

一是裁判主体的消极与中立。古语云：“徒善不足以为政，徒法不足以自行”，“制而用之存乎法，推而行之存乎人”。这表明：诉讼公正能否实现，关键在于裁判主体。因为一旦裁判主体与案件有利害关系或对案件有了偏见，就会先入为主，也就难以公平地对待各方当事人与公正地处理案件。体现在对陪审团成员的遴选中，要严格贯彻陪审团成员不得与案件有利害关系以及不应有偏见或预断这两项基本要求。只有如此，陪审团成员才能做到冷静、客观地对各项证据进行衡量，在利益处于冲突状态的控辩双方之间保持一种消极超然和不偏不倚的态度和地位，不对任何一方存有偏见和歧视，以确保控辩双方受到平等对待。

二是控辩双方的平等参与与积极对抗。一方面体现在控辩双方当事人在形式上享有相对对等的机会与手段，这也是双方具有平等对抗性的基本条件；如陪审团不仅平等地给予双方当事人提出本方证据、事实和主张以及各抒己见、观点争锋的机会，还要尊重双方当事人人格尊严和自主意志，对各方的证据、事实和主张予以同等的尊重和关注，保证双方充分与平等地参与到审判过程之中。另一方面体现在陪审团对被告人还要给以特殊保护，以实现真正意义上的实质对抗，即在审判中要尊重与保障被告人包括辩护权、知情权、参与权与救济权等在内的基本程序权利，以防止受到国家追诉机关追控权力的非法侵害。在国外陪审团刑事案件的模拟审判实践中，控辩双方当事人绝对平等，没有贵贱高下之分；即便追诉机关掌握确凿证据，所能做的也只是让证据说话，而不能违反平等对抗的游戏规则；平等对抗中的追诉机关在审判过程中严格履行自己的举证质证义务，发问时注意方式恰当，并希望被告方受到应有的责任追究；平等对抗中的辩护方积极正面地应对追诉机关提出的对被告人不利的指控，并进行针对性地调查和辩论，做出有利被告人的防御或反驳辩护，以维护被告人的权利。可见，只有控辩双方对陪审团审判活动平等参与和积极对抗，才能确保双方当事人在被尊重意志的基础上享有充分的参与审判实施过程与决策过程的同等机会，从而使裁判主体兼听则明；这样一个双方参与、唇枪舌战、观点多元与相互辩论的公平抗衡机制是有序推动陪审团审判程序的关键，也是陪审团得以发现案件事实真相的基本依据，且有利于增强审判活动的透明度和社会对陪审团裁判结论的信任度。

（四）通过国外陪审团审判程序专项模拟的实践，学生切身感受到无罪推定原则、不得强迫自证其罪原则以及非法证据排除规则的贯彻适用与人权保障价值

无罪推定原则指犯罪嫌疑人或被告人在经法定程序判决有罪之前，应当被假定为无罪的人；其主要内容包括控方举证，疑罪从无以及犯罪嫌疑人、被告人享有沉默权。不得强迫自证其罪原则在美国联邦宪法第五修正案中有明确规定："任何人在刑事法庭上都不得被强迫作不利己证言"，即要求禁止对犯罪嫌疑人、被告人采取任何有损尊严的方法强制其供述有罪事实。[①] 此外，美国还将不得强迫自证其罪原则的适用对象犯罪嫌疑人、被告人和证人加以区别对待：证人只有在面对可能自陷于罪之类问题才能拒绝回答侦控机关的提问，而犯罪嫌疑人、被告人没有限制地可以拒绝一切不利己的提问。非法证据排除规则要求除非法律另有规定，执法机关不得将违反法定程序、采取非法手段以及超越或滥用职权等制作和调查收集的非法证据材料作为定案证据。[②]

我国在《刑事诉讼法》中增加规定了不得强迫自证其罪原则，完善规定了非法证据排除规则；吸收了无罪推定原则的合理内核，规定了法院统一定罪原则，区分了犯罪嫌疑人与被告人的称谓，确立了疑罪从无与公诉人举证义务等。但我国未明确确立无罪推定原则，也未

---

① 参见樊崇义：《刑事诉讼法修改专题研究报告》，中国人民公安大学出版社 2004 年版，第 141 页。

② 非法证据是否包括毒树之果（以非法的证据材料为线索调查收集的其他的证据），目前尚存在争议。

明确规定犯罪嫌疑人与被告人的沉默权；重打击，轻保护，重实体，轻程序的思想依然残留在我们的司法实践中。

学生通过对国外陪审团审判程序的专项模拟，不仅可以对国内外主要诉讼原则与规则进行上述横向比较，还可以结合具体案件真切地体会到无罪推定原则、不得强迫自证其罪原则与非法证据排除规则的适用价值，旨在杜绝侦控机关的非法执法行为，防止冤假错案，归根结底在于切实保障犯罪嫌疑人与被告人为主的诉讼参与人的权利，也保护了一个普通公民在处于被追诉不利境地时的人身自由不受非法侵害的基本权利和包括接受公平、公正、公开审判在内的诉讼权利。如在辛普森谋杀案的模拟陪审团审判中，被告人辛普森被视为无罪之人，西装革履地坐在被告席上，神态自若，自始至终否认自己有犯罪事实；追诉机关则承担举证责任，出示一系列证据证明被告人有罪；与追诉机关享有平等诉讼地位的辩护律师则通过包括非法证据的排除申请、法庭质询和法庭辩论在内的一切合法合理的手段，对追诉机关的证据提出合法性质疑并要求排除一切非法证据，或者对追诉机关的证据提出充分性质疑并要求确认被告人有罪的证据不足，从而削弱追诉机关的证据效力甚至推翻追诉机关的有罪论证，即在法律和道德允许的范围内全力以赴地为被告人辛普森做无罪辩护。

（五）通过对国外陪审团审判程序专项模拟的实践，学生充分领悟出程序对实现诉讼公正的重要性以及正当程序在国家法治建设中的核心价值

《辞海》对“程序”的解释为“按时间先后依次安排的工作步骤”。[①] 程序给人一种信心，程序保证效率，程序减少失误。正当程序的规定符合人类对法律价值的一般追求——公平和正义，也就是公正。所有法律制度中，公正均包含着程序公正和实体公正两层意思。实体公正，又称结果公正，指的是在形成某一良好的结果方面有用或有效。

---

① 《辞海》，上海辞书出版社1979年版，第96页。

这是程序的外在价值、功利价值取向，即作为手段、工具的价值取向，表现为通过程序保证实体结果的公正。这是程序的工具价值。程序公正，又称手段公正，指的是程序本身就具有善的品质，符合理性和人道。这是程序的内在价值取向，即程序本身是不是善的、理性的，是不是兼而尊重了诉讼参与人的基本权利。因程序公正体现于法律程序的设计以及诉讼实践的过程中，具有明确、具体且可操作的标准，属于“看得见的公正”。因此，在诉讼中必须坚持实体公正与程序公正并重，在承认程序工具价值的同时，更要注重其内在的独立价值；不仅要求实体结果的客观准确，而且还要求诉讼过程符合正当程序的基本要求；不是单以某种外在的客观标准来衡量实体结果的正确与否，还要通过实现程序过程本身的公正来保证实体结果能够经得起推敲、验证。即正当程序不仅仅体现在程序本身的正当、完善与否，更主要是体现程序的理论、理想和信念。其内容包括什么是公正的程序、为什么要实行公正的程序、怎样实现程序的公正，其要求诉讼活动在追求结果客观、公正的同时，更要注重程序的公正性与兼顾对诉讼参与人的权利保护，在不否认实体公正价值的同时，强调程序公正价值的并重。

在严肃的陪审团审判过程中，每位参与者都需要各尽其责，为程序公正提供最基本的前提保障；合法严谨的程序又反过来保障每位参与者的诉讼权利，最终为实现实体公正提供保证，并由此体现程序公正与实体公正的结合。学生通过对国外陪审团审判程序的专项模拟，切身感受到陪审团审判中各项程序要素的正当性对实现诉讼公正的重要性。相比对实体公正即“结果公正”的追求，陪审团审判中所遵循的正当程序更为强调程序的理性、自治、制约和及时。首先是程序的理性，表现在陪审团得出事实认定结论的程序不是任意的，而是明确且合理的。突出体现在审判过程中要赋予双方在知情的基础上享有说理的机会，即可以有准备地在形成自己观点的基础上充分地发表自己的观点与理由。说明理由是理性的根本特征，是对控辩双方的基本尊重，也是对陪审团裁量权的必要制约，更是培养与造就理论与实践具佳的优秀法律人的重要途径。其次是程序的自治，主要体现在四方面：一是程序的维持，表现在陪审团审判行为与结论一旦生效之后要尽量维持其效力，不能任意否定；二是程序的主导，陪审团审判程序决定最终结论，不能将陪审团审判程序视为走过场，先定结论后进行审判程序；三是程序的强制，违反陪审团审判程序的相关规定，必将产生相应的法律后果；四是程序的制约，主要体现在两方面：（1）程序的监督，指规定适当的途径监督陪审团成员操作程序的过程和结果的公正性，主要是通过法官对陪审团的适当指示与引导这种权力对权力的制衡机制来实现；（2）程序的公开，指审判的过程与结果对诉讼参与人与社会公众公开，主要通过权利制衡权力的机制来实现。权力之间的相互制约固然有助于抑制权力滥用，但是，这种制约本身并不能界定国家权力运行的合理范围，也不能防止因当权者的共同利益使这种制约流于形式。为了更有效地制约权力，还必须借助权利来制约权力。[①] 最后是程序的及时，即注重陪审团审判程序终结的及时性，既不能过快，也不能过慢，更不能无限期地拖延，期间过长则降低了效率和浪费了资源，期间过短会使陪审团审判权力的实现过于仓促，加大了出现错案的风险，使结果的公正性受到质疑。这就要求在陪审团审判期间的长短上要考虑合理性与平衡性：合理性是价值层面的需要，是法治社会任何法律规定存在的前提；平衡性是实践层面的需要，体现了实践中多方利益的均衡。

我国法治的进程可以说是通过正当程序来实现民主与人权保障的进程。当然，法治的实现不能只靠法律人的努力，更要得到整个社会的认可和尊重。以刑事诉讼为例，刑事诉讼中程序是否正当以及人权保障如何是一个国家法治水平是否完善的表征，反映了一个国家的民

---

① 参见黄士元：《论侦查的诉讼化》，载正保法律教育网：http://www.chinalawedu.com/news/2004_8/24/0907498778.htm，最后访问日期：2018年2月1日。

主、进步与文明的程度。惩罚犯罪是我国刑诉中传统的诉讼目的，唯权力至上，忽略被告人的人权；而保障人权是我国刑事诉讼的发展趋势。时至今日，刑诉法目的是通过一系列正当程序的设置来实现惩罚犯罪和保障人权的并重和兼顾。综上，程序在诉讼乃至法治领域举足轻重。正当程序是法治国家的标志，是社会主义法治理念的重要内容之一。① 为改变我国司法实践中存在的重实体、轻程序和重追究、轻保护的传统观念，正当程序理念在修正后的三大诉讼法②中均得到了较高程度的体现，也必将在未来的各项立法中得到更充分、更全面与更彻底的关注。

四、国外陪审团审判程序专项模拟实践教学模式实施中存在的主要问题与解决对策

（一）学生实践中多有畏难情绪与存在各种疏漏，需要指导老师予以更多的引导

由于学生在生活或课程学习中很少接触国外陪审团审判程序，所以一开始有畏难情绪以及觉得无从下手。学生在实践中对陪审团成员如何遴选、庭前证据如何开示、陪审团公开庭审的程序以及陪审团表决的程序等也存在很多困惑。这些问题和阻碍均很正常，也在所难免。指导老师必须事先详细讲授国外陪审团审判程序的内容并且对如何展开国外陪审团审判程序的模拟进行细致的指导。

（二）学生实践中在被告人座位的安排以及律师能否走动上容易出现错误，指导老师要予以及时指正

以“辛普森谋杀案”的陪审团审判程序专项模拟为例，学生容易习惯性地将被告人安排在面对审判方的独立被告席上，且辩护律师

---

① 参见张文显：《树立社会主义法治理念》，载中国大学生在线：http://www.univs.cn/newweb/univs/znufe/law/2007－01－12/728442.html，最后访问日期：2018年2月7日。

② 2018年10月26日起施行修改后的《刑事诉讼法》，2017年7月1日起施行修改后的《民事诉讼法》和《行政诉讼法》。

也是一动不动地坐在辩护席上。指导老师对此要予以及时的提醒与指正：在美国刑事案件陪审团审判程序中，被告人没有独立的席位，而是坐在辩护人的身边，即同坐在法官左侧的辩护席上，方便辩护律师与被告人及时商议；且辩护律师在陪审团面前发表意见时可以自由地走动，也反映出双方当事人的重要性。在我国，公诉方与辩护律师则各置一侧在法官席的两侧，被告人出场后被安置在法庭的中间，坐在固定的、面对审判方的独立被告席上；且辩护律师只能在座位上询问与发言，不允许自由走动；“法庭呈静态设置且突出法官的主导地位”。①

（三）学生实践中在辩护人角色安排上容易受国内法律规定影响，指导老师要予以及时引导

以“辛普森谋杀案”的陪审团审判程序专项模拟为例，学生在辩护人角色安排上容易受国内法律规定的影响，错误以为一名被告人最多只能委托2名律师或其他人担任辩护人，指导老师要予以及时引导。在我国，一名被告人可以委托一至二名辩护人，可以是律师、人民团体或者犯罪嫌疑人、被告人所在单位推荐的人或者犯罪嫌疑人、被告人的监护人、亲友。而在美国，“强调法律的专门化、职业化，刑事辩护的任务只能由律师承担”，② 不能是律师之外的人；这是因为美国是判例法国家，贯彻先例遵循规则，而刑事案件的办理难度与大量先例的查阅工作量极大，加上陪审团审判制度下，被告罪否不是由法官决定，这就要求辩护人只能是专业律师担任，才能参照先前判例引经据典地陈述并运用专业法律知识与辩护技能说服与影响陪审团成员作出一致决定。此外，在美国刑事案件中，一名被告人可以委托2名以上的律师担任辩护人，甚至可以委托律师团。如在“辛普森谋杀案”中，

---

① 参见孙仲玲、尹飞：《中美刑事庭审程序比较》，载《云南民族大学学报》（哲学社会科学版）2006年第1期，第29页。

② 参见陶然：《中外刑事诉讼辩护制度比较研究》，东北师范大学2012年硕士学位论文，第9页。

辛普森先是聘请美国著名律师罗伯特·夏皮罗为其辩护；随后，哈佛大学法学院教授、犯罪学专家阿兰·德肖维茨和波士顿律师、幕后活动专家李·贝利也受聘为辛普森辩护；接着，又有两名律师加入辛普森的辩护队伍，他们分别是遗传基因指纹鉴定专家巴里舍·克和刑侦专家杰拉尔德·厄尔曼；然后，洛杉矶著名黑人辩护律师约翰尼·科克伦加盟辛普森辩护律师团，并出任首席辩护律师；至此，辛普森的辩护律师全部亮相，他们被称为全明星“梦幻队”。[①] 综上，学生通过对国外陪审团审判程序的专项模拟以及指导老师的及时引导，更好地对美国与我国刑事诉讼中相关辩护制度进行横向比较。

（四）学生实践中在回避事宜上容易受国内法律规定影响，指导老师要予以及时引导

以“辛普森谋杀案”的陪审团审判程序专项模拟为例，学生实践中对回避的适用上容易受国内法律规定影响，指导老师要予以及时引导。对于回避适用阶段和对象，在我国刑事诉讼中，为了避免一切可能影响案件公正处理的情形发生，回避制度适用于侦查、起诉、审判和执行阶段，回避对象主要包括审判人员（法官和陪审员）、检察人员、侦查人员、书记员、翻译人员、鉴定人、司法警察、勘验人员以及执行员等极为广泛的人员范围；而在美国，“回避制度只适用于审判阶段，这与它们审判中心主义的司法理念一脉相承”，[②] 回避对象主要包括法官和陪审团成员。在回避启动是否需要理由方面，我国刑事诉讼只存在有因回避，即回避申请必须说明理由且符合法定情形；而在美国，对陪审员的回避申请适用无因回避，即申请人不需要说明理由或者具有法律依据，只要对陪审员提出回避申请，法庭都予以采纳，体现出对当事人程序选择权的充分尊重。

---

① 郑州市中级人民法院网站专题文章：《辛普森杀妻案审判始末》，载郑州市中级人民法院：http://zzfy.hncourt.gov.cn/public/detail.php?id=19940，最后访问日期：2018年2月10日。

② 参见刘萌：《刑事回避制度比较研究》，河北大学2011年硕士学位论文，第1页。

（五）学生实践中在诉讼角色与证据种类的归类上容易有错漏，指导老师要予以及时指正

以“辛普森谋杀案”的陪审团审判程序专项模拟为例，学生实践中在诉讼角色与证据种类的归纳上容易受国内法律规定影响，指导老师要予以及时引导。在我国，被害人、鉴定人与证人是三类独立的诉讼参与人，其中被害人是当事人。因而被害人陈述、鉴定意见与证人证言也是三种独立的证据种类：被害人陈述是指刑事案件中受犯罪行为侵害的人就案件事实向公安司法机关作出的陈述；证人证言是指了解案件情况的自然人就其所感知的案件情况向公安司法机关所作的客观事实（fact）陈述；鉴定意见是指专门人员运用其科学技术或专门知识对诉讼中涉及的专门性问题进行鉴别和判断之后提供的专门性意见（opinion）。在“辛普森谋杀案”的陪审团审判程序专项模拟中，学生受国内法律规定的影响，极易将被害人、鉴定人与证人单列为三类独立的诉讼参与人，极易将被害人陈述、鉴定意见与证人证言单列为三种独立证据种类，需要指导老师及时指正。在美国，首先，没有鉴定人这一独立诉讼参与人，没有鉴定意见这一证据种类；专家提供的鉴定意见纳入证人证言，俗称专家证人证言。其次，美国的意见证据规则要求证人只能陈述自己亲身感受和经历的事实（fact），不得陈述对该事实的意见或者评价（opinion）；然而，这一规则却将专家证人证言作为例外：因为专家证人证言中所包含的意见、推论或结论，依靠的是专门知识和技能，即专家证人只要能够出示自己属于该领域的专家经验并被证明合格之后，可以提供事实之外的意见、推论或结论，但应当叙述该意见、推论或结论的依据以及在必要时作出相应解释。同时，在美国刑事审判中，被害人不属于当事人，也没有独立的被害人陈述证据种类。被害人只能作为普通证人出庭作证，且只能陈述自己亲历的事实，不能陈述听说的事实或自己的分析、判断

意见等。[①] 此外，在美国陪审团审判中，警察就其侦查活动的合法性出庭作证极为常见，此时警察作为证人需要宣誓并且如作伪证将承担刑事责任。

（六）学生实践中在证人证言的证据属性认定上容易出现错误，指导老师要予以及时指正

以“辛普森谋杀案”的陪审团审判程序专项模拟为例，学生实践中在证人证言的证据属性认定上容易受国内法律规定影响，指导老师要予以及时引导。证据能力与证明力是证据的两个基本属性。证据能力（证据资格）是指在法律上可作为证据的资格，实质判断标准是客观性、关联性和合法性是否兼备；证明力则是指对案件事实认定的影响力，即证据材料的可靠或可信的程度。在我国，证人证言是指了解案件情况并能正确表达的当事人以外的自然人向司法机关承办案件的有关人员就案件情况的客观陈述。可见，在我国，证人确有困难不能出庭的，经法院许可，可以其他方式出庭。且证人即便出庭，只要陈述其了解的案件情况即可，并不一定是自己耳闻目睹的事实情况。在我国，转述的证人证言或经过允许的书面证人证言一样具有证据能力。而在美国，根据传闻证据规则的适用要求，陪审团审判中的证人必须在出庭作证时陈述自己耳闻目睹的案件事实。[②] 显然，我国并没有确立传闻证据规则。举个例子，犯罪嫌疑人甲某被控故意杀人，其邻居（生理精神均很健康的成年人）作为辩方证人提供证言“在案件发生当

---

① 参见孙仲玲、尹飞：《中美刑事庭审程序比较》，载《云南民族大学学报》（哲学社会科学版）2006 年第 1 期，第 29 页。

② 传闻证据规则指的是不得将传闻证据作为定案的根据，除非法律另有规定。而传闻证据通常是指证人陈述的不是其亲身经历的事实，只是转述其传闻的内容，也就是将其他人的陈述在法庭上提出，作为自己作证的证言。因此，传闻证据规则的适用要求有二：一是如果证人陈述的内容是由他人就该事实的感知而获得的，就属于传闻，不能作为证据；二是证人必须出庭，他人的陈述即使以书面的形式存在，也不能由他人在法庭上代为陈述。

晚，在小区遇到甲某妻子，听甲某妻子说其丈夫今晚和她一起看了场电影”，以证明甲某没有实施故意杀人的作案时间。在我国，甲某邻居的证人证言虽是转述甲某妻子的证言，证明力较弱，需要其他证据补强，但并不代表没有证据能力；然而，在美国，这样的证言则不具有证据能力，将被排除在陪审团审查范围之外。

Chapter 6 第六章

实践教学模式之法庭辩论大赛

一、法庭辩论大赛实践教学模式内涵概述

法庭辩论大赛实践教学模式是指由指导教师选择典型的真实案例以及相关材料提供给学生，组织学生分成原告组（公诉组）、被告组（辩护组）和审判组，扮演原告方（公诉方）、被告方（辩护方）、法官等角色，并在审判组组长的主持下，控辩双方就真实案件进行庭前证据交换或展示活动；重点是在审判组组长的主持下，控辩双方围绕案件事实、相关证据、责任承担及法律适用等争议焦点（双方在庭前证据交换或展示阶段无争执的事实和证据不得再进行辩论），以基本法学理论为基础，以成文法为依据，以真实案例为载体，在教师指导下，以言词辩论的形式，文明而有序地发表自己的意见，进行论证和互相辩驳的活动。控辩双方以理服人，不得进行人身攻击。辩论按照轮次进行，如双方有新的辩论意见，可进行下一轮辩论。

作为法学实践教学模式的法庭辩论大赛与有着固定程序和预设内容并具有模拟表演性质的传统法学实践教学模式庭审程序专项模拟的最大区别在于其不可知性与不可控性，具有一定实施难度，故其适用对象最好为具备一定专业基础的法学三、四年级学生。法庭辩论大赛

也不同于一般的辩论赛，要受制于具体案件，各方要以事实与法律为依据，只能围绕案件事实或适用法律发表意见。相对而言，法庭辩论大赛属于一种创新型法学实践教学模式，具有其独特的魅力及价值。

二、法庭辩论大赛实践教学模式之实施要求

（一）对指导教师组织法庭辩论大赛的要求

指导教师为了成功组织法庭辩论大赛，有四点值得注意：

一是辩论材料的选择。指导教师选择作为法庭辩论大赛的案例要典型与真实，且是引发社会广泛关注与探讨的热点话题，这样才会有丰富的资料可供学生查阅且有法律界等各界人士的不同观点作为辩论参考，以方便学生深入了解案件的来龙去脉，激发学生的参与积极性，更好地运用法律知识进行辩论。如实践教学中选择作为辩论材料的民事案件“马某诉王某强名誉侵权纠纷案”所引发讨论的婚姻、出轨、子女抚养、财产分配、隐私权、名誉权和公众人物形象等社会问题很深刻，容易触动民众的神经。尤其是我国历史上一直处于夫权社会，女性地位长期被压抑；随着经济与社会的发展，男女平等的思想深入人心，传统与新兴婚姻家庭观发生激烈碰撞；以往的名誉侵权都体现为公然侮辱、不实诽谤以及泄露他人隐私等方式，然此案中的自曝家丑算不算名誉侵权？夫妻之间忠实义务与对另一方隐私保护孰轻孰重？对公众人物隐私权保护是否应当受到限制？隐私权的界限又是什么？表达自由与名誉权保护如何适度平衡？这些问题都值得讨论。如实践教学中选择作为辩论材料的刑事案件“快播公司传播淫秽物品牟利案”所引发讨论的技术中立、资源共享、科技创新、文化传播和信息审查等社会问题也很深刻，容易引起大家热烈讨论。尤其是在科技日新月异高速发展的今天，此类具有社会危害性的技术性行为如何进行刑法上的评价，快播到底有罪无罪，快播公司的不作为义务的来源是什么，如何使司法个案成为引导社会思想的助推器而不是成为民众吐槽的对象等这些问题都值得思考。如实践教学中选择作为辩论材料的行政案

件2015年“顾某诉南京市建邺区教育局教育行政管理案”所引发讨论的学区房、子女教育、资源分配和教育公平等社会话题也很容易引起大家的共鸣。学区如何划分才能最大程度实现教育公平？如何理解行政行为明显不当这一合理性标准？行政决策如何实现程序的公开与透明？如何处理教育资源的客观不均衡与家长渴求优质教育资源之间的矛盾？如何解决个人利益与社会整体利益之间的冲突？这些问题都值得深入探讨。

二是确保全部学生参与。为了让所有同学参与到实践活动中去，就要跳出真实案件法庭辩论环节参与人数和法定程序的限制，并借鉴普通辩论赛的相关程序。在审判组组长宣布法庭辩论正式开始后，先由原告组（公诉组）代表简要陈述其控诉主张，再由被告组（辩护组）代表简要陈述本方答辩（辩护）意见；接着在审判组组长引导下，进入原告组（公诉组）、被告组（辩护组）双方的自由辩论阶段，每位同学均可参与发表辩论观点；最后，在审判组组长询问双方并确认无新的辩论意见后，由原告组（公诉组）、被告组（辩护组）双方组长分别作总结陈述。审判组每位同学在认真聆听原告组（公诉组）、被告组（辩护组）的辩论之后，公正评判每位同学的辩论实践活动得分，并将评分结果交给指导老师；指导老师确认评分具有区分度且无遗漏之后，由审判组组长组织成员进行统分和核分；指导老师确认无误后，当场宣布2～4名本场法庭辩论赛的最佳辩手。

三是设置证据审查前置环节。鉴于法庭辩论大赛实践教学模式集中从实体法角度对法庭辩论进行训练，省略了真实庭审中的法庭调查环节；而证据的调查是后续法庭辩论的基础，故可在法庭辩论大赛开始之前设置庭前控辩双方的证据交换（展示）环节。同时，对在庭前证据交换（展示）中原告组（公诉组）、被告组（辩护组）双方无异议的证据，无需在法庭辩论大赛中进行辩论；原告组（公诉组）、被告组（辩护组）双方未在庭前进行交换（展示）而在法庭辩论大赛中提出的证据，对其效力不予认定，故辩论中不予考虑，以提高法庭辩论大赛的效率。

四是确保三类案件法庭辩论大赛中各类角色的互换。为了实现通过角色轮换以达到职业换位思考、体会原告组（公诉组）、被告组（辩护组）和审判组的角色差异与全方位实践的目的，指导教师应严格要求学生在法庭辩论大赛中必须进行角色轮换，即三次辩论必须分别属于原告组（公诉组）、被告组（辩护组）和审判组的角色，即分别体验了检察官、律师和法官这三种职业的不同感受。

（二）对学生参与法庭辩论大赛的要求

在准备与讨论阶段，由于工作庞杂，各组同学可以采用分工准备与集体讨论相结合的做法，根据分头收集准备的各类材料，借鉴真实的案件审理过程中所还原的事实证据和已公布的审判结果等，就案件法律关系的梳理、证据材料的归类以及辩论意见的整合等进行组内集中讨论。原告组（公诉组）与被告组（辩护组）双方同学在法庭辩论大赛的前期准备与讨论阶段，尽可能多地在一起充分讨论与演练，发挥团队优势，从多角度进行思考，不仅要想己方所想，更要想对方所想，以便做好辩论回应。

辩论正式开始后，辩论双方先各自陈述；进入自由辩论阶段，首先由原告组（公诉组）发表辩论意见，然后由被告组（辩护组）发表辩论意见；辩论意见的发表要条理清晰，要以事实与法律为依据；在双方无新的辩论意见后，分别作总结陈述。主持的审判方负责维护辩论秩序，并适时提醒双方始终围绕争议焦点进行辩论。在辩论进行阶段，每位学生都应全心投入。辩论各方大方得体的言行本身就是一种能力的体现，表现在：用语文明，不得使用讽刺、侮辱的语言；要有良好的体态，良好的体态可以在无声中展现法律人的风度与气魄。

三、法庭辩论大赛实践教学模式综合价值

（一）能有效弥补传统实践教学模式之庭审程序模拟多为程序性训练的局限，帮助学生加深对相关实体法理论知识的认识和理解

法庭辩论大赛是辩论双方在庭前控辩双方的证据交换（展示）环

节举证、质证的基础上，集中对事实的认定和法律的适用等实体问题向审判方充分发表自己的观点与论证各自主张的阶段。作为实践性极强的法学学科，学生就业后想要成为优秀的法律人，还需要加强程序法与实体法的实践，方能在应用时得心应手。传统实践教学模式之庭审程序模拟多为程序性训练，而法庭辩论大赛需要运用的实体法知识点极为深入细致，需要具备扎实的实体法功底。如在刑事案件“杭州保姆莫某晶放火、盗窃案”的法庭辩论大赛的陈述和辩论中，公诉方和辩护方围绕被告人构成放火罪还是失火罪的罪名定性进行了激烈争论。辩护人强词夺理地提出“被告人莫某晶对后果无故意心态，故不构成放火罪”的论点时，公诉人仅仅一味强调“被告人莫某晶如何点燃茶几上的书，因而具有主观故意”以及“失火罪在主观方面是过失，且必须造成致人重伤、死亡或者使公私财产遭受重大损失的严重后果”，却忽略了辩护方实质认为构成放火罪的“主观故意”应当同时包括对放火行为的故意和对发生严重危害公共安全结果的故意这两个方面，说明其刑法相关知识还存在缺漏。公诉方仅分析被告人具有放火的行为故意以及不构成失火罪是不够的，还要对辩护方认为构成放火罪的“主观故意”应当同时包括“对发生严重危害公共安全结果的故意”的错误观点进行有力反驳；这就需要进一步分析：以危害公共安全为目的的放火行为，并不以发生危害公共安全严重后果或对严重后果有主观故意为法定要件；只要被告人具有放火的主观故意，且足以造成危害社会公共安全的危险，就构成放火罪。

台上一分钟，台下十年功。为在法庭辩论大赛中占据优势地位，辩论双方在辩论大赛之前必须做好充分的准备，收集、归纳与整理资料，掌握与案件相关的实体法专业知识，尤其是要熟知相关法条，并“努力尝试将抽象的法律规定应用于鲜活的法律现象中，履行辩论职责的需要，又促进了学生的实体法知识、程序法知识以及法律实务能力的交互生长，有益于改善和建构学生的知识技能结构”。①

① 参见闫辐：《模拟法庭审判中的辩论研究》，载《甘肃高师学报》2010 年第 6 期，第 73 页。

每位同学在组内认真分工和充分准备，在一起学习领悟实体法相关法条与理论知识，多角度寻找辩论切入点，在总结为我所用的有利观点的基础上讨论得出一致结论，实质是对各实体法相关法条与理论知识的再学习与再思考，同时“不仅仅事实方面的争议，法律条文含义的解释方面的争议也经常需要通过辩论而获得解决”。[①] 如在北京市海淀区人民检察院提起公诉的“快播公司传播淫秽物品牟利案”的法庭辩论大赛之前的小组讨论阶段，公诉方同学对此案涉及的刑法相关法条与理论认真研究后，认为：“中立行为要求制造商或销售商只能是单纯的技术提供者，并不能干预设备的实际使用；在行为人实施的多种行为中，既有中立的帮助也有正犯行为时，两种行为侵害同一法益的，应当直接按照正犯论处，而不能以行为属于中立的帮助行为为由否定犯罪的成立”；因此，得出“快播公司为正犯，不适用中立原则”的结论。

有板有眼的法庭辩论大赛使学生积极主动地对学过却不求甚解的书本知识、原本晦涩难懂的实体法理论知识进行消化、领悟，温故而知新，再用心地用言词辩论的方式去运用和表达，因此有了另一层全新的理解；再次回归书本时，因为已经对书本知识进行了灵活运用，想必会恍然大悟。

（二）学生切身感受到扎实的法律基础和认真的辩前准备对于法庭辩论成败起着至关重要的作用，能有效督促学生通过反思，最终内化出只有严谨踏实的学习态度才能学好法律的观念

法庭辩论成败至关重要的两个要素为扎实的法律基础和认真的辩前准备。当然，辩论双方逻辑思维的严谨性以及心理素质的强弱对辩论效果同样起着不可忽视的作用。

如在一个班级对北京市海淀区人民检察院提起公诉的“快播公司传播淫秽物品牟利案”的法庭辩论大赛之前的小组讨论阶段，公诉方

---

① 参见贺卫方：《法庭辩论的价值》，载《人民法院报》2002年12月6日，第1版。

同学预测辩护方同学一定会从“技术中立”和“尽到最大监管义务”的角度进行辩护，“不打无准备之仗”，于是在组内围绕本方与反方这两种对立观点就如何进行立论和驳论进行了全面查阅资料、讨论与思考；辩论大赛中，果不其然，当辩护方同学提出“技术中立”的论点之后，公诉方同学由于群策群力与准备充足，游刃有余地进行了反驳。正所谓“知己知彼，方能百战不殆”。

再如在一个班级对杭州市人民检察院提起公诉的“被告人莫某晶放火、盗窃案”的法庭辩论大赛的自由辩论环节，公诉人认定为放火罪，辩护人认定为失火罪。公诉人与辩护人进行激烈争论并陷入胶着状态；随着双方争论逐渐激烈，此时各方法律基础是否扎实显得极其重要，法律基础掌握得更扎实，对罪名的理解更透彻的一方，就更能保持逻辑的连贯性，并在辩论中占据优势。因为法庭辩论的实质在于证据与定罪量刑之间建立紧密而合理的逻辑联系，只有透彻地理解罪名，找到争议焦点，然后根据自己的观点去寻求证据支持，才能做到有的放矢。

学生通过法庭辩论的训练，能充分认识到自身在学习态度与法律基础知识上的不足，并对今后的学习道路有了更加明晰的认识，即在认真学习法律基础知识的同时主动思考背后所蕴含的法律原则和法律思想，表里合一，方能成为一名优秀的法律工作者。

（三）通过让学生切身体悟律师、检察官与法官的职业伦理要求，有利于形成司法理念与职业精神相似的法律家集团和培养素质全面的未来法律实践人才

由于三次法庭辩论大赛中，学生必须轮流担任原告组（公诉组）、被告组（辩护组）和审判组的角色，即分别担任律师、检察官和法官这三种职业。作为律师，要以维护当事人利益为重，故用律师的角度认真分析与敢言敢语；作为检察官，要以国家惩罚犯罪和保障人权为实现目标，故用公诉人的立场去义正词严地控诉；作为法官，要以独立、公正为一切审判裁决行为的准则，故用中立审判者的身份去理性

地聆听与判断。

学生们在这三种角色中不停转换，储备法学专业知识，积累法庭辩论的实战经验，充分体验了律师、检察官和法官这三种法律职业的不同要求与感受，体会到了法律职业人光鲜艳丽背后的辛苦付出，有助于形成包括律师、法官和检察官在内的司法理念与职业精神相似的法律职业共同体，有益于摒弃法律职业间的偏见和误解，提高了对法律专业的认同感，有利于全面培养适合于未来任何岗位的优秀法律人才。世界上有很多种职业，如果我们选择并坚守法律职业，那一定离不开对公正的信仰。其实，无论是律师、法官，还是检察官，都同属于法律人。而一个法律人的真正使命在于投入所从事的法律工作中去，时刻谨记维护公平公正之职业伦理与专业使命。

（四）分组讨论与辩论的合作形式有利于强化学生团队精神和加深学生之间的友谊

大学的学习很自主，但是法庭辩论大赛却是一个团队合作活动，齐心协力的团队精神极其重要，团队的作用体现得淋漓尽致——个人力量与能力是有限的，即便一方具有最优秀的领队或最佳的辩手也是不可能取得成功的；然而哪怕是最强大的对手，团队内全体成员齐心协力地共同努力，众人拾柴火焰高，方能毫不畏惧地打败对手。在辩论大赛之前以及之中，每组同学分工明确，各司其职，各尽其责；继而大家拧成一股绳，团队关系变得更加默契，共同协商并各抒己见，深入思考并不断开阔思维，更是人多力量大的真实写照；讨论环节每组汇总的观点以及辩论环节每位辩手发言的观点都是各组学生思想火花碰撞下的美丽绽放，更是博采众长的智慧结晶。

团结就是力量，共同的目标与对手让大家坐在一起，交流合作、集思广益、沟通分享、共同克服困难的过程以及可圈可点的表现所带来的集体成就感拉近了彼此之间的距离，提升了同学们之间的友谊。一次次的集体法庭辩论活动让同学们在合作交流与学习中取长补短，实现共赢；大家一起沟通共事与精诚团结的经历令人无比享受，也必将为同学们以后回忆大学生活增添一抹抹亮丽色彩。某种意义上，法庭辩论大赛所强化的团队意识给予了学生比获得知识更重要的收获。

（五）有利于强化学生们的创新竞争意识和极大激发学生的学习热情

一直以来，法学的各类课程都在告诉学生“什么是正确的”，各类考试的评分依据只有一个标准答案。然而在法庭辩论大赛中，不存在“什么是正确的”的说教，不存在作为评分依据的参考答案。整个法庭辩论大赛过程中，尽管学生的实践都以小组为单位，各自代表原告组（公诉组）、被告组（辩护组）和审判组一方，但是每个人的最终实践成绩不是以小组为单位而是独立地按照个人的综合表现（是否积极发言、是否通过法言法语来表达、发言是否思路清晰、观点是否准确、是否讲究辩论策略等）来评定的，某种程度上激发了学生参与的积极性。无论是你一言我一语的唇舌大战，还是审判组成员的评分，或是在众多学生中脱颖而出的最佳辩手，竞争可谓无处不在。

如今学生同在一个教室学习，但终究要步入工作岗位，面对激烈的社会竞争，到那时拼的就是综合实践能力。劝君惜取读书时，莫待就业空叹息。法庭辩论大赛如同将来法律工作岗位的缩影，也是步入社会后职业上竞争的真实写照。在每场法庭辩论大赛中，每位学生的表现是大家有目共睹的，每场最佳辩手的优秀是令大家心服口服的。身边同学的优秀表现与榜样的示范效应也更加让学生们意识到不畏惧激烈竞争是多么重要的事情。学生只有在平时努力学习知识并不断积累经验，才能全方位提升个人综合能力，从而让自己变得优秀。正所谓“苦练七十二变，才能笑对八十一难”。

（六）有利于全面培养与提高学生口头表达、临场应变与逻辑思维等实践能力，为培养创新法律人才奠定坚实基础

有着固定程序的专项庭审程序模拟实践教学模式也有法庭辩论环节，但因偏向于程序性训练加上有事先准备好的台词或剧本，相对于法庭辩论大赛实践教学模式而言，多了些循规蹈矩、少了些针锋相对。

法庭辩论大赛与有着固定程序的专项庭审程序模拟的最大区别在于法庭辩论大赛的不可知性与不可控性。如果说学生参与专项庭审程序模拟是小试牛刀，那么参与法庭辩论大赛则是大显身手了。正因为法庭辩论大赛对学生口头表达、临场应变与分析问题等能力提出了更高的要求，才如此令学生既胆战心惊又心潮澎湃，真的有了一种热血沸腾的感觉，可谓痛并快乐着。

作为辩论双方（无论是扮演律师或是担当公诉人），都要有雄辩的口才以及广博的学识为自己的观点加以论证，更要有良好的心理素质去应对庭审现场中对方随时的诘难；还要具有有效控制法庭辩论气氛以及主持法官注意力的“控场术”，[①] 方能使辩论活动朝着有利于本方的趋势顺利进行。作为辩论主持方的法官，要有捍卫法律公正的坚定信念，才能不偏不倚地认真聆听双方的观点；更要有深厚的法律功底，才能及时归纳出双方争议的焦点，引导辩论有序进行，并在纷纷扰扰的事实和似是而非的观点中辨别出是与非。

法庭辩论大赛的双方在辩论中必须依法论事，以法说理，以理服人；必然需要以稳重的心态，敏捷的思维，语言的气势以及辩论的技巧为支撑，并要做到“应变如风、言词如林、激情如火、不动如山”。[②] 为在辩论发言中争取主动，对已方有利的问题先进行论证以达到先入为主与先声夺势之效果；紧扣自方的观点，不能进行覆盖式攻击，要围绕案件争议焦点与把握主攻方向，尤其是要敏捷地抓住对方观点中的漏洞与薄弱之处，迅速地总结出反驳陈词，不给对方喘息的机会。对案件涉及的复杂专业理论问题，要深入浅出地进行表述，要让大家听得懂与听得进。发表各自观点时要自信满满，言辞要简要流利，语言表达要丰富、清晰且逻辑性强，切忌因长篇大论导致辩论攻击点不

① 参见张慧丽、万伟岭：《公诉人出庭辩论技巧探讨》，载《中国检察官》2011 年第 11 期，第 29 页。

② 参见李东翥：《法庭辩论技巧与应变》，载《法制与社会》2002 年第 11 期，第 102 页。

明确，切忌因吞吞吐吐导致辩论苍白无力，切忌因情绪过于激动导致表达逻辑混乱。辩论方式要刚柔相济，“温文尔雅”却不柔软无力，“咄咄逼人”却不尖酸刻薄。① 要注意辩论效果，必须会随机应变与察言观色，借助观察辩论对手在场上的情绪变化和抓住瞬息万变中对手出现的弱势局面进行有力的追击；切忌因重复陈述而陷入耗时而无谓的拉锯战之中，不要拘泥于一个固定思维模式，要养成分散性思维习惯以便多角度思考问题，才能在窘境中峰回路转。双方组长作最后的总结陈述时，要胸有成竹地熟知法条与理论，善于字字珠玑地归纳己方观点，酣畅淋漓地以一个流畅、精练而精彩的陈词结尾，切忌拖泥带水。以上对辩论思路、策略与技巧的思考以及对辩论现场随时出现的种种困难和问题的一一攻克是在平时理论教学的课堂上学不到的，也不是照本宣科或生搬硬套法条所能解决的，因而既是对法律人职业素养的考验，也是对学生实践综合能力的锻炼，更为重要的是能有效帮助学生养成严谨性与思辨性极强的法律思维。

如在“马某诉王某强名誉侵权纠纷案”的法庭辩论大赛中，就原告组而言，作为辩论赛开端的原告组代表陈述诉讼请求的发言要一针见血，起到开门见山的重要作用，既要明确原告方要求侵权损害赔偿诉讼请求的，又要丝丝入扣地简明阐述理由：被告故意利用其作为明星拥有众多粉丝的影响力，公开发表有损原告隐私的离婚声明，明知会引起重大社会影响却故意为之，具有主观过错，且对原告身心造成严重损害之后果，行为与结果之间存在密切因果关系。就被告组而言，被告组学生要思考如何应对原告方的“步步紧逼”，通过证据来证明自己没有构成名誉侵权，并有理有据地一一进行了反驳：被告王某强的离婚声明是由专业律师代书，文字措辞严谨，只是对夫妻关系出现破裂的原因进行事实性的客观陈述，即所谓故意侵权之行为与主观心态不成立；原告作为公众人物其隐私权保护范围理应受到限制，其对社

① 参见赵琪昊：《浅析法庭辩论》，复旦大学 2012 年硕士学位论文，第 30 页。

会的负面舆论与评价理应有一定的容忍度，即所谓原告身心严重损害之后果不成立。

四、法庭辩论大赛实践教学模式实施中存在的主要问题与解决对策

在法庭辩论大赛的进行过程中，在审判方的主持之下，辩论双方在开头的各自陈述与最后的总结陈述中能全面、流利地发表本方事前已准备好的观点；但在灵活度与难度都较大的自由辩论阶段，各方都易出现诸多问题。在自由辩论环节，学生对实体法掌握得是否扎实以及临场发挥能力是否过硬体现得极为明显；因为辩论双方要把握辩论争点，聚焦被告人的定罪量刑与法律适用，在事先准备的基础上，自由发挥。当然，临场发挥也需要非常深厚的专业知识的积累、严密的逻辑性还有在庭审中的专注力。这些都需要学生在日常的生活与学习中加以积累和锻炼。针对如下常见问题，还需要指导老师予以及时指导修正以及在辩论实训中不断加以完善：

一是辩论一方或双方未能全面把握和紧扣案件的争议焦点展开充分辩论，需要在指导老师及时引导下开阔辩论视野。如在实践教学中，由于民事案件“马某诉王某强名誉侵权纠纷案”安排在法庭辩论大赛的第一场，学生们因实战经验不足或对案件分析能力不够，辩论双方在上半场的近一个小时内主要围绕马某出轨是否真实（被告诽谤这一侵权方式是否成立）进行辩论，没有对名誉侵权其他方式（如侮辱和泄露隐私）等客观方面以及对侵权行为的其他要件（如主观上是否存在过错、客观行为是否违法、行为与损害是否有因果关系等）展开全面辩论。如在实践教学中的刑事案件“快播公司传播淫秽物品牟利案”的法庭辩论大赛中，辩论双方围绕快播公司在客观行为上是否构成不作为犯，重点从快播公司是否具有监管网络义务以及是否履行了监管义务两方面进行了辩论，但在快播公司从人工技术角度是否有能力履行监管义务方面虽有涉及但明显辩论不深入；辩论双方围绕快播公司

在主观方面是否构成“明知”的故意进行了激烈辩论，但在主观方面是否构成“牟利”目的虽有涉及但辩论不够充分。如在实践教学中的刑事案件“杭州保姆莫某晶放火、盗窃案”的法庭辩论大赛的自由辩论环节中，公诉方重点对量刑进行辩论，仅就被告人具有试图救人的行为以及物业管理不到位、消防救援不及时所应承担的责任等角度进行反驳，但未对定罪进行辩论，而在辩护词中辩护律师已经说明被告所施行为为失火罪而非公诉方指控的放火罪之观点；此时，在对量刑角度的辩论之前，公诉方应该围绕放火罪和失火罪的区分进行定罪角度的反驳，重点阐述被告人具有放火的主观故意。

二是辩论一方或双方未能搭建稳固的辩论逻辑框架，需要在指导老师及时引导下明晰辩论思路。因为准备环节没有将案件中权利义务界定、行为性质认定、责任承担与法律适用依据等辩论逻辑框架搭建得足够稳固，所以在辩论环节，当对方用偷换概念等方式进行狡辩时，很容易被牵着鼻子走。此时更需要沉着冷静，不能慌张；以不变应万变，直接按照既定的辩论框架与思路，清晰阐述本方的辩论观点也是一种选择，以打断被对方带入的节奏；然后，再见招拆招，把握时机寻找对方狡辩中的逻辑漏洞与自相矛盾之处。如在实践教学中的“杭州保姆莫某晶放火、盗窃案”的法庭辩论大赛之前，辩护组部分学生提出疑问：一个确定了死刑的案子，我们应该与公诉组辩论些什么？怎么辩论？实质是辩论思路不清晰，辩论框架不明确。指导老师首先强调：学生在法庭辩论大赛必须切实把自己代入角色之中，你就是审判长，你就是公诉人，你就是辩护人，只有真正相信自己就是这个角色，才能展现出最好的状态。作为被告人莫某晶的辩护人，只要判决还没有生效，就有辩护回旋的余地；然后，在指导老师及时启发下，辩护组同学讨论后认为：无罪辩护是不太现实的，但是尽最大努力为其减轻刑罚则是辩护人职责范围内的事情。在法庭辩论大赛中，辩护组同学明确了减刑辩护的四个角度：一为把放火罪往失火罪上去辩论，二为认为消防救援不及时需要承担部分责任，三为认为物业管理不到位需要承担部分责任，四为被告人有自首和悔过的情节。

三是辩论一方在遇到突发辩论状况时无法很好应对，特别是面对对方突然提出的犀利观点时措手不及。在对方提出新的辩论意见时，因没做准备或准备不充分，不知如何反驳，或阐述不够导致反驳不力，或观点模棱两可，或使用口语而非法律用语，乃至出现辩论突然卡顿、冷场、不正式或场面混乱的现象。辩论一方在对手不按常理出牌的情况下，要全神贯注听取辩论意见，调整好心态，可在放慢语速的同时，迅速组织好自己的语言进行反击进攻，并想办法打破对方的进攻节奏；也可机智地避开对方的利刃，而针对对方观点中的漏洞进行一一驳斥式的防御。当然，临场应变能力的提升还得通过辩论实战不断积累经验，不是短时间内就可以速成的。

四是辩论双方容易出现观点僵持不下，需要通过多次辩论实训才能掌握辩论角度及时转换的技巧。对于双方虽然已经辩论过仍存争执的观点，不要无休止、无意义地重复表达自己的观点，要善于寻找新思路给对方一击，要转换新角度进行辩论，有时会取得出奇制胜的效果。如实践教学中在刑事案件“北京市海淀区人民检察院提起公诉的快播公司传播淫秽物品牟利罪案”的法庭辩论大赛中，当辩论双方围绕犯罪主观要件僵持不下时，辩护组提出快播公司在主观方面非公诉方指控的“牟利”而是“营利”，并详细指出“牟利”与“营利”之间的区别以论证快播公司传播淫秽物品牟利罪不成立的论点，一举扭转了公诉组强势主动的局面，并越战越勇，在其后的辩论中占据压倒的优势。

五是辩论一方在情急之下偶尔不经思考说出没有证据支撑的观点，甚至出现与案情无关的不严肃发言现象，需要指导老师及时引导。如实践教学中在 2015 年“顾某诉南京市建邺区教育局教育行政管理案”的法庭辩论大赛中，原告组有同学在发表观点时认为被告南京市建邺区教育局在学区划分上滥用职权与暗箱操作；而此观点既无任何证据支撑，又脱离案件事实。辩论双方无论攻守都以事实与法律为依据，不能天马行空，不能无事实依据地狡辩，更不能主观臆测，即所谓“事实大于雄辩”，这样的辩论才能令人信服。

六是辩论一方偶尔出现因急于驳斥，未等对方发言完毕就用更高的音量打断对方的现象。这种做法既反映出辩手缺乏风度与规范意识，也是对法庭辩论秩序的违反，表面上气势汹汹，但适得其反且不利于及时组织语言进行反攻，需要指导老师及时制止。只有静下心来仔细而完整地聆听完对方的观点，才能寻找对方漏洞并思考如何有力反击。因为法庭辩论的目的不是比较谁的音量更高和谁说的话更多，不是同学们之间简单的争强好胜，也并非看谁能在气势上将对方压倒，而是在于凭借思维能力和语言技巧使得法官采纳自己的辩论观点。

七是一些同学在辩论过程中过于紧张，只关注于自己即将发言的内容，对于本组其他同学乃至对手的发言没有或无法集中精力认真倾听。因而容易把前面已陈述的观点再次赘述，很难在本组内形成团队的合力，无法与对手形成争锋相对的状态，更谈不上把辩论中应该是最精彩、最重要的辩论气势和风采充分地展现出来。具有耐压抗压的心理素质与随机应变的能力确实很重要，但如果辩论之前的准备足够充分，如果平时的知识储备足够扎实，至少可以起到减压、缓压和不慌不忙的实际效果。但归根到底，过于紧张的根源在于不自信，这也是导致学生底气不足或注意力很难集中的主要原因。法庭辩论成功的关键要素之一是自信。推而广之，学生无论在现在的学习、生活中，还是在以后的职场上，都要对自己有信心。不论法庭辩论大赛中的表现是否完美，不怯场也是另外一种成功。而学习、实践、再学习、再实践，是收获自信的必由之路。

八是作为主持方的审判方在辩论大赛中表现过于消极，在引导双方辩论上的经验与作用有待通过多次辩论实训予以加强。审判方居中裁判并不代表审判方在辩论大赛中消极不作为，不仅要仔细聆听原告组与被告组的辩论主张与理由，维持好辩论赛的秩序，在适当时机尤其是双方争执不下或重复辩论乃至互相指责时，要及时予以制止并总结案件争议焦点，并引导与提示双方围绕争点进行辩论，还要控制好整个法庭辩论大赛的时间与节奏，在辩论双方已将所有争议焦点问题辩论完结仍陷入无意义的重复表述之时，应当适时宣布法庭辩论结束，双方进入最后的总结陈述阶段，以确保辩论充分与辩论效率的兼顾。

综上所述，学生在法庭辩论大赛中虽然难免存在一些不足，但法庭辩论大赛这一实践教学模式取得的综合效果非常突出，可谓“瑕不掩瑜”。在指导老师的耐心指导下，学生通过多次法庭辩论大赛的实践训练，不足之处必将逐步地被克服和解决。法庭辩论大赛作为创新型法学实践模式，日益迸发出璀璨夺目的光芒，并注定成为法学实践模式日趋完善路途中的一道亮丽风景。

Chapter 7 第七章

实践教学模式之诉讼文书写作

一、诉讼文书写作实践教学模式内涵概述

诉讼文书写作实践教学模式是指先由指导教师提供给学生主要诉讼文书（民事案件一审普通程序中起诉状、答辩状、代理词、判决书，刑事案件一审普通程序中起诉书、公诉词、辩护词、判决书，行政案件一审普通程序中起诉状、答辩状、代理词、判决书等）的真实范本，再由指导教师对照文书范本详细讲解写作格式、主要内容以及写作中要注意的细节问题，然后学生依据法庭辩论大赛中的分组情况，认真撰写与作为法庭辩论大赛素材的真实案件相对应的诉讼文书。最后由指导老师给每位同学写作的诉讼文书进行审阅评分，指导老师按照学生文书写作的得分，在下次课堂上宣布各类诉讼文书2～4篇最佳文书的学生名单，并将最佳文书在学生中进行传阅。

按照分组情况，民事（行政）案件的原告组同学写作的文书为起诉状或代理词，被告组同学写作的文书为答辩状或代理词，审判组同学写作的文书为判决书；刑事案件的公诉组同学写作的文书为起诉书或公诉词，辩护组同学写作的文书为辩护词，审判组同学写作的文书为判决书。值得一提的是，为了全面掌握各类文书与职

业换位思考的目的，要求学生在民事、刑事和行政三类案件综合模拟实践的分组中必须进行角色轮换，即每位学生所写三份文书必须分别属于原告方（公诉方）、被告方（辩护方）和审判方的文书。

二、诉讼文书写作实践教学模式实施要求

首先，指导老师给学生提供各类诉讼文书的真实范本，对照范本给学生详细讲解各类诉讼文书的写作格式与主要内容。然后，每位学生根据指导老师关于文书写作的指导，结合已经结束的法庭辩论大赛，依据分组情况，认真撰写相对应的诉讼文书；诉讼文书写作的要求为：整体框架结构严谨，事实与请求清楚，论证的逻辑思路分明，观点简明扼要，理由阐述透彻，适用法律准确，写作格式与用语规范，文字表达准确。最后，指导教师对每位同学写作的诉讼文书进行审阅评分，在下次课堂上反馈学生在实践活动、日志填写、文书写作中存在的具体问题，并宣布获得最佳文书的学生名单。

三、诉讼文书写作实践教学模式综合价值

（一）有利于学生结合具体案例更直观而具体地掌握各类诉讼文书的写作，更宏观而详细地了解各类诉讼文书在重点内容以及格式上的共性要求

1. 学生结合具体案例更直观而具体地掌握了各类诉讼文书的写作。诉讼文书是诉讼活动的重要载体以及案件材料的重要组成部分。每类诉讼文书都有其相对固定的结构、格式与用语。规范化的诉讼文书不仅更清楚地反映出案件的真实情况与表达出各方的观点，而且是对法律适用的严谨性与公平性的最好体现。如实践教学中在2015年“顾某诉南京市建邺区教育局教育行政管理案”的文书写作中，原告组学生结合此案例在行政起诉状写作中，详细陈述了被告南京市建邺区教育局《2015年建邺区小学入学工作实施办法》的作出过程、原因以及对原告造成的不利影响与后果等。被告组学生在行政答辩状中，详细陈

述了案件事实，对原告起诉状中的事实进行全部或部分否定；更为关键的是，由于行政诉讼法明确规定了被告人负举证责任，故被告组学生在行政答辩状中还需要详细列举有利于自己主张的证据。由于2015年修正后《行政诉讼法》将法院对案件审查范围扩大为对所有行政行为进行“合法性”与“合理性（是否明显不当）”审查，因此审判组学生在行政判决书中，不仅要结合证据对自己作出划分的施教区的行政行为的合法性进行举证，还要对其合理性进行充分论证。

2. 学生更宏观而详细地了解了各类诉讼文书在细节内容以及写作格式上的共性要求。如，各类文书所列明的当事人基本情况信息都必须十分完整、翔实，由于当事人要分为自然人和单位这两种情况，因此要注意当事人分别为自然人或为单位时，在相关内容与填写要求上的区别；同时要注意行政诉讼中的被告是非自然人的行政主体，故被告情况要写明单位或组织的全称、地址及其法定代表人或负责人的姓名、职务以及联系方式等；各类文书中涉及自然人住址的信息要具体到门牌号，不能只写到所在小区；各类文书中涉及的日期要列明年月日，要具体到日，不能笼统；各类文书中涉及单位落款的，要盖单位公章；各类文书中涉及的给付金钱数额，要准确具体；各类文书如有附项内容，应注明文书的份数以及证据情况（如证据种类、名称、数量以及证人的姓名、住址以及联系方式等）；各类文书的内容要简洁、概括，涉及诉求主张的要有理有据，陈述意见要条理清晰与切中要害，表达观点要明晰有力与通俗易懂，措辞要用法言法语而不要口语化；避免在文书中宣泄个人情感，切忌从道德上贬低或恶意攻击他人。再如，在各类案件判决书的写作中，在审判方式上要注意具体案件中是否属于不公开审理的情形；要善于归纳控辩双方主张以及审判方认定的事实与证据，且内容应当明晰、突出重点，观点简明扼要，论证具有逻辑条理性，判决结果要明确是支持何方主张以及理由；判决书的最后要加盖法院印章，还要有“本件与原本核对无异”的戳记；在判决书尾部有审判人员署名外，在判决书全文内容之后的右下角处为书记员署名，注意：审判人员署名与书记员署名互相独立，切忌将书记员列入审判人员之中。

（二）诉讼文书写作的实践有利于强化学生对各类诉讼文书的横向比较，更深层次掌握各类诉讼文书的主要区别

诉讼文书的写作是一个法律人必备的基本功。人们常说“耳听千遍，不如手过一遍”。学生在民事、刑事和行政三类案件的综合模拟实践中因为角色轮换，就原告方（公诉方）、被告方和审判方的诉讼文书各写一次，不仅得到全面的写作训练，还掌握了各类文书的区别，可谓一举两得。

如，各类案件起诉书（状）在列明当事人基本情况方面存在的主要区别为：行政起诉状按照原告、被告、第三人的顺序列明当事人基本情况（具体内容可参照民事诉讼起诉状中当事人基本情况），但要注意，由于行政诉讼中的被告是非自然人的行政主体，故被告人只可能是单位，故不存在法定代理人，且要写明被告机关或组织的全称、地址及其法定代表人或负责人的姓名、职务以及联系方式等；刑事起诉状除了要列明被告人的姓名及曾用名、性别、年龄或出生年月日、民族、籍贯、文化程度、单位、职务、住址等基本情况之外，还要特别写明是否曾受过刑事或行政处罚、被采取刑事强制措施的具体时间等，以便法院判决时，就被告人被刑事逮捕、拘留、指定居所监视居住以及留置折抵刑期时具有准确的起止日期的依据；此外，刑事起诉状在附项中还要写明被告人被羁押的具体场所，以方便对被告人提审和送达文书等。

如，行政与民事案件诉讼代理词在内容上的主要区别为：行政案件原告诉讼代理词主要围绕被告行政行为证据不足、适用法律错误、违反法定程序、超越职权或滥用职权、行政行为显失公平等发表代理意见，行政案件被告诉讼代理词则围绕被告行政行为事实清楚、证据充分、适用法律正确、程序合法、属于职权范围之类、行政行为合理等发表代理意见；而民事案件双方的诉讼代理词主要针对民事纠纷的情节、原因和经过，双方的争议焦点，纠纷解决的意见等发表代理意见。

如，刑事辩护词与民事、行政案件诉讼代理词的主要区别为：刑事辩护词仅为被告方才有的文书，其主要内容为辩护人以自己的名义依自己的意志进行辩护，行使法律赋予的权利，反驳控方控诉，论证被告人无罪或罪轻、应减轻或免除刑事责任；民事、行政案件诉讼代理词既可以为被告方的文书，也可以为原告方的文书，其主要内容为代理人以被代理人的名义，在当事人及其法定代理人、近亲属的授权范围内，维护被代理人的合法权益。

如，民事与行政案件判决书正文的事实部分在内容上的主要区别为：民事案件判决书正文的事实部分一般是先概括写明当事人争议（原告诉称、被告辩称以及第三人述称）的事实、理由和请求等，然后写明法院认定的事实、证据和适用法律的规定；而行政案件判决书正文的事实部分一般要先概述被告人所作的行政行为的主要内容及其事实、根据，然后再概括写明当事人争议（原告诉称、被告辩称以及第三人述称）的事实、理由和请求等，最后写明法院对行政行为合法性、合理性以及作出行政行为所依据的相关法律规范的审查结果。

如，各类案件判决书在尾部内容上的主要区别为：民事与行政案件判决书尾部要写明诉讼费的负担，而刑事判决书尾部内容没有“诉讼费的负担”；民事与行政案件判决书尾部交代当事人行使上诉权的期间为不服判决15日、不服裁定10日；而刑事判决书尾部交代当事人上诉期间为不服判决10日、不服裁定5日。

再如，刑事起诉书与公诉词虽然同属于刑事案件控诉方检察机关所制作的文书，却有着很大区别，归纳如下：

（1）概念与性质不同。刑事起诉书是检察机关代表国家指控被告人并向法院要求追究被告人刑事责任的法律文书；起诉书为打印文件，且一般对外公开并印发多份。公诉词又称公诉意见书，是受检察机关指派出庭支持公诉的公诉人，在法庭调查结束后法庭辩论开始时代表检察机关，在法庭上通过有理有据的分析论证，就事实、证据、法律适用等案件情况集中发表的总结性发言，旨在使审理法官采信起诉书中所指控的犯罪事实；公诉词不是真正意义上的法律文书，严格来说只能归入检察机关的内部工作文书，一般不对庭审以外的场合公开。

（2）宣读或发表时间不同。起诉书是在开庭前就已经制作完毕并送达给法院和相关当事人等，由公诉人在法庭调查阶段的一开始予以宣读。而公诉词则由公诉人对刚刚结束的法庭调查进行全面总结，当场于法庭辩论阶段开始时予以发表。

（3）结构与宏观内容不同。刑事起诉书分为首部、正文、尾部与附项四部分；正文内容包括案由和案件来源、犯罪事实和证据、起诉理由和法律根据。公诉词分为首部、序言、正文、结束语和尾部五部分；正文内容包括：阐述犯罪事实、证据并论证构成所指控的罪名，概括案情并揭露被告人行为的社会危害性，分析被告人存在的法定量刑以及酌定量刑情节，深刻剖析被告人的犯罪原因等从而进行法制宣传教育。可见，公诉词除了包括与起诉书相同的与案件相关事实、证据之外，还包括从法理等角度的综合论述、犯罪根源的深入分析、社会教育角度的法律宣传等内容，与起诉书相比，内涵更丰富、教育意义更强、最能体现公诉人的水平，历来被认为是法庭审理的亮点。

（4）在微观的“犯罪事实和证据”内容上不同。起诉书与公诉词的正文内容都包含“犯罪事实和证据”，然而二者在此共性内容的阐述上也有很大区别。起诉书中的“犯罪事实和证据”内容相对简单，对认定犯罪事实所依据证据的表述非常粗略，只是在附项中列明证据目录或在起诉书后附上主要证据复印件即可，即“点到为止”，通常惯用语句为“上述犯罪事实，经查证属实，证据确实充分，足以认定”。与尚未开庭时就需制作起诉书对比，公诉词中的“犯罪事实和证据”内容非常详尽，不仅要结合犯罪构成要件阐述案件事实，还要阐述法庭调查中经过举证质证的各证据之证明作用，还需要详细罗列、引用与运用各证据之间的逻辑关系来充分论证对被告人的公诉指控已经达到“犯罪事实清楚且证据确实、充分”之证明要求。

（5）作用不同。起诉书的作用是指控犯罪，发起审判。而公诉词的作用在于对起诉书的内容予以补充与发挥。公诉词对起诉书内容的补充与发挥体现在对起诉书中的案件事实、情节、社会危害性、证据、定罪量刑、法律依据等问题集中加以概括阐述：不仅要揭露被告人的犯罪行为、动机、目的、手段、后果和危害性，促使被告人认罪伏法；同时对法庭定罪量刑提出建议，依被告人的犯罪事实、危害程度、认罪态度和刑法的有关规定，提出罪名以及从轻处理或从重处理的意见；还要分析犯罪的社会原因，提出预防犯罪的建议，结合案情宣传法律，号召公民守法并增强法制观念。正因为如此，起诉书的内容要求简洁明了，公诉词的内容要详细完整；而且公诉词较起诉书要“煽情”，比起诉书更加富有情感，更能渲染被害者的感受，更能达到使旁听群众受到法律教育的社会效果。但公诉词不能超出起诉书中所作的指控且不能提及在法庭调查时未被证实的事实，否则就是对起诉书指控内容的变更或追加。庭审中发表的公诉词需要将法律的理性和文学的感性相结合：首先，公诉人铿锵有力地结合证据对被告人的罪行充分揭示，对被告人的定罪和量刑进行阐述论证，又常常明确提出被告人自首、坦白等情节，充分表明公诉人作为“法律监督者”所应该保持的客观立场，主动控诉之余亦体现中立；此外，公诉人常常声情并茂地使用告诫世人的“排比句”，动人心弦地对被告人犯罪根源进行深入分析以及感情充沛地对民众进行法制教育，使刑事庭既相互对抗又充满教育意义；这既是公诉词与起诉书的区别，也是刑事庭与民事、行政庭的一个细微区别。

（三）诉讼文书写作具有一定难度，有利于强化学生的综合实践能力

首先，文书写作不是按照指导教师提供的文书范本照葫芦画瓢就能完成的套路，也不是将事实证据与法律意见进行简单堆砌。能够参照范本的充其量也只是文书的基本要素、主要结构以及书写格式的规范而已，而文书内容必须结合法庭辩论的具体案例，渗透着写作者本人对案情的分析思考与独到观点，故文书写作中又包含着无限的个性

化创新空间。其次，诉讼文书写作实践活动促使学生去从裁判文书网、检察院信息公开网等平台查找官方发布的文书来作为自己法律文书写作的参考，不仅对法律文书格式与规范有了充分了解，更主要的是培养了对文献资料的查阅与检索能力。此外，法律用语的严谨性表现在许多法律术语间的一字之差却有迥然不同的意思，所以文书写作中还要斟字酌句并逻辑分明地准确表达。学生只有经过不同性质案件的不同文书写作的多次练习，才能将诉讼文书写作的规范化和个性化有机统一，并不断提升写作功力直至得心应手。高水平的文书写作需要法律职业人具有扎实的法学理论功底、成熟的社会经验、丰厚的人生阅历、严谨整合事实和证据之间关联性的逻辑思维以及一定的文学素养。因而文书写作具有相当难度且需要勤学苦练，是对学生法学素养与综合能力的挑战，也让学生深深体会到法律职业的辛苦。

以实践教学中提供给学生作为刑事辩论的“杭州保姆莫某晶放火、盗窃案”的起诉书写作为例，起诉书内容不仅包括提起刑事诉讼的人民检察院、案号和编号和当事人的基本情况，还要包括犯罪事实、证据和法律根据，以及证据列表和附件等。其中对犯罪事实的详细解释要求学生将有关犯罪时间、地点、手段、动机、经过、后果等犯罪事实要素必须写得详细得当、主次分明与准确无误。由于该案件中，被告人莫某晶涉及的犯罪事实不仅包括放火，还包括在这之前的多次盗窃，所以学生在书写起诉书时，需要在网上查阅和寻找很多有关案件的资料，要理清案件的法律关系，还要把大量的复杂证据进行分类汇总，这些工作都很需要时间和十足的耐心与细心，这也让学生体会到了法律工作者的艰辛和严谨。

再以“杭州保姆莫某晶放火、盗窃案”的公诉词写作为例，公诉词是起诉书的补充，更具有感染力，是对被告人犯罪行为社会危害性的进一步分析论证，需要从情感与道德作必要的法制宣传教育以及反思总结。一份精彩的公诉词不仅要具有论证、揭露犯罪与分析犯罪根源的功效，还要作为宣传法制与教育民众的生动教材。此案公诉词宣传法制与教育民众的部分内容，示例如下：

被告人莫某晶于2016年9月应聘到雇主林某斌、朱某贞家从事保姆工作。在此后的大半年里，双方相处融洽。雇主林某斌一家给予了莫某晶充分的信任，被告人莫某晶曾以老家要买房为由向朱某贞借款，然而就是信任带给了这一家人巨大的灾难，雇主不知道被告人莫某晶借钱的真正理由，也不知道她的过去——被告人莫某晶在来杭州林某斌家做保姆前，因沉迷赌博欠下了巨额赌债，她离开老家是为了躲债。她在之前的几个雇主家做保姆期间，也窃取了雇主家的茅台酒、首饰及现金。信任被告人莫某晶的林某斌家也未能幸免。被告人莫某晶在放火的前一天晚上输光了账户里所有的钱，急于回本的被告人决定采取先放火、后灭火的方式博得雇主感激，然后再次开口借钱。就因为雇主一家的信任和善良，女主人和三个孩子离开了这个世界，善良成了他们的墓志铭。善良曾被赤裸裸地利用，又以一种残酷的方式被践踏。回顾人类历史，善良一直是照穿黑暗与蒙昧的光。但是，拥有贯穿人类历史力量的善良，却是如此脆弱：欺骗、利益、歪曲和争议就足以一点点熄灭善良之光。到那时，我们虽不愿生活在“各扫自家门前雪”的冰点之下，但也无法指责饱经沧桑后“不要多管闲事”的谨慎。被告人莫某晶不仅燃尽了被害人一家人的幸福，更是点燃了整个社会的焦虑。从捐款救助的援手到为孕妇指路的善举，有多少举手之劳的善良，给我们带来阳光和希望。如果善良被误解、被利用、被侵害、被杀戮，如果我们不能依法给被告人莫某晶以放火罪与盗窃罪的定罪量刑，那么还能指望法律给善良以保障和力量吗？还能指望善良的光为我们照亮前路吗？本案中被告人莫某晶赌性难改，多次偷盗，漠视公民生命财产权，无视法律权威，给被害人一家造成无法弥补的四人死亡的严重后果，已经造成恶劣的社会影响，所作所为令人震惊且令人痛恨，必须为其因一己私利而酿下大祸的罪行接受惩罚。被害人家属林某斌十分令人同情，对被告人的惩罚也只是给予被害人家属林某斌一点点心理上的慰藉而已，并不能缓解他失去至亲的痛楚。此案引发的思考是多方位的。在依法惩治被告人之余，我们还要深思造成此案悲剧的原因，所谓“求木之长者，必固其根本；欲流之远者，必浚其泉源”。首先，被告人莫某晶的贪婪欲望与缺乏自律是惨案发生的根本原因，而赌博的恶习则是引发惨案的导火索。被告人正值青春年华，却沉迷赌博，妄图不劳而获；在身负赌债的情况下，不是脚踏实地努力工作以还清债务，而是屡次盗窃雇主家中财物并继续赌博，贪婪却又懒惰，失去了基本的羞耻之心，步步沦陷。被害人朱某贞曾借款给她，她反而恩将仇报、变本加厉，选择放火再灭火的方式来邀功以期获得赌资，失去了基本的感恩之心。她本是贪欲过盛，最终却泯灭了人性，丧失了天良，使她一步步走向了犯罪的道路，最终酿成了这桩人间惨剧。是赌博毁了被告人的人生，也是她的贪欲和任性吞噬了基本的善良之心。由此也给世人以警示：赌博是精神鸦片，不少人意志薄弱、沾染上赌博的恶习之后，就深陷泥潭而无法自拔，最后毁掉自己与家庭，甚至对社会的稳定与安全造成极大的威胁。因此我们所有人都要远离赌博，不要沉沦于赌博的沼泽而后悔一生，时刻警醒自己不要抱有贪欲侥幸与不劳而获的心理，要时刻怀有一颗感恩之心与善良之心。相信被告人会认识到自己行为的错误，真心悔改，认罪伏法。其次，被告人莫某晶参与赌博已久，前三任雇主也都因这样一个保姆遭受过财产损失，那么这样品质的一个人为什么还能一而再、再而三地被雇佣，悲剧的背后是家政公司对于自己注意责任的忽视。如果对家政公司的行为多一层法律上的监管，如果家政公司对保姆的履历能多一点关注与审查，被告人莫某晶这样的保姆就不会出现在无辜的雇主与三个孩子身边。最后，小区消防水泵水压不足、室内消火栓失灵以及消火栓水泵接合器锈死等消防设施的极度不完善，也应当引起我们对高层建筑消防与物业责任的思考，因为这种现象不单单是个例。尽管我们无法避免法律的滞后性，但亡羊补牢，为了彻底避免类似悲剧的发生，解决办法自然是要加强相关行业的监管立法，即寻求法律的制定或完善。法律对恶而言是铁面无私的，法律对善而言亦是有人性的。但立法因本着严谨的态度却总是烦琐耗时，时下需要的是建立高效的反馈机制，让立法者更容易听到公众的声音，更容易看到这些生活中的立法漏洞，使法治不断完善以适应瞬息万变的新情况和新问题。我们坚信：正义可能迟到，但却永不缺席。

就实践教学中提供给学生作为辩论的“马某诉王某强民事侵权案”的判决书写作为例，虽然判决书中格式与结构相对固定，案件事实、理由和适用法律依据却因案而异，审判组同学需要根据控辩双方的庭前证据展示、庭审中举证质证以法庭辩论情况进行总结和书写，这就需要具有坚实的法律基础知识与综合实践能力。审判组同学通过判决书的写作深度强化与全面考察了案件分析、概括总结、法律适用与文字表达等综合实践能力，具体体现在三个方面：一是由于学生需要在判决书中高度概括“马某诉王某强民事侵权案”的经过、原告的诉讼请求、被告答辩意见、双方的争议焦点以及各自提供的事实和法律依据，这不仅需要审判组学生在法庭辩论环节仔细聆听，还需要他们具有极强的概括总结与文字表达能力。二是在判决书中必须做出有理有据的判决结果，这就需要审判组学生不仅要对原被告双方争议的王某强是否侵犯马某隐私权的事实和证据予以明确认定，而且要准确适用相关的民事法律法规和司法解释，这需要他们对案件本身有极为充分的认识，而且要具有较强的案情分析与法律适用能力，否则无法准确适用法律做出准确的裁判，难以起到平息纷争和实现公正的作用。三是判决书写作中论证思路要明晰且逻辑上环环相扣，用语措辞要准确，才能彰显公正，发挥社会引导作用，因此对思维能力和文字表达能力也提出了很高的要求，是十分烦琐且耗时的工作。

四、诉讼文书写作实践教学模式实施中存在的主要问题与解决对策

写出诉讼文书不难，但如何用严谨且不冗长的语言写好诉讼文书就很有学问了。因学生对诉讼文书是看得多却写得少，当亲自下笔时，

才普遍感觉困难重重或较为吃力甚至无从下手。学生在诉讼文书写作中主要存在如下问题，需要指导老师予以及时指正以及在写作实训中不断加以完善：

一是部分学生文书写作的规范性不够，让人产生不严谨的感觉，需要指导老师予以及时指正。如很多学生不注意写作格式上的细节要求，如文书的案号有误或遗漏，当事人等诉讼参与人自然情况的列明有疏漏或顺序有误或家庭住址不具体，文书中涉及日期的年月日不精确或不具体，证据的罗列有疏漏，涉及法院或检察院的名称不完整，判决书中合议庭成员或起诉书中检察员没有列全，书记员签名位置不对，文书中涉及单位落款的却遗漏盖章，甚至有些学生遗漏文书的尾部或附项或落款签名的内容等。诉讼文书必须基于事实与证据且有一定的框架模式与格式要求，不可随意而成。这就要求学生在指导老师指导下熟知最高法在 2015 年 4 月印发的《行政诉讼文书样式（试行）》、最高法 2015 年 5 月发布的《关于人民法院案件案号的若干规定》及配套标准、最高法发布并在 2016 年 8 月 1 日起施行的《人民法院民事裁判文书制作规范》和《民事诉讼文书样式》等最新司法解释等规定中关于各类文书写作格式与内容构成等方面的规范要求与写作标准，才能“确保文书撰写做到格式统一、要素齐全、结构完整、繁简得当、逻辑严密、用语准确”。[①] 当然，尽管文书写作有相对固定的规范要遵守，有真实文书的范本可供参照，但文书写作毕竟不是填写表格，仍是一个充满磨砺的创作性的脑力劳动，因此诉讼文书写作也要重视个性化与规范性相统一。

二是部分学生文书正文中对事实部分的阐述较为详细，但对争辩双方的意见归纳得不够全面，对事实根据和法律根据的理由部分分析得不够深入细致，需要在写作实训中不断强化分析归纳的能力。文书

---

① 引自最高人民法院发布并在 2016 年 8 月 1 日起施行的《人民法院民事裁判文书制作规范》。

写作实质是利用法律知识来解决各类实际问题的书面化体现。解决问题的前提是分析问题。如果需要解决的争点以及作为观点支撑的理由都概括得不明确、不透彻，又如何能使文书中的诉讼请求或提议方案或处理结果等解决问题的观点得到认可？因此诉讼文书的正文一定要重视对争点与理由加以繁简得当的概括和析理。最高人民法院在2015年4月30日发布的《行政诉讼文书样式（试行)》、最高人民法院发布并在2016年8月1日起施行的《人民法院民事裁判文书制作规范》更加强调裁判文书的说理性，也充分说明了诉讼文书对争点问题进行全方位分析说理的重要性。

三是部分学生写作的文书在法律适用方面多表现为法律条文的堆砌，甚至出现法条引用不够精准的现象，需要指导老师予以及时指正。法律适用上如果出现法律条文的堆砌而不加详细分析论证或法条引用上不够精准，极易造成当事人不理解为何适用这些法条而引发文书说服力不够的后果。由于行政案件涉及的法律规范数目众多且烦琐复杂，既有实体方面的，还有程序法方面的；既有法律与法规，还有规章与条例等；故行政诉讼文书写作过程中在法律适用上的难度更大，更要重视法条引用的准确性以及对法律规范的理解和阐述。

四是文书写作思路不够清晰，需要在写作实训中不断强化严谨的逻辑思维能力。法律人最忌讳的就是遇事慌张和没有头绪。在文书写作中，面对众多诉讼主体之间以及事实证据真伪不明的复杂关系，必须沉着冷静，厘清思路，条理清晰地阐述与论证整个案件的事实经过、诉讼请求、权义责任以及理由依据等，从而达到一目了然、严谨有序、清晰完整与深入浅出的最佳效果。

五是部分学生写作的文书在遣词造句上不慎重，存在诸多问题，需要指导老师予以及时指正。如语言不够简练，有错别字；随意使用标点符号，甚至“一逗到底”等。诉讼文书的语言表达要慎之又慎，才能清晰准确地表达，才能实现晓之以理和动之以情的最高境界，也体现出法律人审慎与细心的职业要求与品质。

六是个别学生撰写的文书中出现法律常识错误，反映出学生的法学基础知识不够扎实，需要指导老师予以及时指正。就实践教学中提供给学生作为辩论的“快播公司传播淫秽物品牟利案”的文书写作为例，在起诉书中不少学生只列明一个被告人“快播公司”，没有将直接负责的主管人员也列入被告人之列，违背了刑法中关于此案为单位犯罪适用“双罚制”的规定；在辩护词中，有学生竟然出现“我担任快播公司以及被告王某等被告人的辩护人”的提法，违背了刑事诉讼法中一个辩护人只能为一个被告人进行辩护的规定。就实践教学中提供给学生作为辩论的“马某诉王某强民事侵权案”的判决书写作为例，有学生竟然出现“北京市朝阳区人民法院受理后，依法组成合议庭，公开开庭进行了审理”的提法，违背了民事诉讼法中涉及个人隐私案件法院不公开开庭审理的规定。

七是个别学生撰写的文书更多的是参考真实案件中已做出并上传网络上的判决书，而与法庭辩论大赛中的争议事实以及之前证据交换（展示）环节双方交换（展示）的证据结合得不够紧密乃至脱节。根据最高人民法院发布并在2016年10月1日起施行的《关于人民法院在互联网公布裁判文书的规定（2016）》第2条的规定，“中国裁判文书网是全国法院公布裁判文书的统一平台”。根据《关于人民法院在互联网公布裁判文书的规定（2016）》第3条和第4条的规定，法院作出的裁判文书应当在互联网公布。但有下列情形之一的，不在互联网公布：“（一）涉及国家秘密的；（二）未成年人犯罪的；（三）以调解方式结案或者确认人民调解协议效力的，但为保护国家利益、社会公共利益、他人合法权益确有必要公开的除外；（四）离婚诉讼或者涉及未成年子女抚养、监护的；（五）人民法院认为不宜在互联网公布的其他情形”。根据《关于人民法院在互联网公布裁判文书的规定（2016）》第7条的规定，“发生法律效力的裁判文书，应当在裁判文书生效之日起七个工作日内在互联网公布。依法提起抗诉或者上诉的一审判决书、裁定书，应当在二审裁判生效后七个工作日内在互联网公布”。可见，在裁判文书依法不能上传或依法必须上传但还未来得及公开于中国裁判文书网的两种情形之下，学生只能独立完成诉讼文书的写作。这也促使与提醒指导老师要尽量选择庭审程序尚未进行或虽在进行之中但尚未审结的真实案例以及可以选择《关于人民法院在互联网公布裁判文书的规定（2016)》第 4 条所规定的五类不能在互联网公布诉讼文书法定情形的真实案例作为综合实训的教学案例材料。如此，则可以彻底杜绝学生懒惰依赖的思想，取得诉讼文书写作的最佳实践教学效果。

Chapter 8

第八章 实践教学模式之法律诊所[①]

一、法律诊所实践教学模式内涵概述

源自20世纪20年代的美国并正在我国一些高校实施的法律诊所实践教学模式是一种使学生“在接触真实当事人和处理真实案件的过程中学习、运用法律的教学训练”,[②] 旨在弥补原先的学徒制与其后的学院式教育模式的缺点以及对传统法学教育模式的完善中，借鉴诊所实习培养医生的形式与重视实践的作法，而产生的一种新的法学实践教学模式。该教学模式借用医学领域的“诊所”概念与重视实践的做法而得名：学生要在办公地点接待案件当事人，有点像诊所医生一样在处理案件中给当事人开出解决法律问题的“处方”，教师指导学生的法律运用过程以训练学生的应用能力。法律诊所实践教学模式的特点集中表现在三个方面：一是高校将法律诊所纳入教学大纲，学生选修该课程获得一定学分；二是

---

① 本章部分内容曾被作者公开发表于两篇论文——胡玉霞、任凡：《浅析高校诊所法律教育的两项基本资源之保障》，载《辽宁教育行政学院学报》2008年第7期，第35~37页；胡玉霞：《高校诊所法律课程中学生主体地位的发挥机制》，载《江西教育学院学报》2013年第2期，第89~92页。特此说明。

② 参见王晨光、陈建民：《实践性法律教学与法学教育改革》，载《法学》2001年第7期，第4页。

学生像律师或律师助教一样亲手或辅助处理真实案件的接案、出庭到结案的全过程；三是全面实现掌握法学专业知识、提高职业道德与技能以及兼顾社会服务的综合效果。

至今，法律诊所在世界范围内已相当流行。主要有三种模式：一是学生为有关案件（尤其是法律援助案件）的当事人提供代理活动，高校诊所教师给予学生直接而具体的指导；二是由律师事务所中的律师来指导学生办案，学生独立或辅助完成相关案件办理工作；三是由高校诊所教师带领学生进行律师实务技巧模拟课程训练，学生在模拟的环境中学习律师执业技能和职业道德。第一种模式使学生更加直接地面向社会并能够为贫困的当事人提供真实而具体的服务，同时也不脱离法学院教师的密切指导，所以在法学院所设立的法律诊所中，被更加广泛地采用。第二种模式需要学生与律师事务所和律师保持密切联系，操作难度较大，相对而言，在法学教师兼任律师较多的高校法学院更容易采用。第三种模式实质是律师实务技巧模拟课程训练，要求指导教师具有律师实务经验，学生在高校教室内即可操作，成本最低，难度最小，所以一般适用于引入法律诊所实践教学的初步尝试阶段。我国当前同时采用第三种模式与第一或第二种模式，即将课堂实训引导与课外实践相结合才是最佳的选择。

二、法律诊所实践教学模式实施要求

为有效发挥学生的主体地位与能动作用，高校和指导教师在具体实施法律诊所实践教学模式中必须贯彻如下要求：

（一）在务实的理念下建立权利与责任相结合的保障机制

1. 法律保障

高校可以成立法律援助中心，在法律援助中心之下设法律诊所机构，这样学生可以法律援助中心工作人员的身份对外开展法律诊所活动，从而构成对学生办理案件资格的总体认可，使其获得“名正言顺”

的合法身份与享有系列权利。同时，也要明确诊所学生给当事人造成损害时需要承担相应责任。

(1) 诊所学生须取得“准律师”的合法身份

根据我国相关法律的规定，职业律师和一般公民在代理案件中的诉讼权利存在较大差异。而当前学生参与代理真实案件只能以公民代理人的身份调查取证和出庭，既缺乏查阅卷宗、与被告人会见和通信等必要的独立进行调查取证的权利，又很难得到当地司法界的配合和社会各界的认可，办案中的困难可想而知。为保证诊所法律教育的有效开展，建议教育部会同司法部协商解决此问题，使诊所学生获得办案的“准律师”身份，以扫除诊所学生身份上的障碍。如在美国，学生的准律师身份是被承认的，法律诊所的学生只要亮明身份，其工作会得到保障。[①] 当然，权利与义务的对等性决定了作为“准律师”的诊所学生在办案中如果违反刑法所设定的诸如不得毁灭证据、伪造证据、妨害作证等义务的，也应当参照律师承担相应的刑事责任。解决方法：高校可以进一步与司法行政部门联系，成立法律援助中心或类似组织，从而构成对学生代理案件资格的总体认可，这种做法对于法律诊所作为一个法律援助机构的存在能提供很好的基础。这样学生可以法律援助中心工作人员的身份对外开展法律援助工作，使其获得“名正言顺”的合法身份，方便学生深入了解援助案件，完成调查取证等工作。[②]

(2) 对当事人承担责任主体上采用法人责任与个人责任相结合

在国内的法律诊所实践活动中，诊所学生办案过程中为当事人造成损害的责任问题尚未得到制度上的解决。[③] 此处所指的是诊所学生

---

① 参见潘志学、石贤平：《高职政法类专业引进诊所式法律教育的可行性》，载《黑龙江省政法管理干部学院学报》2003 年第 4 期，第 2 页。

② 参见贾国凯、李晨光：《论诊所式法律教学在我国面临的问题及解决思路》，载《中山大学法学论坛》2010 年第 12 期，第 121 页。

③ 参见蔡彦敏、黄巧燕、赵彤：《法学教育模式改革探索——来自中山大学法律诊所的经验》，载《中山大学法学论坛》2003 年第 10 期，第 69 页。

办案过程中因其故意或过失而使提供的服务存在缺陷致当事人损失而应当承担的民事赔偿责任。建议结合诊所学生办案过程中为当事人造成损害时的主观心理状态，对责任的承担主体加以区别规定。具体为：

首先，诊所学生在办案过程中给当事人造成损失的，只有当存在违反法律法规的相关规定或违反和当事人之间具体约定的故意或重大过失时，才需要承担民事赔偿责任；即如果诊所学生在办案过程中提供的服务虽然存在缺陷造成当事人损害，但仅仅是由于诊所学生办案水平低、工作作风不严谨等非主观故意或非重大过失原因所致的，属于免责之列。

其次，即便承担民事赔偿责任也应当首先由诊所学生所在的高校承担，高校在承担作为法人的赔偿责任后有权向诊所学生追究其个人责任，包括追偿赔款以及对其作相应的行政处分。

再次，对诊所学生在办案过程中致当事人损害的故意或重大过失行为，如果指导教师知情却疏于监管的，高校应当追究指导教师的个人责任，包括要求其与诊所学生连带向校方承担赔偿款的补偿责任以及对其作相应行政处分。

最后，对诊所学生在办案过程中致当事人损害的故意行为，如果是指导教师指使所为，一切责任最终由指导教师个人承担，与高校无关。

2. 制度保障

（1）规定法律诊所机构的日常值班制度。法律诊所机构的日常值班由诊所学生轮流负责。诊所教师助教根据与诊所学生的学校其他课程不相冲突的原则，统一安排2名学生于每日固定时段值班。日常值班的时间段与值班学生名单要提前通知学生本人并向社会予以公开。值班学生负责法律诊所办公室的卫生、接受案件登记、答复法律咨询以及值班时段的文字记录工作等。

（2）规定法律诊所机构的接案与办案制度。法律诊所机构无论是对当事人的电话、信件还是当面咨询，都应当由值班学生在案件接受登记表上登记，认真答复并做好记录。当事人需要委托诉讼代理人或辩护人的，法律诊所机构负责接待的值班学生先登记，第一时间报告诊所教师，每个当事人由诊所教师根据案件具体情况与学生擅长专业方向来指定1~2名学生负责；代理或辩护案件由当事人与负责办理案件的学生签订授权委托书。法律诊所学生还可以依托法律援助中心，主动走出去，到社区、街道或公共场所，为经济困难或老弱病残弱势群体等需要提供法律帮助的对象提供法律咨询、代写法律文书等援助活动。

（3）规定诊所师生的实践活动规范。诊所师生对法律诊所各项实践活动要认真做好必要的准备工作。诊所学生与当事人签订委托书后，外出调查案件、参与听证、谈判、调解、仲裁以及庭审代理和辩护活动，要主动联系诊所教师并征得指导教师同意后方可进行，并预约接受诊所教师指导的具体时间；诊所教师要在学生预约的3日内对学生予以指导，并由值班学生予以同步书面记录，教师指导可以采用面谈、讨论、模拟等方式，贯彻启发引导学生自主解决问题为原则，不宜直接告诉学生问题的解决方案。

（4）规定法律诊所机构的财物与财务管理制度。法律诊所机构所需的办公用品必须由诊所教师助教统一采购并附上正式发票，所购置的物品必须由诊所教师助教统一登记；诊所学生在办案中需要领用或借用的，应向负责的值班学生登记；借用人返还物品时，如果物品有毁损的，应当承担赔偿责任。法律诊所机构的财务支出包括：必要办公用品支出，诊所师生办案车费、文印费、午餐费和通信费等经费支出，教学和会议交流支出，诊所教师和学生助教的报酬以及网络维护费用等。法律诊所机构的财务支出费用的报销由诊所教师助教统一负责。

（二）在自愿的基础上建立择优的学生选拔机制

由于我国高校法系学生为本科层次（不同于美国，美国为研究生层次）且在校时间较短，再加上学生之间个体能力上的差距，很多学生往往到三四年级才能掌握基本的法学专业知识，紧接着又面临着考研或就业等现实问题，使得部分学生不仅由于专业知识与社会阅历的不足难以胜任真实案件的办理，而且也难以有过多时间和精力去参与法律诊所的各项实践活动。为此，作为法律诊所实践教学对象的学生（诊所学生）必须具备一定素质并且在自愿基础上经过择优选拔。

1. 诊所学生应具备一定的基本素质

法律诊所实践活动教学对学生综合素质的要求很高，且活动中学生起着主导作用，这必然要求在确定学生人选上要本着择优原则，充分考虑学生是否同时具备以下基本素质：

一是具有较高的思想素质。具体体现在具有正确的世界观、价值观、人生观和道德伦理观，具有严谨的学习态度、脚踏实地的工作作风，具有较强的服务社会的责任感、法律至上的坚定信念以及恪守职业道德的自律精神。

二是较好地掌握法学与相关专业知识。由于现实生活中的法律问题将越来越多地涉及许多部门法。因此，如果不能对中国的基本法律有比较全面的把握，同时对社会学、政治经济学、心理学、逻辑学、哲学、历史学等其他相关专业知识也要有所了解，将无法从事实际办案工作。这就要求法律诊所的学生对象原则上应为接受过较为系统的法律专业训练的二年级下学期以及三四年级的本科生或在读研究生。

三是基本具备法律专业能力。法律专业能力是从事法律职业活动所需要的基本能力。主要包括：能够对众说纷纭的法学理论与千变万化的法律实践进行概括的能力，对案件的存在背景、具体事实及证据材料进行完整的把握进而正确运用法律的分析能力，通过雄辩的演讲与流畅的文字形式表达其主张与申明其理由从而说服他人的表达能力;① 除此之外，还应包括与人合作及与不同类型的人打交道的良好的人际沟通能力。

2. 诊所学生的选拔要贯彻自愿与择优原则

在高校诊所学生的选择与确定上，应当贯彻自愿与择优的原则。由于法学专业的学生不一定毕业后都有志从事法律职业工作，因此本着以人为本的理念，在对诊所学生的确定上应首先采用学生自愿报名的方式。高校法学院应严格“入口”条件，在征求相关科目专业教师意见的基础上，从自愿报名的法系学生中予以择优选拔，从而既可以保证法律诊所实践教学的质量，又可以让被选拔中的诊所学生中产生一种荣誉感。

选拔可以采用笔试与面试相结合的方式。笔试的题目以案例分析与材料分析题为主，重在考查学生的法学与相关专业知识、法律概括分析能力以及文字表达能力。面试重在考察学生的思想素质、语言表达能力以及人际沟通能力，故可设置以下面试问题：对自我性格、品质和能力的评价，自愿报名法律诊所课程的动机，对法律诊所课程的认知程度，如何应对法律诊所办案中的实际困难，通过选拔后参与法律诊所课程的学习规划等。

值得一提的是，选拔这一环节中尤其要重视高校班级学业导师作用的发挥。因为高校学业导师一般由高校青年专业教师担任。他们不仅是学生管理工作的实施者，也是高校教师队伍的重要组成部分。作为专业教师，学业导师相对于辅导员，更精通法学专业，也更容易与学生以及相关科目专业教师沟通；相对一般的专职专业教师，学业导师从思想、专业等整体素质上对每个学生了解得更加深入而细致。

---

① 参见顾海波:《法学教育模式的转轨》，载《辽宁教育研究》2003 年第 4 期，第 68 页。

（三）在自主的模式下建立创新的实践教学互动机制

在诊所实践教学中，如同医学院学生在诊所实习一样，诊所学生始终主导与参与真实案件中法律问题的解决过程，诊所教师只是学生的指导者和帮助者。诊所教师必须在诊所学生自主学习为主的模式下采用课堂教学引导与课外办案指导相结合的教与学互动模式。

就课堂教学引导而言，诊所教师可以运用角色扮演、实景模拟、大组讨论、小组讨论、观摩与集中反馈意见等方法，可以经常就诊所学生正在办理的真实个案及时启发学生去思索，还可以根据真实案例由诊所学生在设置的模拟环境下扮演律师、当事人等不同角色；从中，法律诊所学生不仅可以系统研习律师业务的各种技能和职业道德，大家还可以围绕每个学生正在处理的真实个案，一起讨论与深入分析案件相关的法律问题，以寻找最佳的解决方案。

就课外办案指导而言，尽管全部办案工作（与当事人及有关部门的协调，完成从当事人来诊所登记到案件的最后处理）完全由诊所学生来完成，但在整个办案过程中，诊所教师须针对每个诊所学生承办的案件进行“一对一”乃至“多对一”的指导。

（四）在公正的目标下建立长效的学生实践活动考核机制

法律诊所是对传统实践教学模式的突破和创新，然在我国还是个新鲜事物。随之而来要解决的一个重要问题是如何对学生进行考核？为调动学生参与法律诊所的积极性，必须建立合理的对学生的考核机制。

1. 设置多样性的考核主体

通过设置多个考核主体，可以对诊所学生的学习情况做出更加综合、更加全面的评判。具体步骤如下：首先，由诊所学生进行自我评价，自我评价可以帮助诊所学生养成审视和反思自己行为的良好习惯；其次，由诊所学生之间进行互相评价，互相评价给了诊所学生向他人学习即再学习的机会；再次，由社会进行问卷评价，主要在涉案当事人以及相关司法机关当中进行，主要调查社会对诊所学生办案活动工作态度与质量的满意度；最后，由诊所教师对诊所学生做出总体评价，诊所教师的总体评价与集中反馈应当在对诊所学生课堂内、外的表现作通盘考虑并结合前三项评价结果的基础上做出。同时，诊所教师要让诊所学生理解：案件的成败固然是评价教学效果的重要指标，但是更重要的是他们在承办案件中是否真正地成长了，是否获得了他们所想得到的方法、技能和知识。①

2. 采用综合性的考核方式

对法律诊所实践活动的考核是一个针对学生为法律诊所实践活动所做的准备以及活动过程中诊所学生对有关法律的了解，诊所学生的行为表现、能力的锻炼，诊所活动所起的作用等进行的评判或衡量活动。对过程与结果、对能力与知识的同等重视乃至对前者的尤为关注，决定了只进行一次性终结笔试以检测对知识的记忆程度为考核主要宗旨的传统法学考试形式已经不能满足法律诊所实践教学的需要。

鉴于此，法律诊所实践活动应当采用过程与结果相结合，论文、口试与笔试等形式相结合的综合考核方式。具体而言，对法律诊所实践活动的课堂学习可采用平时小论文、口试考核与期终笔试相结合的方式；对法律诊所实践活动的课外实践学习则无论在平时还是在期终，均须采用论文、口试与笔试三者相结合的考核方式。

以能力为考核宗旨的综合性的考核方式的采用不仅可以全面考查诊所学生的知识掌握程度、法律思维能力、逻辑推理能力、语言表达能力以及分析、解决问题的能力，还对诊所学生和诊所教师的行为方式和期望值产生巨大影响，势必促进诊所学生和诊所教师在学习和传授过程中注重实际能力的培养，反过来又促进了法学教学方法的改革，其所产生的良性互动意义深远。

---

① 参见吴春香：《高校法学教学引入法律“诊所”模式的思考》，载《中国高教研究》2003 年第 5 期，第 78 页。

3. 设置层次性的评级效果机制

法律诊所实践活动对运用法律过程与对能力培养的重视以及对综合性考核方式的采用，决定了对法律诊所实践活动的考核采用“不合格”“合格”“优”的评级方式比传统教学中普遍采用的拟定试题和判断分数的评分方式更为合理。通过对不同的评级设置层次分明的效果，可以建立合理有效的激励机制，有助于充分调动诊所学生追求最佳结果的动机与潜能，并最终保证诊所学生参与法律诊所实践活动的积极性。具体如下：

考核“不合格”的诊所学生不能获得学分，除非另外修满毕业实习等其他的实践学分，否则不能毕业。

考核“合格”的诊所学生获得学分，此学分可以折抵毕业实习等在内的任何课程的学分。我国现有开设法律诊所实践活动的高校多数将法律诊所实践活动作为选修课，学分一般为 3 ~ 4 个；① 也有个别学校将其学分规定得略高一些。例如，中国政法大学正式发文，把诊所法律教育按必修课对待，学生选择该课可以得到 5 个学分。②

考核“优秀”的诊所学生除可以获得折抵毕业实习等在内的任何课程的学分之外，还应对其设置如下七项奖励与优惠措施：一是由高校设置“诊所实践奖”专项奖项，对考核“优秀”的学生颁发证书与奖金；二是高校可以聘请上一年级法律诊所实践活动成绩优秀的学生担任下一年级法律诊所实践活动的助教，助教的工作计以学分，同时给予一定报酬。如纽约城市大学的法律诊所每年要聘请上一年级法律诊所实践活动成绩前八名的学生担任下一年级法律诊所实践活动的助教（聘请助教的一个原因是低年级学生通常更乐于听从高年级学生而不是教师的意见），每人负责 20 左右个学生，教师每周与助教会见一

---

① 参见邹玉政、金伟：《诊所式法律教学模式本土化反思》，载《教育与职业》2006 年第 18 期，第 115 页。

② 参见宋金华、徐忠麟：《我国诊所法律教育存在的主要问题及对策思考》，载《科教文汇》（下半月刊）2006 年第 2 期，第 63 页。

个半小时，助教协助教师进行诊所教学，这个工作使助教能拿到2个学分；[①] 三是在就业推荐与组织选调时，高校对考核“优秀”的学生予以优先考虑；四是针对法律诊所实践活动考核“优秀”的贫困学生，政府应当提供适当减少甚至全免贷款利息的助学贷款优惠，并给予适当的生活补贴；五是由教育部统一规定，对具有诊所学习考核“优秀”经历的高校毕业生，在考研时落实5～10分的加分政策；六是由教育部协同有关部门统一规定，对考核“优秀”的学生，公务员招录时予以优先录用；七是由教育部协同司法部统一规定，对取得律师资格证的毕业生，如具有在校期间诊所学习考核“优秀”经历的，可以免除律师执业前一年的见习，即不需要在法律实践部门实习而直接取得律师执业证书。

三、法律诊所实践教学模式综合价值

（一）法律诊所是最大程度锻炼法学学生综合实践能力的有效实践模式

法学是一门实践性很强的学科，光学好书本上的知识是远远不够的。学得再好不注重实践，也只是纸上谈兵。学生通过法律诊所活动，摸索着从律师的角度，将实体法与程序法综合运用到具体的办案实践中。为全力以赴地争取最佳结果，学生要查找案件的来龙去脉，必要时收集与调取证据，要对零散的案件事实材料入手，进行分析归纳、筛选和建构，找出有关的法律要点；要寻找适用的法律规范，关注法律适用的要件，学会如何在庭前形成法律意见；要向法庭陈述事实与表达支撑本方陈述的法律意见，并在开庭时进行举证、质证与辩论，还有可能涉及调解、和解、撤诉或上诉等。学生在课堂上听老师讲过或在书本上可能要看很多遍才会记住的诸多关键法学知识点，在法律诊所实践中可能经历了一遍就会终生难忘，这就是理论和实践的区别。

① 参见曲相霏：《法学教育改革的有益尝试——借鉴诊所式法律教育模式》，载《山东大学学报》（哲学社会科学版）2001年第6期，第114页。

这样的案件办理实践过程使学生对学习过的各种法学知识加以灵活运用，巩固了之前学习的法学理论知识，深刻地了解案件的办理程序，同时熟悉了协商、询问、调解、辩论的技巧和处理诉讼或非诉等各种法律事务的方法，对专业知识水平进行了自我检测，学生的口才表达能力、应变能力、思维能力和文书写作能力得到极大锻炼，最重要的是明确了法律公平、公正的精神，更加坚定了学生运用法律手段维护当事人权益和伸张正义的信念。

（二）法律诊所在我国的本土化、制度化与持续性发展是破解法学专业就业低迷现状的一剂良方

法学专业就业率一直不理想，其中一个重要原因在于传统的法学教育不重视实践性职业教育，导致学生就业后眼高手低不受欢迎，动手能力上的口碑不佳直接导致就业上的滞销。法律诊所在我国的本土化、制度化与持续性发展将是破解法学专业就业低迷现状的一剂良方。顺应世界法学改革潮流，中国部分高校在经过充分的探索、研究与论证后，在美国福特基金会的大力支持下开设了法律诊所实践活动，尝试着运用比较的模式进行教学。这些高校在开设了法律诊所实践教学的同时，各自依托学校成立了法律诊所机构。但法律诊所毕竟是舶来品，如何结合我国高校的实际情况对其本土化改造与持续发展值得深入思考。首先，强化实践教学，大幅提高法科学生动手能力是当务之急。其次，针对制约法律诊所实践教学在高校推行匮乏经费与师资的瓶颈因素，高校必须立足学校、面向社会，采取多项措施，以实现自下而上和自上而下的双向互动，从而从根本上保障经费与师资等基本资源的落实、整合与优化使用，保障法律诊所实践教学模式在高校的有效推广实施。

（三）法律诊所可以部分缓解法律援助的供需矛盾①

法律援助又称法律救济或法律扶助，是指国家对某些经济困难或

---

① 本标题下自然段的内容曾被作者公开发表于论文——胡玉霞、刘尧华：《我国法律援助制度的完善》，载《江淮论坛》2007年第3期，第73~77页。特此说明。

特殊案件当事人给予减、免费用提供法律帮助的一项法律制度。即通常所说的免费提供法律帮助。我国目前已初步形成现代法律援助制度的框架，但并未形成完善的现代法律援助制度。在我国向完善的现代法律援助制度方向发展的过程中，尚存在很多急需解决的问题。我国在法律援助方面最大的国情便是供需矛盾突出，主要表现在资源的有限与需求的无限之间的巨大反差上；资源的有限既体现在提供法律援助的人手上的有限，又体现在国家所拨付的法律援助经费上的有限。目前我国资源因素的制约已经明显限制了公民获得法律服务的广度和深度。为解决我国提供法律援助人手不足（主要是专职律师严重缺乏）的问题，我国必须采用混合式的提供模式，在大力发展专职律师队伍的同时，充分利用社会执业律师、公证人员、基层法律服务工作人员、实习律师、高校法学专业师生等人力资源，积极推动建立法律援助社会志愿者体系，广泛动员和接纳有志于从事法律援助的社会法律专业人才参加法律援助事业。在各高校法学院设立法律诊所机构，由法学院的师生为本社区的贫困者提供法律援助，刚好可以部分缓解法律援助的供需矛盾。对教师，政府按照其提供法律援助案件的数量与质量支付薪金；对学生，可将提供法律援助活动作为他们的一门社会实践课程，他们完成这门课程将得到学分。这种将法律诊所放在与法律援助密切联系、共同发展的宏观研究视野下谋求共同发展的做法，既为学术界和学生提供了实践与认识社会的窗口，又为法律援助开发了丰富的潜在资源。可见，法律诊所与法律援助可以相辅相成，共同实现推动社会正义和培养更具社会适应性的法律人之目的，可谓两全其美。

（四）法律诊所的实施有利于提高法学教育教学水平，对我国法学教育改革具有重要启示

授人以鱼不如授人以渔。在法律诊所实践教学中，教师的主体地位被学生取代，被动听课的法学在校学生转换成积极办案的法律实务工作者。学生努力实践，不再纸上谈兵，学会将静态的法条和理论知识灵活地运用到错综复杂的动态个案中。法律诊所实践教学模式在高

校的实践与推广是解决我国现行高校法学传统学院式教育中存在的理论灌输有余、职业训练不足这一痼疾的有效良方，有利于构建法科专业理论课和实践课并重的教学体系，有利于对高校法学人才培养模式与目标进行重新定位，对提高高校法学教育教学水平具有重要现实意义。但也必须明确：法律诊所对于传统教学模式的冲击和改造，并非要完全取消或取代传统的教学模式；而是要在传统的教学模式的基础上对其进行改造和完善，并取长补短与兼收并蓄。因此，我国在引进法律诊所实践教学模式的过程中要将二者有机结合，切不可以偏概全或矫枉过正地把其与传统的法学教育模式完全对立起来。法律诊所的实施对我国法学教育改革具有重要启示：一是重新定位法学人才培养模式与目标。将教师在课堂上讲授的传统封闭式人才培养模式转化为统一要求与多样化选择相结合的开放式人才培养模式，将培养目标由法学理论型人才为主转化为培养适应社会发展的有理论、有个性、有创新意识、有实践能力的复合型人才。二是调整法学教学模式，将课堂理论教学与多元化实践教学相结合，构建理论课和实践课并重的法律教学内容，从而让学生在法律运用中全面提高理论联系实践的综合素养。三是加强法学教师队伍建设，组建专职与兼职教师队伍。专职法学教师自身对法律知识与社会实践融会贯通，才能培养社会所需的高素质法律人才。还要组织一批具有丰富实践经验的法官、检察官、律师等身份的兼职教师队伍，以弥补传统法学教学过于理论化之缺点，以提高学生的实际操作能力。四是构建多元化的学生考核评估体系，评价的方式可包括教师对学生的评价、学生对学生的评价、学生的自我评价、社会对学生的评价。当前大学法学教育中，教师对学生书面考试的成绩评定仍然是最主要的方式。这样的测试评估方法虽简便易行，却导致学生出现只重视考试结果继而考前突击与死记硬背的现象，无法让教师和学生将重心放在学习和研究法律的过程上，无法使他们感受到在实践合作中的价值和愉悦，无法真正认识到法律工作者承担的社会责任与公平正义的真正含义。如此教育又如何能培养出有创造性、有正义感的法学人才?

四、法律诊所实践教学模式实施中存在的主要问题与解决对策

法律诊所实践教学模式可以很好地弥补我国目前法学教育中存在的学生实际操作能力差的痼疾，对我国法学教育体制的改革以及法系学生素质的全面提高必将起到积极的推动作用，在我国具有借鉴与推广的现实必要性与紧迫性。近些年来，学者研究法律诊所在我国推广的必要性与可行性的热情十分高涨，法律诊所的实践教学价值也得到了高校界广泛的认可，然而不可否认的是法律诊所实践教学模式在我国本土化实践中普遍出现经费与师资不足以及教师评价体系尴尬等共性问题，需引起足够的重视，并需要采用针对性的解决办法，以期对法律诊所在我国的持续实践与真正本土化有所裨益。只有政府、教育主管部门与高校的共同关注，法系教师与学生从事法律诊所的热情才会高涨，才能使法律诊所实践教学模式在我国得以持续实施与发展。此外，法律诊所主要是“通过法律实践学习律师的执业技能”，存在“人才培养目标单一的功能缺陷”;① 因此，为满足包括法官、检察官、律师为主的法律职业共同体人才的共同需求，综合采用包括法律诊所在内的多元化实践教学模式才是高校实现法律职业能力训练的最佳选择。

(一) 面对经费不足的现状，必须整合和配置各项经费资源

经费来源是不容忽视的首要问题。与法学教师主讲课程的课堂教学以及固定地点的其他实践教学模式相比，法律诊所是一种高成本实践教学模式，其贯彻实施需要更多地投入经费资源。经费资源及其保障措施的匮乏是高校不得不面临的一个现实问题，也成为制约法律诊所在高校推行的瓶颈因素。

---

① 参见任中秀:《“司法仿真系统”实践教学的探索与思考》，载《山西师大学报》(社会科学版) 2009 年第 2 期，第 141 页。

尽管现阶段在中国大量地推行法律诊所实践教学模式困难重重乃至举步维艰，但是，对法律诊所模式的有效运用是使学生终身受益的教育宗旨与核心之所在，我们没有理由不迎难而上。因此，如何整合和配置有限的经费资源来保障法律诊所的有效实施是个很重要的问题。

为使法律诊所实践教学模式尽快在我国本土化、制度化与持续性发展，目前除采用争取各项基金资助的做法外，必须立足学校、面向社会，采取多项措施，以实现自下而上和自上而下的双向互动，从而从根本上保障经费资源的落实与优化使用。

1. 法学院系可充分利用现有资源，积极探寻多种途径获得各类资源上的共享，以节约经费支出。首先，可依托原有的法律援助中心或模拟法庭办公室，建立校内法律诊所办公室，减少办公场所、办公设施等经费支出，使现有办公资源得到最大的利用。其次，应当循序渐进地选择诊所事务。在法律诊所实践教学开展之初，可以借鉴国外法律诊所实践教学中的街道教学法（Street Law），为学生提供在街道、社区、中小学校甚至劳教所、监狱讲授法律知识的机会，提高学生法律实践的能力；[①] 然后选择可以就近在学校诊所办公室进行并且经费开支较少的咨询、调解、代写法律文书等简易诉讼案件；随着法律诊所实践教学影响力度和保障力度的加大，再行提高诊所活动的档次和深度。此外，可以借鉴国外注重加强横向联系的通行做法，建立校外法律诊所实践教学基地，从而得到人力与场所资源上的共享，减少经费的支出。各法学院系可以积极寻求当地政府和相关司法部门的支持，加强同公检法机关、法律援助机构之间的联系，扩大与兄弟院校的合作。如澳大利亚大学法律诊所实践活动项目一般都与当地或者全国的律师协会、律师事务所、仲裁机构、政府机构、公司法律事务部等合作，

---

① 参见李傲、许炎：《法律援助与法律诊所之甄别与整合》，载《法学杂志》2003年第11期，第63页。

一方面给学生提供实践场所以及律师指导和监督，另一方面学生被要求在这些地方参与工作，每周至少有两天与这些机构的律师一道会见客户、起草文件、参加庭审等。① 再如，在美国实习地诊所模式下，法学院与校外的法律援助机构、律师事务所、检察院、法院等法律实务部门建立联系，将他们作为学校诊所延伸向社会的一个广阔的实践场地；学生被分到各个不同的组织、机构实践，由该组织、机构中专门的工作人员做他们的校外导师；校外导师需按教学计划完成他们的指导任务，并负责与法学院的诊所教师保持定期的联系，将学生的学习、实践情况及时反馈给学校。②

2. 高校无论是从提高就业率的角度，还是从落实实践教学宗旨的角度出发，均应加大对法学院系的支持力度，进行法律诊所的专项经费投入。该经费可主要用于法律诊所实践教学中交通、通信、文印等办案费用的开支以及实践基地、案例教学库、影像资料等相关建设。这是因为经济的发展要求高校向社会输送的法律人才不仅要知法、懂法、守法，更要能够运用法、执行法、维护法。实行诊所法律项目后，可取消现行的流于形式的专业实习、毕业实习制度，将原来划拨的实习经费纳入法律诊所的专项经费之中，从而将有限的经费真正用于实现法律实践教育的目标。如此才可以使法律毕业生更加符合社会经济发展之需求。现行的实习制度下，有些学生根本不实习，最后找一个单位出具一份实习证明了事；有些学生即便参加实习，在实习过程中更多的是作为旁观者去听、去看，或协助法官、检察官、律师从事送达、记录、装订卷宗等工作，整个实习阶段培养学生的不是法律职业者的实践能力与素质，而是作为文秘职业者的基础技能；由于既缺乏专业教师的指导又缺乏实习单位的监督，不仅不能塑造学生高尚的职

---

① 参见于华江、李琳：《澳大利亚大学法律诊所教育课程设置解读》，载《中国农业教育》2006 年第 5 期，第 50 页。

② 参见李傲、许炎：《法律援助与法律诊所之甄别与整合》，载《法学杂志》2003 年第 11 期，第 63 页。

业道德，相反使学生学到司法机关部分工作人员的不良习气，因而完全背离了法律实践教学的初衷。

3. 高校可采取“无偿服务为主，有偿服务为辅”的理念来落实法律诊所。尽管目前我国各高校办理的法律诊所案件主要以无偿的法律援助案件为主，带有很强的公益性，但不可因此否认高校以相对律师事务所低廉的价格办理有偿法律诊所案件的可能性与合法性。我国《民事诉讼法》《刑事诉讼法》《律师法》《关于开展法律援助工作的通知》以及《法律援助条例》中对法律援助案件的服务对象与非营利的服务属性均作了明确规定。然而，就法律援助案件以外的法律诊所案件的服务对象与服务属性，我国目前还没有任何法律、法规加以规定。对于高校而言，法无禁止即可为，因而完全可以根据自身的专长与实力、当地经济的发展水平以及社会需要等因素确定此类案件的服务对象与收费标准。

4. 教育主管部门可会同司法行政部门建立每名高校兼职律师无偿指导一起诊所案件的职业责任制度。尽管高校兼职律师不具有无偿指导诊所案件的法定义务，但作为律师，在力所能及的范围内无偿提供法律援助等公益活动却是其职业责任。这种职业责任以律师职业道德为基础。由于律师的职业道德要求律师比一般人具有更高的道德水准，因而这种职业责任已经比一般意义上的道德义务上升了一个层次，虽以自愿性为前提，但具有了一定的强制性。高校兼职律师也不例外。我国可以规定每名高校兼职律师一年无偿指导一起包括法律援助案件在内的诊所案件，超额指导诊所案件的，计以课时或给予相应的待遇。对于每名高校兼职律师来说，一起诊所案件是一个很小的数目，然而所有加起来却是一个可观的数字。

5. 政府、教育主管部门会同律师协会可联合建立法律诊所专项基金会。为拓宽渠道，资金可大部分来源于国家或地方政府财政，部分来源于律师协会，还可以来源于社会集资或捐赠。美国法律诊所实践教学已经有百年历史了，其之所以能够不畏艰难地坚持下来，并且不断创新发展壮大，与联邦政府、律师协会及各地方政府、律师协会的积极态度和资金扶持是分不开的。① 此外，美国法律诊所实践教学乃至法学教育的发展还与得到校友广泛的捐赠分不开。美国的很多法学院很注意培养学生的捐款意识与灌输这样的理念：每一个毕业生都有义务向母校捐款，为母校的发展贡献自己的力量；这一点也值得我们借鉴。通过诊所法律教育专项基金会设立专项经费，不仅可以制度化地解决诊所教师、学生的办案费用以及诊所行政管理费用等棘手问题，而且可以因此使诊所法律教育模式真正融入我国法学教育体制之中。

（二）面对师资不足的现状，必须整合和配置各项师资资源

法律诊所实践教学分为课堂教学与课外指导两部分。在法律诊所的课堂教学中，诊所教师要对学生进行有针对性的法律职业能力训练与法律职业道德素质的培养。由于经常采用真实个案分析、课堂提问与讨论以及实务训练的形式，班级学生人数不能太多，一般以不超过 20 人为宜。在法律诊所的课外实践指导中，诊所教师须针对每个学生承办的案件在整个办案过程中进行“一对一”的指导，有些案情复杂的，还需数名法律诊所教师对学生进行“多对一”的指导。我国目前，高校教师要想享有《律师法》规定的权利来指导学生从事法律事务，就必须具备律师资格。正因为如此，法律诊所实践活动的师生比要远远低于传统课堂教学的师生比；而且，担任诊所教师，既要具有实践技能，又要具备社会责任心和工作热情，还要具备律师资格。

然而，各高校的法学教师中具备律师资格且正在从事兼职律师或曾经具有法务实践经历的较少；多数仍然属于“从校园到校园”的学者型教师（即便其中很多法学教师取得了纸质的律师资格证），缺乏法务实践经历，很难胜任指导实践教学的重任。更为严重的是，受当前

① 参见李军：《法律诊所教育与法律援助》，载《山西师大学报》（社会科学版）2005 年第 4 期，第 39 页。

以课堂理论教学为主的教育模式及以科研成果论成败的职称评定模式的影响，各高校的法学教师既不重视法律实践经验的获得，也不重视对法律实践问题的研究。相反，如果教师有兼职做律师业务的，还可能被认为是不务正业；为了评职称的需要，教师的科研也主要是对法律深层次理论进行研究，而一些法律实践问题研究成果或教改成果在评职称时也被认为无足轻重。① 综上所述，当前我们不能也无法回避的现实问题是符合条件的诊所教师在数量上的有限性和大学不断扩招下诊所学生潜在总量的庞大性之间存在结构性矛盾。

解决这一矛盾，要从诊所教师的数量与质量上的双重保障着手，来弥补诊所教师的不足以及适应诊所教学对教师实践能力的需求，转化、引进或聘请具有法律实践能力的人员担任专、兼职诊所教师，走“专职诊所教师与兼职诊所教师相结合”之路径，即在自愿的基础上鼓励现有符合条件的兼职律师转为专职诊所教师以及引进一定数量的具有实践经历并具有律师资格证的研究生担任专职诊所教师的同时，当务之急是聘请一定数量的律师、法官、检察官等法律实践工作者担任兼职法律诊所教师。此外，还可以让暂不符合条件但具有律师资格证而又有意向的教师，到校外律师事务所或有关司法机关短期挂职从事实务工作，充分地参与司法实践与关注法律实务中的新问题，在获得一定实践经验后再担任专职诊所教师。

（三）传统的教师评价体系遭遇尴尬，必须建立合理的对法律诊所指导教师的评价体系

由于法律诊所的教学任务极为繁重，诊所教师需要投入较之传统课程多得多的时间和精力去联系案件、指导和训练学生，在现有高校教师教学、科研工作量已经很大的情况下，如果没有相应的评价体系与措施来调动他们的积极性，有兴趣致力于法律诊所实践教学的教师

① 参见侯斌：《实践性法律教学与法学本科教育目标反思》，载《西南民族大学学报》（人文社科版）2003 年第 10 期，第 103 页。

将很少。教师对法律诊所项目热情的有无，影响到课程的教学质量及其生命力的长久，并反过来影响到诊所式法学教育在整个法学教育体系中现有的地位和应有的发展空间。①

高校为鼓励教师积极参与法律诊所实践教学工作，除将法律诊所实践教学正式列入教学计划外，还必须积极采取以下措施：首先，应当合理计算诊所教师的工作量。我国现有开设法律诊所实践活动的高校多数将法律诊所实践活动作为选修课，学分一般为3～4个，② 按照每个学分16个课时的通常标准，教师可以计算48～64个课时的工作量；也有个别学校将其学分与工作量规定得略高一些。例如，中国政法大学正式下文，把诊所法律教育按必修课对待，学生选择该课可以得到5个学分，教师可以计算80个课时的工作量。③ 现行这种固定学分与工作量的作法不够科学，建议区分课堂教学与课外指导这两部分对诊所教学的工作量加以分别规定。即课堂诊所教学的工作量的计算可以采用中国政法大学的作法，以5个学分80个课时计算；课外诊所教学的学分与工作量的计算则应当综合考虑所办理诊所案件的难易程度、办案数量与结案质量等因素来加以灵活规定。课堂诊所教学与课外指导教学两项工作量相加则为总的诊所教学工作量。此外，由于每门法律诊所实践活动经常出现由几个教师共同承担的现象，如何计算每个诊所教师的工作量呢？是每人独立以总诊所教学工作量分别计算，还是几个教师平均分摊总的诊所教学工作量呢？最佳的做法应当在综合考虑工作分工以及相对平衡的基础上，以法律诊所实践活动的总教学工作量为参照，在此上、下浮动，独立计算每个法律诊所教师的工作量。其次，对诊所教师制定独立的职称晋升标准。由于高校教师解

---

① 参见蔡彦敏、黄巧燕、赵彤：《法学教育模式改革探索——来自中山大学法律诊所的经验》，载《中山大学法学论坛》2003年第10期，第69页。

② 参见邹玉政、金伟：《诊所式法律教学模式本土化反思》，载《教育与职业》2006年第18期，第115页。

③ 参见宋金华、徐忠麟：《我国诊所法律教育存在的主要问题及对策思考》，载《科教文汇》（下半月刊）2006年第2期，第63页。

决职称问题主要依靠学术研究成果，这就和法律诊所实践教学的大量精力投入发生了矛盾，必然使诊所教师在职称问题陷入不利境地。为解决诊所教师在职称问题上的后顾之忧，学校应当确定有别于其他理论教师的实践型教师职称评定标准。此外，应适当给予诊所教师经济补助，以补偿他们因参加诊所工作所失去的工作外收入。[①]

① 参见潘志学、石贤平：《高职政法类专业引进诊所式法律教育的可行性》，载《黑龙江省政法管理干部学院学报》2003 年第 4 期，第 3 页。

Chapter 9
第九章
典型案例剖析之教学路径

一、实践目的

法律职业者必须层层递进地对未知案件事实进行抽丝剥茧般的细致分析，结合证据与适当的逻辑推理，通过概念与法条的分析来解决实际案件中的混乱纷争。与法律职业的理性相适应，法学学科自带的严谨性对学生的法律逻辑思维方面的能力与素质提出了比其他学科更高的要求。法律逻辑思维要求学生有铁杵磨成针的耐性，以高度严谨的态度来对待案件事实与法律适用，既要着眼于具体的典型个案，又要反过来对典型个案进行抽象概括以找出问题的关键。典型案例的剖析督促学生就诸如“法律在实际生活中的作用是否偏离了立法目的？一个生效的法律是否必定会在实际生活中发生效用？受害者为司法救济实际所付出的代价是鼓励还是抑制他们认真地看待个人权利？”① 等问题进行深入思考。

综上所述，可适用于任何法学课程教学之中的典型案例剖析实践教学模式之目的恰恰在于实现对学生的知识传授、学术培养和职业训练三位一体的综合效果——首先，

① 参见贺卫方：《中国法律教育之路》，中国政法大学出版社1997年版，第42页。

弥补了满堂灌式课堂教学的缺陷，组织学生结合典型个案课前思考题，就案件事实、法律适用与其他相关方面深入讨论、思考与分析，汲取法律知识；同时，要求学生不能只是熟知相关法条的知法者，要结合案例，从法理与应用角度对相关实体法和程序法抽象理论进行融会贯通与深入理解，填补纯理论学习的不足；最终，锻炼学生逻辑思维能力，提高学生口头表达能力，培养学生将抽象理论融会贯通于个案的案件分析能力，增强学生运用法律与法学理论来思考与解决法律纠纷的能力。

二、主要内容

以下结合在刑事诉讼法授课中提供给学生作为典型案例剖析的"山西煤炭进出口集团原董事长郭某职务犯罪被留置案"为例，① 来谈谈典型案例剖析实践教学模式的主要内容。此案被称为自 2016 年 12 月 25 日第十二届全国人大常委会第二十五次会议审议通过《关于在北京市、山西省、浙江省开展国家监察体制改革试点方案》以来，监察委员会采取留置措施的"第一例"。②

首先，指导教师针对具有较高社会关注度的监察委员会采取留置措施的"第一例"案例，将 2018 年 3 月 20 日第十三届全国人大第一次会议表决通过《中华人民共和国监察法》（以下简称《监察法》）的电

---

① 参见央视新闻客户端、中国青年网：《山西煤炭进出口集团原董事长郭某涉职务犯罪被"双开"》。载中国青年网：http://news.youth.cn/gn/201706/t20170610_10030433.htm，最后访问日期：2018 年 3 月 1 日。此案案情简介：2017 年 4 月 13 日，山西省纪委监委网站发布通报：日前，山西省监察委员会对山西煤炭进出口集团有限公司原董事长郭某采取留置措施，对其涉嫌严重违纪违法问题进行调查。经查，郭某严重违反中央八项规定精神，长期无偿借用私营企业主车辆；严重违反组织纪律，在人事安排等方面为他人谋取利益并收受大额财物；严重违反廉洁纪律，利用婚嫁之机借机敛财、收受礼金。郭某身为党员领导干部和省属国有骨干企业主要负责人，严重违反党的纪律，并涉嫌职务犯罪。依据《中国共产党纪律处分条例》和相关法律规定，经山西省纪委监委会议研究并报山西省委批准，决定给予郭某开除党籍、开除公职处分，收缴其违纪所得，将其涉嫌职务犯罪问题移送检察机关依法处理。

② 参见长安街知事：《留置第一例！监察委是这样对付违纪官员的》，载网易：http://news.163.com/17/0416/15/CI5EMG850001875N.html，最后访问日期：2018 年 3 月 1 日。

子文档提供给学生，并要求学生课外认真自学《监察法》和查阅监察体制改革相关文献资料，以思考指导老师在课前精心布置的以下思考题：一是监察体制改革的背景和意义何在？二是留置措施的适用条件、情形以及适用程序是如何规定的？三是《监察法》规定的监察委员会对职务犯罪案件采取留置等措施在内的调查权与现行《刑事诉讼法》规定的侦查权之间的关系？

其次，指导老师在课堂上通过组织学生分组讨论，全面了解学生对监察体制改革、留置措施等相关基础知识的掌握程度，锻炼学生解释概念与分析、解决实际问题的能力；同时，注重以学生为中心，注重对不同意见的接受性，体现出对学生的关注、尊重以及教学的可受性、亲和力。

最后，指导老师引导学生多角度对监察委员会留置权的规制进行进一步的讨论与思考，并对再讨论后的观点作深刻剖析；通过学生的发言、不同观点的碰撞和汇总以及指导老师引导之下的再讨论，教师作结束时的剖析总结。

三、详细步骤

1. 指导教师在课前精心准备争议性或社会性的真实法律案例，提前布置思考题；

2. 学生利用课外时间查阅资料，对指导老师提供典型案例的思考题进行初步思考；

3. 指导老师在课堂上组织学生就典型案例的思考题进行分组讨论与观点汇总；

4. 在分组讨论后，每组同学选出代表，发表本组的汇总看法；

5. 指导老师整理归纳各组讨论观点，提纲挈领地引导学生多角度进行进一步讨论与深入思考；

6. 指导老师整理归纳各组再讨论后的观点，并作深刻剖析。

四、具体效果

以下结合曾在民事诉讼法授课中提供给学生作为典型案例剖析的“被告人一、二审放弃鉴定申请导致败诉案”为例，来谈谈典型案例剖析实践教学模式的具体实践效果。①

此案案情简介：2006 年，原告甲某以两张借条为证据向法院起诉，案由为借款纠纷。庭审中被告人乙某称原告提交的借条中有一张不是其本人签名，系甲某伪造其签名，并要求笔迹鉴定。后乙某无正当理由未交鉴定费而放弃鉴定申请（法庭有询问笔录）。一审判决被告人乙某偿还借款。被告人乙某提出上诉但未主动提出笔迹鉴定的申请，二审在 2007 年判决维持原判，之后被告人乙某申请再审。2007 年，二审法院受理此案，并进入了复查阶段，此时被告人乙某要求对两张借条进行笔迹鉴定，以便启动再审。二审法院对被告人乙某的鉴定申请未予受理，并裁定驳回被告人乙某的再审申请。

布置学生思考与讨论的第一个问题：此案中，一审判决被告人乙某偿还借款。被告人乙某提出上诉但未主动提出笔迹鉴定的申请。在当事人未申请鉴定的情形下，二审法院是否应当主动予以启动鉴定程序？布置学生思考与讨论的第二个问题：二审法院对被告人乙某的鉴定申请是否应当受理并启动再审？

（一）教师精心准备的典型案例以及饶有争议的思考题调动了学生查阅资料与认真讨论的积极性，学生对分组讨论观点的归纳与表述提高了对法学理论知识的掌握程度以及逻辑思维能力与口头表达能力

学生通过课外查阅资料、课堂分组讨论以及代表发言，在对“被告人一、二审放弃鉴定申请导致败诉案”第一个问题的分析上，学生

---

① 部分内容曾被作者公开发表于论文——胡玉霞、胡文根：《被告一二审放弃鉴定申请导致败诉——本案申请再审时能否提请鉴定》，载《人民法院报》2007 年 10 月 9 日，第 6 版，特此说明。

之间出现了观点分歧，形成了二审法院应主动予以启动与不应主动予以启动鉴定程序两种截然不同的观点。主张二审法院应当主动予以启动鉴定程序的观点认为，根据民事诉讼法相关规定，当事人可以就查明事实的专门性问题向人民法院申请鉴定（当事人申请鉴定的，由双方当事人协商确定具备资格的鉴定人；协商不成的，由人民法院指定）；当事人未申请鉴定，人民法院对专门性问题认为需要鉴定的，应当委托具备资格的鉴定人进行鉴定。可见，为保证正确认清案件事实，实现司法的公正，达到追求案件事实真相的证明任务，法院有权主动予以启动鉴定程序。此处的“认为需要鉴定”的情形应包括：当鉴定意见对案件有重大影响，即鉴定十分必要之情形。而本案中认定案件事实的关键恰恰在于对该争议借条的笔迹鉴定意见如何，故法院应当主动予以启动鉴定程序。主张二审法院不应当主动予以启动鉴定程序的观点认为，法院除“（一）涉及可能有损国家利益、社会公共利益或他人合法权益的事实；（二）涉及依职权追加当事人、中止诉讼、终结诉讼、回避等与实体争议无关的程序事项”① 这两种情形外，不再依职权去主动调查收集证据，而应直接依据“谁主张，谁举证”的证明责任规则去裁判。而本案中，以上两种例外情形均不符，因此认为法院主动予以启动鉴定程序的做法无法可依。

学生通过课外查阅资料、课堂分组讨论以及代表发言，在对“被告人一、二审放弃鉴定申请导致败诉案”第二个问题的分析上，学生之间也发生了分歧，形成了应予受理、继而启动再审与不应当受理、继而驳回再审的两种截然不同的观点。主张应予受理、继而启动再审的观点认为：本案中被告人乙某虽在一审中因无正当理由未交鉴定费而放弃鉴定申请，且在二审中未提请鉴定申请，但这并不影响案件再审阶段的独立性。作为诉讼程序延续的再审阶段主要对证据的真实性、

---

① 参见2002年4月1日施行的最高人民法院《关于民事诉讼证据的若干规定》第15条。

一审与二审审理活动的合法性等问题进行审查；其中，必然涉及本案中作为关键证据的借条的真实性问题。故当事人在再审复查阶段提请鉴定，只要此时交纳了鉴定费用，二审法院就应当受理被告人的鉴定申请，如鉴定意见为甲某伪造乙签名，为保证法院裁判的正确性，二审法院就应当将其作为“新证据”而启动再审。主张不应当受理、继而驳回再审的观点认为，根据“对需要鉴定的事项负有举证责任的当事人，在人民法院指定的期限内无正当理由不提出鉴定申请或者不预交鉴定费用或者拒不提供相关材料，致使对案件争议的事实无法通过鉴定结论予以认定的，应当对该事实承担举证不能的法律后果”① 之规定，对被告人乙某的鉴定申请应当不予受理，并裁定驳回被告人乙某的再审申请。

（二）教师对学生分歧观点的倾听与归纳，进而在关键点上提纲挈领地启发学生进一步深思以及剖析，不仅给了学生自由与尊重，而且开阔了学生思维与眼界，有利于塑造学生将抽象理论融会贯通于个案的开放式法律思维方式，增强了学生运用法学理论来思考与解决实际问题的能力

指导老师在对“被告人一、二审放弃鉴定申请导致败诉案”第一个问题的学生分歧观点进行整理归纳基础上，提醒学生如果仅从合法性角度分析，分歧观点似乎皆有依据；并提纲挈领地引导学生从合理性角度进行深入讨论与思考，最终在学生发表观点之后作以下深刻剖析：

1. 体现了法院的中立与被动性。法院是法律的衡平者，是公正的裁判机关。为体现公正，则必须保持中立与被动，因而须遵循“不告不理”原则。更何况，民事案件中更多体现的是“私权利”的碰撞。具体到审判过程而言，证据的来源一般应当由当事人主动提供，特殊情况下才由当事人申请后由法院取证。法院通过对当事人提供的证据

---

① 参见 2002 年 4 月 1 日施行的《最高人民法院关于民事诉讼证据的若干规定》第 25 条第 2 款。

予以审查、认证来达到对案件双方当事人权利义务进行界定的目的。即法院应将证据调查的主动权交由当事人行使，而不应对当事人未申请的，甚至当事人都毫不知悉或认为毫无意义的证据进行主动调查。

2. 发挥了举证规则的应有作用。平等主体的当事人之间应遵循“谁主张、谁举证”规则，这不仅有利于督促当事人积极主动地行使自己的诉讼权利，履行自己的诉讼义务；而且有利于明确当事人对事实问题负责与法官对法律问题负责之责任界限。本案中，若二审法院主动予以启动鉴定程序，虽然因证据来源以及调查手段等方面处于优势而可能使其鉴定意见更具权威性，但是带来了诸多实实在在的危害：首先，不利于督促当事人及时行使自己的权利，对我国公民原本就不强的法律维权意识的提高无疑是一大损耗；其次，会使当事人产生“是否在举证期限内申请鉴定无所谓，反正有法院在后面把关”的依赖心理，不利于督促当事人及时履行举证义务，导致举证规则与举证时限的规定形同虚设。

3. 实现了当事人的意思自治。民事案件的解决应当以当事人的意思自治为基础，这不仅是处分原则的体现，也是当事人诉讼模式的核心所在。在法定的范围内，当事人对自己的权利可以主张，亦可以放弃。本案中，是否启动鉴定程序是被告人的诉讼权利，在二审程序进行中，被告人不申请鉴定（放弃行使此权利）是自主行使其处分权的具体表现。法院作为居中裁判者，应当尊重当事人的处分权，不可越俎代庖，更不可以像家长帮孩子做决定般去主动予以启动鉴定程序。否则，会造成“公权力”对“私权利”的侵犯与干涉，影响当事人基于最大目的维护其自身权益而做出的行为上的选择。

4. 节约了诉讼成本。第一种观点认为，当鉴定意见对案件有重大影响，即鉴定十分必要之情形时，法院在当事人未申请鉴定的情形下，可主动启动鉴定程序。然而这会带来三个问题：一是鉴定费用的承担问题。无视当事人放弃鉴定的处分权，由当事人承担肯定不公平、不合理。如由法院承担，有些案件的鉴定费用很高，甚至高于诉讼标的额。更何况，让法院支付本不属于法定的依职权去主动调查收集证据的费用，岂不是对有限司法资源的浪费？二是鉴定意见有“重大影响”之情形的可操作性不足。这个尺度很难把握，随意性太大。似乎绝大多数案件只要涉及鉴定事项，其鉴定意见都会对案件有重大影响。那么，是否意味着所有类似的案件，鉴定费用都由法院承担，法院何堪重负？三是审判拖延的问题。当事人因为规避承担鉴定费用等原因而怠于举证，必然会产生拖延审判的现象，加大了诉讼成本。

5. 保障了司法的公正。本案中，二审法院在当事人未申请鉴定的情形，如主动予以启动鉴定这一证据调查程序，不利于保障司法的公正。首先，鉴定意见必然会产生有利于一方而不利于另一方当事人之最终结果，可能使不利方以及普通老百姓对法院产生“偏颇”“厚此薄彼”等不公平之嫌疑。其次，法院如在众多案件中拥有主动启动鉴定程序的权力，既可为某些当事人省去一大笔鉴定费用，又可以为某些鉴定机构增加大量案源，极易滋生法官滥用权力、以权谋私的司法腐败与司法不公现象。再次，法院主动启动鉴定程序极易导致法官“先入为主”，轻信鉴定意见，而不易在客观、认真审查证据的基础上做出公正判决，并可能使庭审流于形式。此外，如果当事人对法院委托的鉴定部门做出的鉴定意见有异议，并向法院申请重新鉴定的；法院有审查当事人的申请理由是否合法，并具有作出同意受理案件与否的权力。① 因此，如在法官对主动启动鉴定做出的鉴定意见“深信不疑”的情况下，当事人要求重新鉴定的申请权的落实与案件的顺利受理必将受到不小的阻碍。最后，必须明确的是：个案的公正不能等同于司法的公正。本案二审法院启动鉴定后，也许能够还原事实的真相，实现的可能是个案的公正，却以牺牲司法的公正为代价。如同贯彻“疑罪从无”、“无罪推定”原则、“非法证据排除规则”以及时效制度一样，也许牺牲了个案的公正，却实现了司法的公正。正因为我们追求的是

---

① 参见2002年4月1日施行的最高人民法院《关于民事诉讼证据的若干规定》第27条规定。

司法的公正而非个案的公正，因而必须在权衡利弊之下做出选择。

在对“被告人一、二审放弃鉴定申请导致败诉案”第二个问题的学生分歧观点的整理归纳基础上，指导老师提醒学生第一种分歧观点存在若干误区并组织学生予以充分讨论，最终在学生发表观点之后对第一种分歧观点的错误之处做以下深刻剖析：

1. 对再审性质的定位上存在偏差。必须明确，再审不是三审，不是当事人申请就可启动、不是可以“重新洗牌”的独立程序，再审阶段的独立性具有相对性。再审是一种特殊的复审程序，是在原一、二审生效裁判有严重瑕疵的情况下不得以采取的补救程序。为了维持法院生效裁判的权威性以及所确认的当事人权利义务关系的稳定性，当事人申请启动再审的条件受到法律的严格限制。即只有满足民事诉讼法所规定的法定申请再审情形之一方可启动。

2. 对“新证据”的定位上存在偏差。根据民事诉讼法规定，有新的证据，足以推翻原判决、裁定的，当事人可以申请再审。但必须明确，此处的“新的证据”不是指当事人在举证期限届满后提出的证据，而是特指并非由于当事人本人的过错而未能在举证期间内提出的证据。本案中，当事人乙对笔迹的鉴定在一审中就已经提出过申请，只是由于其本人的过错而放弃鉴定，故对笔迹的鉴定结论不应当视为新证据。

3. 存在“重实体，轻程序”的错误倾向。按照举证时限的规定，举证活动应在一审庭审之前完成，二审与再审程序一般不涉及重新举证的问题，除非是“新的证据”。第一种观点认为“为保证法院裁判的正确性，被告人只要在二审复查阶段预交鉴定费用，二审法院就应当受理被告人的鉴定申请”的观点，实质上是允许逾期举证，即主张证据提供上的“随时提出主义”，是“重实体、轻程序”的体现。这将会造成部分当事人为拖延举证以隐藏证据，为出奇制胜而采取“证据突袭”的现象频频发生；可能导致法院多次开庭，使已发生效力的裁判因当事人新提出的证据而推翻的现象频频发生。这不仅影响了诉讼的效率，增加了诉讼成本，更有损生效裁判的稳定性。

Chapter 10
第十章
国内庭审程序专项模拟之教学路径

一、实践目的

国内庭审程序专项模拟实践活动将每个班级同学分成控、辩、审三组，在老师的指导下，通过民事、刑事和行政等各类案件中诉讼参与人的角色扮演，使学生熟练掌握各诉讼参与人的职责、权利和义务，提高学生学习的主观能动性，增强学生法律实务的操作能力；通过民事、刑事和行政案件的模拟庭审，使学生熟练掌握法院审理民事、刑事和行政案件的全过程，加深对诉讼法理论知识的理解和掌握，提高学生的法庭控辩技巧，培养学生运用所学知识分析、解决案件中实际问题的实战应用能力，从实践中学习律师、检察官与法官等法律职业能力，以便将来能够很好地适应司法实践的需要。

二、主要内容

下面将以程序最为完整的刑事公诉案件一审普通程序的国内庭审程序专项模拟为范例，从控诉、辩护与审判三项诉讼职能以及所对应模拟小组的划分着手，对国内庭审程序专项模拟实践教学的主要内容进行全面分析。

1. 公诉组的学生要依法审查案件事实与证据，将重证据、不轻信口供作为根本立足点，既要惩罚犯罪，也要保护无罪的人不受刑事追究。熟悉审查起诉的内容、法定步骤、方法及案件审查后的处理和期限。明确讯问的意义及相关法律要求，熟悉讯问程序，学会运用讯问的基本策略及具体方法，了解各类案件及个别案件的讯问模式。分析庭审程序专项模拟的具体案件情况，审核犯罪证据，分析犯罪嫌疑人、被告人的心理特征、状态，正确认识讯问的有利条件和不利因素，制定讯问计划，认真做好讯问前的准备，掌握讯问笔录的制作。熟悉法律规定的提起公诉的条件和不起诉的条件和程序。掌握起诉书与公诉词的写作方法，结合庭审程序专项模拟的具体案件制作起诉书并提前拟定公诉词框架，演练出庭支持公诉的全过程。

2. 辩护组的学生要掌握辩护律师在侦查阶段介入刑事诉讼的相关内容。按照律师事务所的流程受理委托，了解委托书内容，熟悉委托事项。掌握辩护人的范围、权利义务与责任，熟悉阅卷笔录、证据调查笔录、申诉状、控告书和取保候审申请书等文书，了解与看守所、侦查人员联系的注意事项以及会见在押犯罪嫌疑人、被告人的过程，熟悉进行代理申诉、控告及请求取保候审的过程，讨论如何保障与落实辩护人各项诉讼权利。结合庭审程序专项模拟的具体案件，根据控诉针对性地拟定辩护意见，掌握辩护词的写作方法，制作辩护词，演练出庭辩护的全过程，为出庭辩护做好充分准备。

3. 审判组的学生要深入了解普通程序的含义、内容、法定阶段及重要地位和作用，并明确各个诉讼阶段的具体任务、要求和所要达到的目的，掌握和正确适用普通程序的各项法律规定。认真做好审判前的准备，依据法律规定对公诉案件进行审查；掌握向被告人、证人、鉴定人、被害人等有关人员进行庭审讯问或询问的步骤与方式，结合庭审程序专项模拟的具体案件，提前拟定好讯问与询问提纲，并能根据法庭调查与辩论的情况分析相关证据的客观性、关联性和合法性。熟悉判决书的写作方法，掌握规范制作判决书的实际能力。

4. 控、辩、审三方集中起来，结合庭审程序专项模拟的具体案件，全面演练公诉案件第一审普通程序庭审的全过程，包括出庭辩护、公诉与审判。之后，审判组的书记员制作详尽的法庭记录，合议庭制作规范的判决书。

三、详细步骤

完整的步骤流程图如下：①

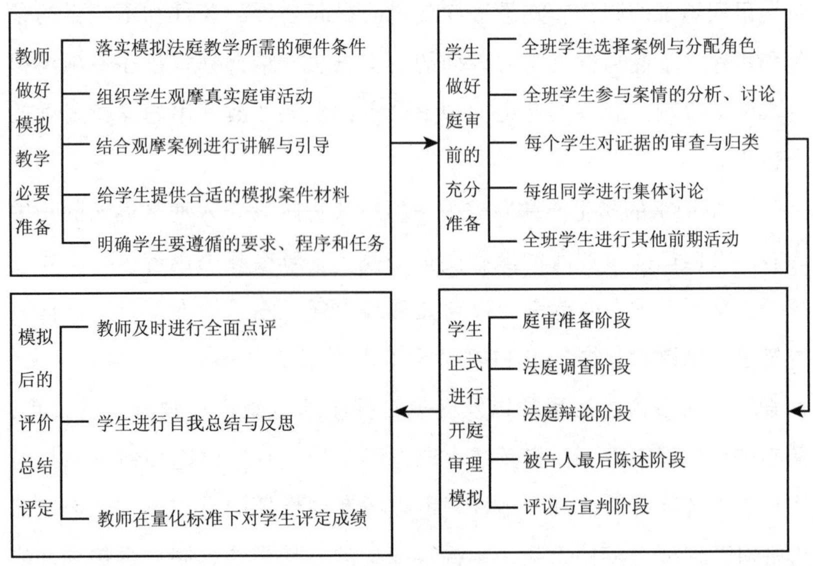

笔者在《刑事诉讼法学》课程的教学中，多次组织学生进行模拟法庭实践活动，现以刑事公诉案件一审普通程序的模拟审判角度出发，对此实践教学形式的实施步骤予以详细阐述。

1. 先行准备。学生查阅案件资料、分析案件并准备案件相关资料和各种法庭必备用品，并根据所分配的控、辩、审的角色，组成公诉组、辩护组与审判组。

2. 在指导老师的指导下，学生以每个组为单位，依次进入案件分

---

① 此图表内容曾被作者公开发表于论文——胡玉霞：《模拟法庭实践路径研究》，载《河北农业大学学报》（农林教育版）2018 年第 1 期，第 59～63 页。特此说明。

析讨论、证据审查判断、证据整理归类、实体法适用、法律文书写作的实践过程。现结合某班级学生庭审程序模拟的“吴某、贾某、戚某某抢劫案”进行示例分析。指导老师就“吴某、贾某、戚某某抢劫案”专项模拟所发的案例材料是从侦查人员的角度制作的侦查卷宗材料，故包括：接处警登记表，抓获经过，传唤通知书，提讯证，讯问笔录，辨认笔录，犯罪嫌疑人诉讼权利义务告知书，询问笔录，南京市公安局调取证据通知书，南京市公安局调取证据清单，南京市公安局处理物品、文件清单，犯罪嫌疑人通讯记录，现场勘验笔录。但学生进行的庭审程序专项模拟，必须从公诉人、辩护人以及法官的角度就“吴某、贾某、戚某某抢劫案”的案例材料作认真的证据归纳、重新制作各自角色相应的材料。以公诉人的角度为例，对本案证据情况可作以下简要归纳：物证，如胡某的饭卡，现金15元和一串钥匙，一部黑色摩托罗拉手机等；证人证言，如刘某某（受贾某某所托保管手机）的证言等；被害人陈述，如被害人胡某的陈述，被害人江某某在辨认中的指认与陈述等；犯罪嫌疑人、被告人的供述和辩解，如犯罪嫌疑人吴某、贾某、戚某某的供述；视听资料，如犯罪嫌疑人通讯记录等；勘验笔录，某某财经大学仙林校区后山附近的抢劫现场勘验笔录等。以上证据比较充分证实了对被告人吴某、贾某、戚某某犯有抢劫罪的指控。以下作具体阐述：

（1）案件分析讨论。案例分析要求学生认真阅读所发的案件材料，熟悉案情，弄清案件中的各当事人身份、人数，被告人的主要犯罪事实及犯罪过程（时间、地点、犯罪手段），得出自己对本案的初步看法；并根据刑法定罪量刑原则和标准，对行为是否构成犯罪，是否应当追究行为人的刑事责任，以及如何定罪量刑进行深入讨论，得出较准确的初步结论。主要解决三个问题：一是初步判断被告人的行为是否构成犯罪；二是分析如果构成犯罪，构成什么罪，有可能涉及什么罪名；三是分析各被告人有可能在什么幅度内量刑，是否存在法定减免刑情节等。

（2）证据审查判断。先要对个别证据进行审查判断，确认每个证据的真实性、合法性与关联性，以达到“证据确实”的要求；进而对所有证据进行整理、归类与综合审查，判断能否构成一个完整的证明体系，能否排除任何其他的可能性，评价它们的证明力，从而判断全案证据是否已经具备“证据充分”的要求。对物证，要审查它们是什么时间、在什么地方、由什么人提供的，在保管的过程中是否可能被混淆，防止搞错或者伪造、替换。对书证，要审查它们是在什么情况下形成的，是原件还是复制件。如果是复制的文件，则要审查在复制的过程中是否有可能伪造或者变造。对证人证言，要审查证人是在什么情况下提供作证的，证人与案件及案件当事人是否有某种关系，证人在生理上、精神上是否有缺陷，其理解能力和表达能力如何，他们对作证的事项是否能够完整准确地表达，有无虚构或者夸张的情节。对被害人陈述，要审查被害人作证时的心理状态，要了解被害人同犯罪嫌疑人、被告人的关系，还要了解被害人陈述时的精神状态，是否曾受人利诱、胁迫、威吓而不敢如实陈述，或者出于愤恨有意夸大犯罪事实和情节，以判断其真实性。对犯罪嫌疑人、被告人供述和辩解，要审查是在什么情况下交代的，有无刑讯逼供或指供、诱供等情况。如果先供后翻、翻了又供、前后矛盾、漏洞百出，则不能用作定案的证据。对鉴定意见的审查判断要审查送来鉴定的材料是否充分，鉴定人是否合格，鉴定意见有无鉴定人的签名，是否作过补充鉴定或者重新鉴定。对勘验、检查笔录，要审查是在什么时候制作的，是在案发后即时对犯罪现场进行的勘验，抑或在经过若干时间之后才进入现场进行的勘验。笔录对现场情况的记录是否详细、具体，是否经过了侦查实验等。对视听资料与电子数据，要审查它们的制作经过和制作的时间，在制作和保管的过程中是否作过剪接、拼对，以防止将伪造、变造的视听资料与电子数据用作诉讼证据。除此之外，还要审查证据事实与案情事实是否有关联。审查证据的关联性，其基本方法就是将证据事实和案情事实加以对照，看它们是否能够吻合，尤其要审查证据与案件的发生在时间顺序上是否一致。要审查收集证据的手段是否合法。然后在对个别证据的审查判断的基础上，对全案证据进行综合审查判断。

（3）证据整理归类。为有利于在移送起诉和开庭审判时运用证据认定案情，应当努力做好对证据的排列组合。证据的排列组合，就是将已经收集到的各种证据材料，根据办案的实际需要，按照一定的顺序，把它们排列起来，形成对所要证明的每一个问题，都有一组相应的证据。证据排列组合的目的，是为了使人看起来一目了然，便于对证据进行审核和决定能否采用。证据排列组合通常可以采取两种方法：一是按照作案时间的先后次序排列。将证明第一次犯罪的各种证据，全部集中排列在一起，然后再排列证明第二次、第三次犯罪的证据，以此类推。这种方法的好处是，可以使人看出整个案件的发展过程。这种排列方法，一般适用于只涉及某一种犯罪的案件。二是按照所犯罪行的轻重适当排列。把证明主要罪行的证据，排列在最前面，然后再排证明其他次要罪行的证据。这种排列方法的优点是，开门见山，可以使人一下子就抓住本案中的主要问题。这种排列方法，一般适用于被告人犯有数罪或者一案有若干被告人的案件。

（4）实体法适用。一是定性。首先需要确认行为人的行为是否构成犯罪。肯定不外乎两种结果，构成犯罪和不构成犯罪。如果不构成犯罪，必须说明不构成犯罪的理由和法律依据。二是定罪。如果认定行为人的行为构成犯罪，需要进一步确认构成什么罪，并说明构成该罪的理由和法律依据；此外，还要注意罪名的转化。三是定罪和量刑原则的运用。要注意案例中被告人是否达到刑事责任年龄、是否为未成年人等；要注意实施犯罪行为时的被告人的人数，如果是共同犯罪，则要分清各共犯在共同犯罪中的作用与地位；还要注意被告人实施犯罪过程中的状态，区分犯罪预备、犯罪中止、犯罪未遂和犯罪既遂；如果犯罪主体是单位的，要阐明根据刑法的规定，对单位犯罪应当适用“两罚制”等。

（5）制作法律文书。一是人民检察院起诉书。起诉书是人民检察院代表国家向人民法院对犯罪嫌疑人提起公诉所制作的重要法律文书。人民检察院对于侦查机关、监察机关移送审查的案件和自行侦查的案件，经过核查，确认犯罪嫌疑人的行为已经构成犯罪，并应追究刑事责任的时候，就代表国家制作起诉书，将犯罪嫌疑人交由人民法院审判。起诉书的格式、内容要求：标题应当分两行居中分别写明人民检察院全称和“刑事起诉书”，依次标明院名和业务部门代号、年度及发文顺序号数。在首部中，先写被告人的基本情况：姓名（包括别名、外号），性别，出生年月日，籍贯，民族，文化程度，单位，职业，住址，是否受过刑事处分，以及采取强制措施的原因、时间以及是否在押等；接着写案由和案件来源，接着即另起一行转入正文。在正文中，先写事实［事实是人民检察院审查认定的控告事实，也就是被告人的犯罪事实。在事实部分的写作上应注意以下几点：一要突出重点。起诉书是人民检察院行使公诉职能的法律文书，不仅是人民法院受理、审判的依据，也是辩护一方进行辩解反驳的对象，因此在提出控告事实方面一定要条理清楚，用语准确，便于查对和认定，要突出主要犯罪事实。与犯罪事实无关的其他行为（如一般违法行为，不道德行为等）都不应当写进起诉书中，以免混淆罪与非罪界线，影响起诉书的质量，影响法庭对犯罪事实的调查，为辩护一方在枝节问题上纠缠。二要用语恰当。起诉书是人民检察院行使检察权的法律文书，是对公安机关所移送的起诉意见书的审查结论，因此不能仅是对起诉意见书内容的改写或重述，其要求更高，更严格。起诉书要当庭宣读，起到震慑作用，词语选用既要具有诉讼文书的专业性，又要能够易读易听，切忌使用生造的词句。在事实部分写明被告人的犯罪动机，目的、时间、地点、手段、情节、结果等基本事实后，还要写明足够证实犯罪的各种证据］；后写理由（用以说明起诉的合法依据和对犯罪事实的法律评价。这种评价是对犯罪事实所作的结论，这种结论要说明被告人的行为为什么是犯罪，犯了什么罪，这种罪行应该受到何种刑罚，以及被告人认罪态度，从重或从轻情节。这些都要引用刑法的具体规定，进行概括有力的评论)；最后写依据（在理由结尾部分以“特向你院提起公诉，请依法对被告人予以惩处”来结束正文)。在尾部，要写明受理法院的名称。由出庭公诉人署名，注明行文时间，加盖院印。在附项中，要写明被告人住址或羁押处所；有关证人、鉴定人住所；案卷××册；物证名称及移送或存放情况，物证较多的，要开列物品交接清单，办理交接手续。二是人民检察院公诉词。公诉词是公诉人即席发表的演说词，是人民检察院派员出席法庭，以国家公诉人的身份，支持公诉，用以揭露犯罪，抨击犯罪分子的罪行，教育人民群众，宣传社会主义法制所作的法庭发言稿。它是公诉书的补充。公诉词并没有规定的格式，但由于它占有重要的诉讼地位，因此对制作发言提纲，要具有较高的政策水平和法律业务水平。观点的鲜明性，评述的系统性、论证的准确性、使用语言的规范性和通俗性，可以说是构成公诉词的一大特点。公诉词虽无统一的格式，其内容和一般格式的写作要点如下：标题冠以“公诉词”（或冠以案由)；在首部，对法庭调查加以简要概括，可加上开头语，如“审判长、人民陪审员”；在正文中，对起诉书控告事实和理由的进一步阐明，是公诉词的中心内容（按照有关的规定要求，应首先进行证据分析，明确指控被告人所犯罪行及罪名，这是为评论提出论点。然后以此为中心，对案情进行全面地分析。通过分析，要概括出案件的全貌，用大量的事实来揭露被告人所犯罪行的社会危害性。接着对被告人的人身危害性或主观恶性进行分析，揭露其犯罪的思想根源和社会根源。要将被告人的思想品质，环境影响披露无余，使被告人心服口服。在说明被告人犯罪行为的社会危害性和人身危险性之后，要说明其行为违法性和应受罚惩性。这就是要进行法律上的论证，指明被告人的行为已经触犯了刑律，并根据刑法规定的条款构成什么犯罪，应受到何种应得的刑罚，阐明被告人应负的法律责任)。最后，公诉人以法律为准绳，对其论述作归纳性总结并结合案情进行法制宣传。三是辩护词。辩护词是辩护人为了维护刑事被告人的合法权益，在法庭辩论阶段，根据事实和法律，说明被告人无罪、罪轻或者应当减轻、免除刑事责任的发言。是与公诉人的公诉词相对应的，两者分别从不同的角度剖析案件事实，论证案件性质，提出法律意见。辩护词不是法定格式文书，但作为一种在法庭上宣读或提交法庭的意见，在制作上还是有一定规律可循的。法庭辩护词主要是由首部、前言、辩护理由、结束语几部分组成：在首行要写明标题；在前言中写明向法庭说明出庭行使辩护权的根据，向法庭讲明辩护发言的根据，简要但明确地概述辩护人对案件的基本看法；在辩护理由中，先从控诉方对犯罪事实的认定方面来辩护，接着从法律适用方面进行辩护，后从情理方面进行辩护（辩护理由是辩护词的核心内容，是辩护人为维护被告人的合法权益所要阐明的主旨，通常是要围绕是否构成犯罪，属于何种罪名，有无从轻的法定条件以及诉讼程序是否合法等问题展开辩论和论述）；在结束语中归纳辩护词的中心观点，并向法庭提出对被告人的处理建议；在落款注明辩护人姓名、所在律师事务所以及发表辩护词的年月日。四是人民法院刑事判决书。刑事判决书是人民法院审理刑事案件，经过一审程序公开宣告判决被告人构成犯罪的书面决定。判决书首部的制作要求：各种称谓要按法律规定写明，公诉案件中被控告的一方应称为被告人而不能叫作“被告”，要准确地反映各诉讼参与人的诉讼关系和地位；被告人有前科的应具体写明，并注明时间，因为这可以联系到是否属于累犯的问题。对于经济犯罪和职务犯罪案件，要填写被告人所担任的职务名称，这是不能省略的，因为这种犯罪是有特定的主体；“案由”一栏，这里要填写的是案件来源和审理的原因，以表明被告人、人民检察院和人民法院因某种法律事实，依照法定程序所形成的法律关系，即诉讼关系。不能将“案由”写成罪名。判决书正文事实部分的制作要求和注意事项：对于未经法庭调查或虽经法庭调查而缺乏证据的事实，不能作为有罪的事实来使用；对于虽经法庭查明，但不属于犯罪的事实或已经超过了法律规定的追诉时效的犯罪事实，也不能作为定罪的依据；认定犯罪事实要具备犯罪构成的主客观要件；对于情况较为复杂的案件，如一人犯数罪或多人共同犯罪的，则要根据犯罪的主从关系，犯罪的情节和性质的轻重，采取“先主后次”或“先重后轻”的方法列举犯罪事实；犯罪事实涉及钱款或财物的，要准确核对数字和使用量词。判决书正文理由部分的制作要求和注意事项：它既是对所认定的犯罪事实的评论，又是作为判决结论的铺垫，在这里起着承前启后的作用。因此，要紧紧围绕犯罪事实来陈述理由，所作的分析推论要透彻严密，无懈可击。判决书结论部分制作要求：结论就是判决，是全文的主文，是审理的目的，是“以事实为根据，以法律为准绳”的体现。要做到罪名准确，罪罚相当，主刑、附加刑、刑期计算、缓刑、数罪并罚等都要按照法律的规定写清楚。

3. 以班级为单位进行庭审程序指导以及庭审程序演练。指导老师对学生的初步庭审程序模拟的表现进行点评以及对出现的不足予以指导修正，从而为最终高质量地完成正式庭审程序的模拟打下坚实的基础。

4. 学生正式进行庭审程序的专项模拟表演。在指导教师的统一指挥下，学生分组承担的刑事公诉、辩护、审判职能将通过庭审程序的专项模拟来进行汇总展演。现结合某班级学生庭审程序模拟的“山东招远麦当劳案”，对此专项模拟表演的具体应用流程进行深入分析。①

（1）庭审准备阶段。首先，书记员宣读法庭规则，请控辩双方、审判员入席。其次，审判长宣布开庭，传被告人到庭，并查明被告人的自然情况、被采取法律处分、强制措施的具体情况；以及收到起诉书副本的日期。最后，审判长宣布：现本合议庭公开开庭审理山东省烟台市人民检察院提起公诉的被告人张甲、张某冬、吕某春、张某、张某联故意杀人罪以及吕某春、张甲、张某冬犯利用邪教组织破坏法

---

① 此部分内容公开发表于论文——胡玉霞：《模拟法庭实践路径研究》，载《河北农业大学学报》（农林教育版），2018 年第 1 期，第 59 ~ 63 页。特此说明。

律实施罪一案（交代案件的来源、案由及是否公开审理），并宣布合议庭的组成人员、书记员、公诉人、辩护人、诉讼代理人、鉴定人和翻译人员的名单，告知当事人（法定代理人）、辩护人、诉讼代理人有权对相关人员申请回避，告知被告人享有的诉讼权利等。

（2）法庭调查阶段。首先，公诉人在法庭上宣读起诉书后，控辩双方就起诉书指控的犯罪进行陈述，并进行讯问、发问。其次，进入关键的举证质证环节。如学生庭审模拟的“山东招远麦当劳案”中，扮演审判长的同学非常有范儿，恰到好处地控制整体进度，对庭审节奏引导到位，对程序引导与何时讯问被告人把握得当，给人一种威严气势，感觉是真正的审判长；扮演公诉人和辩护人的同学思路清晰，且很有气势。在法庭调查环节中，审判组遵循了共同被告人的逐个提审及其分别陈诉的程序；控辩双方举证、质证严谨有序，针对其中一些有争议的关键细节都抓住要害进行了言简意赅的讯问与询问；讯问与发文被告人的重点在于围绕被告人在实施犯罪行为时是否为激情杀人、是否构成正当防卫以及被告人吕某春、张某冬、张某的精神状态、张某冬是否构成利用邪教组织破坏法律实施罪等焦点问题，极具针对性；询问证人的重点在于围绕证人是否亲眼目睹了被告人正在打人，被害人有无反击，被告人打人时是否正常等问题，细致而具体。

（3）法庭辩论阶段。在审判长的主持下，控辩双方发表意见并且互相辩论，分为集中辩论与自由辩论两环节。如学生庭审模拟的“山东招远麦当劳案”中，在集中辩论环节，辩护人和公诉人围绕着被告人是否属于激情杀人、是否构成正当防卫、是否具有完全刑事责任能力、是否构成利用邪教组织破坏法律实施罪等案件事实、证据，针锋相对，十分精彩；公诉词对案件事实、被告人的犯罪情况案件以及证人证言和书面证据等进行了细致充分的分析，争取有力地佐证所指控的罪名；辩护词则依据案件情况，根据被告人陈述、证人证言等证据，分析被告人减轻从轻处罚的理由，并作出减轻处罚、适用罪名不当等的辩解，也很精彩。在自由辩论环节，公诉人与吕某春的辩护人重点围绕吕某春是否有故意杀人的故意以及主从犯的定性问题，双方你来我往，唇枪舌辩，有理有据，字字铿锵有力，都陈述了各自有力的观点；张某的辩护人在面对公诉人的指控，保持清醒头脑和敏捷的思维，从张某实施打人行为是受他人指使以及打击部位在背部和腿部而并非致命部位的角度，巧妙地将辩护焦点放在故意杀人罪的从犯上，辩护很成功。此外，在法庭辩论过程中，审判方对控辩双方争议焦点问题，予以及时总结并站在公正、中立的角度进行了引导，对于双方与案件无关、重复或者互相指责的发言予以合理提醒；在双方对证人、被告人采用诱导性等不当提问方式时，能够及时予以制止。

（4）被告人最后陈述阶段。如学生庭审模拟的“山东招远麦当劳案”中，在最后陈述环节，被告人吕某春是整个案件的主犯，但是扮演吕某春的同学则将自己的责任推得一干二净，很真实地展示了她被邪教毒害太深的真实心态；被告人张某东的扮演同学顽固不化的辩解乃至狡辩，真正把自己融入被告人当中，惟妙惟肖地表现出了真实被告人的情感，非常逼真。

（5）评议和宣判阶段。如学生庭审模拟的“山东招远麦当劳案”中，担任审判方合议庭的学生们进行合议之后口头公开宣判，并创造性地修改了判决结果。学生模拟结束时宣判的结果较之真实案件的判决虽然没有改动罪名，仍为被告人张甲、张某冬、吕某春、张某、张某联构成故意杀人罪以及吕某春、张甲、张某冬构成利用邪教组织破坏法律实施罪；但是在量刑方面却根据法庭调查以及辩论的具体情况而进行了一些改变，略有不同：被告人张某东由真实判决的死刑改成了死缓，另外两个被告人张某和张某联也由真实判决的 10 年和 7 年有期徒刑分别减为 7 年和 4 年有期徒刑。首先，审判组学生采纳了被告人张某东辩护人的辩护意见：根据证据，被告人张某东其实自己根本不知道什么叫全能神以及全能神是不是邪教，他只是因为自己心中很是钦佩作为文化人的女儿张甲，所以十分茫然地相信了全能神教义；另外，他在案发现场打人是为了保护女儿，毕竟当时女儿和被害人厮打在地。其次，审判组学生采纳了两个被告人张某和张某联的辩护人提出的辩护意见：被告人作为固执的信仰者，情绪失控被“全能神”思想洗脑太久，且被告人认罪态度良好等。以上改判既基于主要事实，且结合模拟审判的真实情况，又合法合理；不仅可以接受，还体现了学生的创新精神。

5. 庭审程序专项模拟后的评价、总结与评定。首先，指导老师针对正式模拟的程序是否规范，实体法运用是否正确，法律文书格式和内容是否准确，各角色的表现是否到位，出现的问题以及各人的表现等做出中立的点评。其次，学生在活动结束后要认真撰写实践总结。学生对实践活动的总结要着重写自己的认识，特别要写出自己的收获与发现、分析及启示、经验体会，思考后的理性认识，对实践活动的评价、意见及建议。最后，指导老师给每个学生评定成绩。

四、具体效果

（一）学生通过对整个国内庭审程序的模拟演示，熟练掌握各类案件的庭审程序

学生经过前期充分准备，全体参与人员从案例选择、全班分组、角色分配、搜集资料、讨论案件、设定发问问题和出庭人员对词开始，在观摩示范庭审录像视频与初步模拟的基础上，借鉴指导老师对前面初步模拟的疏漏与优点的点评意见，在程序打磨、台词修改等多方面取长补短，以及对庭审各个环节加以完善，并完整地再次操作整个诉讼程序之后，才进入正式的专项庭审程序模拟。做足功课之后，学生对各类案件国内庭审程序的专项模拟自然能够顺畅而完整地演示，包括庭审准备（控辩双方入庭，书记员宣读法庭纪律，审判员入席，开庭准备工作就绪）、宣布开庭中的相关事项（查明当事人的基本身份信息以及相关人员是否到庭等）、法庭调查、法庭辩论、法庭调解、最后陈述、合议庭评议、口头公开宣判。各环节程序紧紧相扣，特别是举证、质证环节严谨有序，充分体现了法庭的威严；控辩双方在法庭辩

论环节据理力争，口若悬河，营造了双方针锋相对的氛围；合议庭对案件进行评议，就案件性质、认定事实、适用法律与是非责任作出结论，并最终由审判长口头宣读判决结果。

通过对具体案件的模拟审判，学生比较感性地理解和掌握了书本上特别抽象的诉讼程序，增强了学生运用法学理论和法律知识分析与解决问题的能力，并充分体会到了理论与实践相结合的重要性。

（二）学生在整个国内庭审程序模拟中感知法庭的庄重严肃，有利于培养学生对法律职业的认同感

学生从踏进模拟法庭多功能教室的那一刻起大多会产生紧张感。这不是那种即将登上舞台面对众人的紧张感，而是一种被法庭独有而肃穆的氛围所笼罩的渐趋性紧张感。当同学们很真实地还原案件审判现场，梦寐以求地穿上帅气的法官、检察官和律师制服的那一瞬间，一定能体验到正义加身的神圣而艰巨之感。当审判方进入法庭、审判长宣布开庭以及书记员“请全体起立”的话音落下之后，不仅表演的同学起立，下面旁听的同学也都起立，全场整齐快速地完成起立动作的场面尽显对法庭的尊重和法律的神圣，法庭庄重严肃的气氛也被渲染到极致。

旁听人员置身于如此庭审环境中，对法律的敬仰都油然而生。给普通人带来的感觉已是如此，更何况坐在庭审座位上的法律职业人呢？学生通过国内庭审程序的专项模拟深刻地体会到法律职业者在整个庭审过程中的重要作用以及所代表或维护的公平公正是如何落到实处的，有利于培养学生对法律职业的认同感。

（三）学生在整个国内庭审程序模拟中注重细节的重要性，有利于培养严谨的职业态度与素养

学生对整个国内庭审程序的模拟演示有很多闪光点，学生仿佛化身为真实庭审里的角色，认真严谨地发问，仔仔细细地回答，各司其职，对细节的注重更是可圈可点。例如，在每位证人出庭作证时，证人都要签订如实作证的保证书。再如，作为小角色法警的模拟十分到

位，庭审过程中传证人到庭后，等证人作证与回答问题完毕，再将证人带出法庭；或许这是一个人尽皆知的小小流程，同学们并没有因为程序的普通与细微而将其忽略，而是将每一步都落到实处。又如，在很多庭审案件中，都是由审判长一人独揽全局，对当事人或其他诉讼参与人提问，而一旁的审判人员几乎没有什么任务，大多悄无声息地坐在审判席上，似乎一个摆设，没能体现合议庭的分工和合议。而学生对国内庭审程序的模拟中，除了审判长之外，其他审判人员也参与其中，进行了个别有疑问事宜的提问，由此体现出合议庭的整体作用，将合议庭的职能与作用落到了实处。复如，学生对国内庭审程序的模拟中，证人做陈述时神态自若，不是读台词，而是脱稿演出，将台词流利地背了出来，符合真实情形且面部表情也十分传神，可见学生的用心。再如，在刑事案件模拟开庭中，学生对用词的严谨性也有了更深一步的了解：对被指控人都是以“被告人”称呼而不能称呼为“犯罪嫌疑人”，更不能称呼为“罪犯”或“犯人”；审判人员或检察人员对被告人的提问用“讯问”一词，对证人等其他人的提问则用“询问”一词；诉讼代理人是以被代理人的名义发表代理意见，而辩护人则是以自己的名义发表辩护意见。还如，平时爱玩笑的同学们在庭中表演时都认真严谨与一丝不苟，更显法庭威严，给人的感触是：法庭是神圣的，在法庭上就要有法律人的意识与责任。学生很走心地做好前期准备以及把最最普通的细节做到位都是如此难能可贵，是严谨职业态度的具体体现，更是学生未来成为优秀法律人的基本素养。当然，学生在整个国内庭审程序的模拟中，不可避免地出现诸多细节问题。如在刑事诉讼模拟庭审中，询问是否申请回避的时候，审判长往往只询问被告人与被害人，却忘记询问辩护人和诉讼代理人。其实，学生可能在课堂学习时都会背诵出申请回避的主体有当事人、法定代理人、辩护人和诉讼代理人共四类，甚至在模拟中也会觉得这只是一个很不起眼的细节。但是，一旦到了司法实务中，后果将可能很严重。就拿回避这一程序细节来分析，如果在实务中，一审在回避事宜上存在违法，二审法院将可以直接以程序违法为由发回重审。正所谓千里之堤毁于蚁穴，成也细节败也细节。

（四）学生全身心投入自身所担任的诉讼角色之中，明晰所有角色都是庭审的重要组成部分，熟练掌握各诉讼参与人的职责、权利和义务

学生无论模拟的角色是统领全局的审判长，是英姿飒爽的公诉人，是发挥重要作用的辩护人或诉讼代理人，是作为利害双方的当事人，或只是一名不动声色的法警，或出庭作证的证人、鉴定人，还是寥寥数语的陪审员或书记员等。所有角色都是庭审的重要组成部分，对整个案件的审判一样起着不可小觑的作用。只有每个学生全身心对自己的角色在说话时的语气、用词和身体语言等进行了全方位的研究，才能履行好自己所担任诉讼角色的权利义务和职责，才能使庭审生动而顺利地进行下去。所以，尽管是庭审程序模拟，但学生的代入感必须很强。

以扮演刑事诉讼的公诉人这一角色为例，公诉人需要通过有条不紊的举证和有理有据的质证来论证其公诉主张；公诉人对被告人讯问的每个问题看似漫不经心，实则必须张弛有度和审时度势，且要对于被告人的语言、肢体动作和心态有很好的把握。以扮演刑事诉讼的被告人这一角色为例，在整个庭审模拟过程中，被告人虽不像公诉方或者辩护方要思考如何控辩以及要写起诉书、公诉词或辩护词等，但也需要思考如何回答讯问、如何自行辩护以及如何最后陈述才能真实体现被告人急于摆脱或减轻指控的心理。尤其是被告人在多个环节要接受法官、公诉人、辩护人或代理人的讯问、发问，虽说模拟前可以做好充分准备，但是面对的可能是在庭审现场的即兴提问；因此扮演被告人的同学必须熟悉整个案情，庭审时需要集中注意力并听清每一个提问的细节，才能在被问到是否同意或者有异议时做出及时和真实的反应。

以庭审中扮演法警这一角色为例，法警责任也很重要，不仅要对

进入审判区域的人员进行安全检查，带被告人、证人、鉴定人入庭及退庭，要在控辩审三者之间呈送与传递证据，还要预防紧急情况发生以及维持法庭秩序以确保案件的审判顺利进行等。在刑事案件庭审中，法警还要一直站在被告人的身后，旨在预防被告人可能出现的突然情绪激动或脱逃等状况发生。

以扮演证人这一角色为例，从作证流程到具体证词都要确认很多遍。证人的证词包含案件的重要信息，甚至是决定控辩双方究竟是谁胜诉的关键因素。因此，证人必须如实作证，不能为了自己的私利或受情感因素左右而违背良心去作伪证。此外，证人如何陈述使得证言既真实又明晰也值得思考。当控辩双方都竭力从证言中找出疑问并对各种细节加以询问时，当面对一句沉甸甸的问话"你确定?"时，证人一定会觉得身上的责任是千斤重的，因为证言中一点点偏差可能都对案件裁判产生影响。

以扮演鉴定人这一角色为例，鉴定人要出具鉴定报告，必然首先要熟知鉴定报告的格式与内容；在出庭时，鉴定人出具的鉴定意见必将是双方质证的焦点，所以鉴定报告的内容必须具有科学性和精细性。以扮演"被告人王某天电动车电池失火案"中的鉴定人这一角色为例，由于鉴定人要出具火灾原因鉴定书，因此，需要查找资料了解鉴定报告的书写格式；在书写鉴定报告时，首先描述火灾发生的时间、地点以及火灾损失、火灾扑救等基本情况，其次分析火灾发生的原因等，再次从专业技术角度分析责任人与火灾发生的关系以及是否应当承担火灾事故责任，最后是总结鉴定意见并在落款处写明鉴定人姓名；本次案件中，鉴定人最终确认被告人是因为对电池的处理不当，才导致了此次的火灾并造成严重后果。以扮演"被告人莫某晶放火、盗窃案"中的法医鉴定人这一角色为例，在分析四名被害人死亡原因时，必须熟知鉴定相关科学知识，如人体内碳氧血红蛋白浓度不可太高，一旦高于50%就会危及生命；而案件中四名被害人面部熏黑以及体内碳氧血红蛋白含量高于50%，故鉴定意见为被害人属于过量吸入一氧化碳等有毒气体而身亡。

如在某个班级学生专项庭审程序模拟的“被告人刘某光、刘某、李某贪污案”中，学生模拟得非常逼真。书记员宣读法庭纪律时声音足够洪亮，也很有条理。三个共犯之间就犯罪事实相互推诿责任，都说自己是从犯或被胁迫的，从而为自己辩解，充分体现了共同犯罪人的内心挣扎，符合共同犯罪人之间会尽量指认他人为主犯从而减轻自己相应罪责的一般情况。辩护人发问与询问的问题明显都具有针对性和目的性，在庭审中据理力争，抓住某些字眼、句子大做文章，找出有利于自己观点的论据，以便最大化地发挥辩护的功效；尤其是扮演李某辩护人的同学表现逼真，在辩护中主张：李某在此次贪污案件中是从犯，因为她的职位是出纳且每次分配的赃款都是最少的，尽管李某参与此次贪污有过犹豫，但在面对上司的威胁的时候，没有选择权的弱势地位导致她不得已只能屈服。扮演证人的同学在回答问题时渐渐地把自己当成真的目击者一样，有种陷入回忆边想边说的感觉，语言也符合人物个性，且准备得很充分，在一些细节上基本上都能记得，现场发挥也比较好。此外，在被告人最后陈述环节中，被告人刘某光的扮演者完全融入角色，诚恳而质朴的陈述加上声情并茂的表现反映出其真心悔罪的态度，乃至到最后泣不成声并一度情绪失控。而审判长的扮演者左顾右盼，是在表明与合议庭其他成员正在进行协商，演得十分逼真。

（五）学生经过法庭调查举证与质证程序的多次实训，充分体会到证据的重要性，并学会讯问与询问的基本策略及具体方法

认定案件事实离不开证据，决定了证据是整个诉讼活动的基础和核心。在法庭调查阶段，控辩双方要从维护本方诉求出发，在事实陈述的基础上进行充分的举证质证与意见表达。举证质证是法庭调查的核心环节。举证方在提供证据时应当说明证据的形式、内容、来源以及所要证明的问题，如对于视听资料应当当庭播放，又如对未到场的证人证词应当由举证方当庭宣读等，并要特别说明证据来源的合法性、

内容的客观性以及与案件的关联性。

讯问是专门机关工作人员向犯罪嫌疑人、被告人查明案件情况的一项调查措施，贯穿于刑事诉讼尤其是庭审过程的始终。询问是原告方（公诉人）、被告方（辩护人）和审判方向证人、鉴定人、被害人等有关人员了解、咨询、查证与案件有关问题的一项调查措施，贯穿于三大诉讼尤其是庭审过程的始终。控辩双方要不失时机地抓住和利用对方举证中的矛盾和对本方有利的线索进行讯问和询问，同时也要避免本方举证中出现自相矛盾之处，即需要审时度势地加以随机应变。此外，在对当事人、证人、鉴定人、被害人等陈述内容的真实与否有异议的情况下，应充分利用讯问与询问的调查手段与对方展开质证。在庭审过程中，讯问和询问的问题是否犀利，是否能够帮助自己以及法官对问题的关键有一个准确的切入点，对案件事实的认定起到关键作用。学生在专项庭审程序模拟中必须熟悉讯问与询问的程序规定和法律要求，熟悉案情并根据素材设计场景，根据不同的讯问与询问对象采取有针对性的讯问与询问计划与方式，尽可能地将每个问题落实到“精、准、狠”的地步。比如在刑事案件庭审中，向被告人讯问、发问的顺序为：首先由公诉人讯问，其次是被害人的诉讼代理人发问，最后才是辩护人发问；这一步程序看起来简单明了，却很容易忽略；控辩双方向被告人讯问、发问的每一句话都是耐人寻味的，问的内容非常细致，甚至让人听起来有些烦躁，可殊不知这样讯问、发问的目的就是确定争议的焦点或将局面渐渐扭转到本方所希望的方向，最终将案件事实与证据调查得更加透彻。

如在某个班级学生专项庭审程序模拟的“被告人王某天电动车电池失火案”中，公诉方同学在熟悉案情后，翻阅了大量失火罪犯罪构成的资料以及定罪量刑法定情节、酌定情节以及相关的司法解释，并在庭审过程中向法庭提交了以下四组证据：一份证言以及王某天在案发前的发帖内容，证实被告王某天在案发前已经了解并认识到电池继续充电可能会引起的后果，但是并没有采取任何措施，任由其继续充电；四个证人的证言可证明，案发后王某天并没有在第一时间选择报警，而是自行灭火，致使火势加大；南京市消防局出具的《火灾事故认定书》，证实了被告人王某天的行为是事故发生并产生严重后果的主要原因；南京市公安局法医出具的伤情报告及法医尸体检验报告，确认其中两名被害人系吸入烟气过多窒息而死，第三位被害人在火灾中跳楼致骨折，证实了被告王某天的行为带来的严重后果。各个证据相互关联，环环相扣，有力地指控被告人王某天构成失火罪。

如在某个班级学生专项庭审程序模拟的“被告人邓某娇故意伤害案”中，公诉人举证围绕被告人邓某娇是针对强奸行为的防卫过当而展开，每出示一个证据，都会由法警交给被告人、辩护人核对，并询问“有无异议”；辩护人举证则围绕被告人邓某娇是针对强奸行为的正当防卫而展开，每出示一个证据，都会由法警交给公诉人、被害人核对，并询问“有无异议”。公诉人对被告人邓某娇讯问时，特别讯问邓某娇刺了邓某大几刀，这对邓某娇是否构成防卫过当有重要证明作用；辩护人在对被告人发问时，特别问及邓某娇长时间服用治疗抑郁症的药物等情况，以此来向法官说明被告人邓某娇当时的精神状态，对量刑具有一定影响。

如在某个班级学生专项庭审程序模拟的“被告人李某一等五人强奸案”中，公诉方举证程序比较完整，包括证人出庭的口头证人证言、公诉人代为宣读的证人书面证言、鉴定人出庭作证、出示录像、公诉人宣读被害人书面陈述等，程序有条不紊，证据出示也很有秩序；公诉人虽然只有两人，但是对于被告人的讯问思路清晰，紧密围绕争议进行，招招命中案件的核心，控诉力度很强，并且在对多名被告人的讯问、发问中，问题的针对性强，找出了被告人前后言辞的漏洞，反映出公诉方在庭前做了大量的资料准备工作；辩护人发问被告人的问题也很有针对性，都是为了印证本方的辩护意见。

如在某个班级学生专项庭审程序模拟的“南京虐童案”的法庭调查环节中，公诉人为证明被告人构成故意伤害罪，费尽心思地找了一系列的证据来证明被告人在主观上的伤害故意以及客观上构成轻伤的事实。辩护方则从微处着手，就许多细节问题进行询问、发问与质证，体现了较强的逻辑思辨能力，如养母打骂孩子后仍为其上药，其亲生母亲也认可“棍棒下出人才”的说法，并认为偶尔以拳头管教孩子并无不当等。

如在某个班级学生专项庭审程序模拟的“被告人于某故意伤害案”的法庭调查阶段，公诉人与辩护人对被告人提出的问题都非常有针对性，有针对性的提问得出的答案就更有价值，也更能使审判人员查清事实与了解各方所要证明的诉求。如公诉人围绕起诉书中所指控的被告人犯罪事实和各种证据讯问了被告人“执法记录仪中的黑影是不是被告人”“水果刀的来源”等，再如公诉人对被告人讯问“刀是用报纸盖着的，你是如何顺手摸到的?”和“你有没有想到你这一刀下去极有可能会毙命的”的这两个问题实质是了解被告人犯罪的主观心态，诸多极为细致的问题都是与定罪量刑有关的重要细节；同时，公诉人尽管与被害人共同承担控诉职责，但是作为法律监督者，不能一味地偏袒被害人，更不能对被告人实行有罪推定，故讯问要全面客观，还讯问了被告人“当晚这些民警是否和讨债人员认识?”“民警到来之前杜某浩如何打你耳光?”等问题，体现检察院积极控诉以及客观监督的结合。辩护人也对被告人进行了发问，如“你以前有无违法犯罪的不良记录?”以及“讨债方有没有殴打行为?”等，都在强调被告人一贯遵纪守法与表现良好，此次犯罪实属无奈，从而为后面的辩护做铺垫；因为法庭调查的内容都是为了法庭辩论阶段做准备的，所以只有在法庭调查阶段就对事实和证据有了充分的调查核实，在法庭辩论时才能让自己的观点更有说服力。

（六）学生经过法庭辩论程序的多次实训，提高了法庭控辩技巧，充分体现了控辩之间的对抗

庭审程序法庭辩论环节的模拟实训充分体现控辩平等基础上的对抗。控辩双方需要以事实为依据，抓住案件争议焦点，以法庭调查阶

段举证质证的证据为基础，不能无中生有，凭空辩论；恰当使用法庭控辩技巧，充分行使讼诉权利和攻防手段，不仅能保障参与诉讼的平等与有效性，而且增加了控辩双方法庭辩论的精彩程度。在法庭辩论过程中，及时敏锐地抓住对方的破绽，才能使本方处于主导地位。因此，运用知识的能力、语言表达能力和应变能力都是很重要的。

如在某个班级学生专项庭审程序模拟的“被告人王某天电动车电池失火案”中，公诉人认为：被告人王某天系严重过失，没有做到及时将充电器电源拔掉的义务，导致电池爆炸失火，引起两人死亡和一人受伤的严重后果，且被告人缺乏良好的认罪态度和悔罪态度，构成失火罪，因情节严重，建议处3年以上7年以下有期徒刑的量刑；辩护律师认为：指控被告人构成犯罪的事实不清、证据不足且被告人在使用电池的过程中没有过失；电动车电池的质量问题是事故发生的主要原因，电池经销商具有不可推卸的责任。公诉人和辩护人都站在各自角度进行了强而有力的控辩，运用到很多专业知识和辩论技巧。

如在某个班级学生专项庭审程序模拟的“被告人邓某娇故意伤害案”中，不论是扮演公诉方还是辩护方的同学，事先都对案件做了大量的准备工作，不放过每个可能影响案情的细节，力求最大程度地还原事件真相。尤其是在庭审中，控辩双方都在试图说服法官相信己方观点，因而每句话都是深思熟虑、有凭有据，法庭辩论阶段的对抗尤其激烈而精彩。公诉人在公诉词中既从定性上强调被告人邓某娇数刀致被害人邓某大颈动脉大出血、在途中死亡的事实与证据，表明被告人持刀防卫致他人受伤、死亡，应当认定为故意伤害罪且构成防卫过当，也从量刑上界定被告人具有限制行为能力人和自首等从轻、减轻情节；而辩护人的辩护词也很精彩，如辩护人举证邓某大具有强奸的意图并有“动手动脚”的强奸行为，而被告人邓某娇用刀“晃动”是在“吓唬”对方无效的情况下，别无选择，故属于正当防卫。在自由辩论环节，公诉人强调被告人邓某娇曾供述刺向被害人邓某大四、五刀，以说明被告人邓某娇超出防卫限度，是防卫过当；而辩护人的辩护则围绕被告人邓某娇针对强奸行为的防卫是正当防卫而不是防卫过当而展开。公诉人随即从被害人邓某大不构成强奸的着手行为而展开论证与辩论，辩护人的辩护观点则认为邓某大已经构成强奸的着手行为；此外，辩护人还一再强调被告人邓某娇一直在吃抑郁、失眠的药，以证明被告人邓某娇属于限制行为能力人，从而从量刑上予以辩护。激烈的辩论过程让人深深感受到法庭如战场。

如在某个班级学生专项庭审程序模拟的“被告人李某一等五人强奸案”中，控辩双方的法庭辩论精彩纷呈。双方在自由辩论阶段围绕着“价钱”“是性交易还是强奸”等问题争锋相对，展开激烈的博弈。公诉方的公诉词不仅从是否有罪判刑的角度，还从量刑以及法制教育角度多方面进行公诉理由的说明，思路清晰。辩方的辩护词完整而精彩，思路清晰，并且言辞精辟到位，环环相扣，紧扣“自愿”“达成性交易”“挑逗所致”“被害人主动”，重点放在“被害人杨某主动要求上车”与“已经达成性交易的协议的前提下进行的性行为”上；反映出辩护方在庭前查找了大量的资料以及进行过多次讨论研究，才能提炼出如此清晰完整而精辟的辩护观点。

如在某个班级学生专项庭审程序模拟的“南京虐童案”中，控辩双方由理及法，由法及义，由义及情，多角度地进行了激烈辩论，充分表现出了控辩对抗的色彩。在集中辩论环节，公诉方在公诉词中强调被告人李某琴在主观方面存在伤害的故意，且被告人对被害人用抓痒耙、跳绳抽打造成挫伤面积超过体表面积的10%，达到轻伤一级的伤势程度，应定故意伤害罪，并详细论证了犯罪的构成，还从法制宣传的角度分析了“棍棒底下出孝子”的错误教育方式以及总结了科学育儿和保护未成年人合法权益的意义。辩护方在辩护词中强调：根据证人证言，被害人班主任在案发前就已经看到被害人身上的伤痕，即被害人身上早有旧伤，并对鉴定意见中的损伤面积与伤势程度提出异议，由此认为案发当晚被告人李某琴的抽打行为并不能直接完成被害人轻伤伤害，继而认为被告人李某琴不构成犯罪，只是教育方式不当；

并晓之以情地渲染被告人对被害人的殷切希望以及平日生活里的关心，强调公权力不应过度涉足公民的日常生活；法再大，也大不过母子之情；认为根据相关规定，在侦查过程中，如果被害人不再要求公安机关处理的时候，公安机关应当依法撤销案件，所以本案中公安机关的侦查以及检察机关的起诉都是不对的，再加上被告人已经得到了被害人的谅解，应当不予追究刑事责任。主张不要以所谓正义的方法给孩子留下进一步伤害，不要以感情代替法律，更不能用道德审判代替法律审判。辩护词言辞犀利，深入要害，让在场的每位旁听同学都为之动容。在自由辩论环节，被告方辩护律师强调法庭要从主客观统一的角度看问题，并大打感情牌试图为被告人脱罪，称被告人是出于管教的目的才打孩子，是想让孩子改掉恶习，是为孩子好，而且主观上没有伤害的故意，不能仅以伤害的结果来定罪；此外，辩护律师提出被告人的行为已取得被害人及其亲生父母的谅解。公诉人则认为辩护律师的观点表面上看似合理，实则根本经不起推敲。因为根据我国刑法规定，动机并不影响定罪，取得被害人谅解也不能成为无罪的理由，都只能在量刑时予以考虑，即被告人出于管教的动机才打的孩子以及取得被害人谅解并不能成为其逃脱法律制裁的理由。同时认为考虑到被告人管教的动机以及取得被害人谅解，公诉方已向法院提出从轻处罚为六个月的量刑建议。这也体现出公诉人和辩护人在课外做了充足的准备，很好地将理论知识运用到了实际案例之中。

如在某个班级学生专项庭审程序模拟的“杭州保姆莫某晶放火、盗窃案”中，公诉方与辩护方围绕莫某晶放火的真实动机、物业管理、消防救援及量刑等问题进行了充分质辩。公诉方从被告人供述中的意图通过放火求得被告人感激以及被告人手机搜索记录等证据充分论述被告人故意放火的主观意图；并认为：物业管理方面的问题与莫某晶的犯罪后果之间不存在刑法上的因果关系，不影响本案定罪量刑，不能减轻莫某晶的刑事责任；根据消防救援方案记录，案件不存在消防救援不力的情形；莫某晶并非主动投案，其在案发现场楼下等待并未主动供述，其被带至派出所问询时，也并未交代犯罪行为，而是在警方掌握了重大线索，对其传唤后才供述放火的事实，不构成自首，可以认定为坦白。辩护方重点放在量刑的辩护上，认为具有以下法定或酌定的从轻减轻量刑情节：被告人主动交代自己纵火的事实，积极配合警方调查，并且主动向警方交代不被他人知晓的盗窃犯罪事实，对于放火罪属于坦白；被告人公开主动地道歉和忏悔，认错态度良好，并且及时归还了从被害人家中偷窃所得的全部财产。被告人主观上没有放火的故意，并且事后没有逃跑的动机且实施了及时有效的求助行为，尽其所能控制局面和减少损失。消防人员的不作为、小区物业管理不到位以及消防设施不健全是本案的介入因素，小区物业和消防员显然有不可推卸的责任。在双方的辩论中，公诉方言辞犀利，直击问题的关键所在；辩护方稳扎稳打，较为成功地进行了回击。

（七）审判组学生经过专项庭审程序的实训，提升了对整个模拟庭审活动的组织、引导与掌控能力

在专项庭审程序模拟中，作为庭审组织方与主持方的审判组学生发挥着重要作用。首先，审判组学生需要和各方进行交流沟通，有沟通才能在前期准备阶段避免庭审模拟过程中出现差错或及时发现、纠正错误。其次，为了正确公正行使审判权，审判组学生需要在庭前全面掌握案件相关的实体法与程序法知识。再次，为了确保整个流程的顺畅，审判组学生在基本案情不变基础上的程序细节改动以及出示证据增减都有可能，所以不能太过形式主义，要多听和多想，结合具体情况查漏补缺与不断完善，才能有效组织协调好整个庭审模拟准备活动。最后，审判长在整个庭审中要充分发挥组织、引导与掌控作用，对事实证据的认定不能掺杂私心，要保证案件的公平公正。由于整个案件审判时间较长并且对被告人告知权利、对证人告知权利和义务、询问回避申请事宜以及对庭审中突发情况的处理等程序烦琐枯燥，审判长一刻也不能分神；庭审有条不紊地进行需要审判长具有严谨的工作态度、扎实的理论功底和很强的个人魅力，才能确保庭审活动顺利

进行下去，这一点非常重要。

如在某个班级学生专项庭审程序模拟的“被告人李某一等五人强奸案”中，首先，审判方在一些重要的流程上把握到位：在申请回避诉讼权利的告知程序上，审判长向被告人解释回避的含义以及依次询问被告人、被害人、辩护人与诉讼代理人是否要求申请回避；在法庭调查环节，除了听取控辩双方的举证质证后，并在认为必要时进行发问；除了在开庭前告知权利外，在法庭调查结束后，还询问被告人、辩护人要不要申请调取新证据；其中一个辩护人在庭审中对被告人的提问存在诱导，审判长一针见血地指出并制止，提醒该辩护人注意发问方式；在公诉方发问不当时，审判长能够予以及时阻止；在双方就某一问题重复无效辩论时，审判方能予以及时提醒。其次，控制诉讼节奏以提高审判效率的能力很强：一是审判长对五个被告人的基本身份信息及是否到庭等基本情况已经在庭前审查并在当庭做出说明，这是因为重大案件可以在开庭前预备会议对案件进行了解；二是在法庭辩论之初，审判长对本案争议焦点做了总结，提醒双方围绕争议焦点进行辩论。正因为担任“李某一等五人强奸案”专项模拟的审判方（尤其是审判长）对此案件诉讼进程的掌控到位与有效引导，才令庭审过程虽烦琐却不凌乱，更没有因为本案被告人、辩护人过多而造成场面混乱或者失控。

如在某个班级学生专项庭审程序模拟的“南京虐童案”中，审判长较好地把握了庭审程序的整体进度，对庭审节奏引导较为到位，在确保审判公正的同时很好地兼顾了审判效率，表现在：庭前准备阶段，审判人员组织控辩双方召开了庭前预备会议，对回避等问题予以庭前解决；在庭审过程中，审判长扮演着重要的引导角色，及时地总结出双方的三个争议焦点为：被告人对被害人是否有伤害的主观故意，被告人的抽打行为对被害人的伤势程度是否构成轻伤，以及被告人与被害人之间的收养关系是否成立。

如在某个班级学生专项庭审程序模拟的“被告人王某天电动车电

池失火案”中，当公诉人和辩护人双方就“电动车电池爆燃是否由多方原因造成的”处于争执不下的焦灼辩论状态时，审判长发挥了引导者的作用，及时提醒双方：电池为何爆燃不是本案讨论的重点，且双方对“被告人王某天的过失行为是电池爆燃的重要原因”既然无异议，因此接下来重点就“被告人的过失行为如何追究责任”这一争议焦点进行辩论。

（八）学生作为学习主体，通过对整个国内庭审程序的模拟演示，在提高实践能力的同时加深了对法学理论知识的理解

学生在法学课程中尽管对庭审程序以及相关实体法的相关规定都学习过，之前很多学生觉得对于这些知识已经掌握得不错，信心满满。然而经过庭审程序的专项模拟这样一个生动的方式，大家一起讨论如何安排各个角色例如审判长、公诉人、被告、证人等该在什么时候出场，该怎么出场，甚至一起揣摩说话的语气与神态以及参与庭审的方方面面细节等。此时，才发现对老师的讲解以及法条、教材上的抽象内容感触不深或流于表面，深刻感受到法学知识与相关法条在实践中的应用其实是很深奥的，案件事实与证据效力的认定都是需要深思熟虑的等。从中，同学们能够了解案件进展的全过程，在一定程度上把握案件的结局；同时，学生作为律师、检察官或法官或案件的当事人、其他参与人，必须从专业角度考虑自身角色的立场，必须使自己投入解决案件问题的司法实践之中去。因为从学习主体的角度去感同身受地实际操作运用过，所以这一充满乐趣的亲身经历深刻地留在了学生脑海里，既增强了实践能力，又加深了对法学理论知识的理解，真可谓一举两得。

（九）学生对案件庭审程序的模拟来源于真实案情却不照搬真实庭审，大大提高了学生的主观能动性与创造性

对国内庭审程序的模拟是“对案件审判过程的再现，而不是机械

重复”。[①] 为了让更多的同学参与到专项庭审程序模拟实践活动当中，学生们在尽可能地还原案件事实之基础上，可以适当创设一些与案件相关的证人、鉴定人等其他诉讼参与人或增设相关证据材料，还可以不囿于原始真实案件的控辩观点或判决结果；既达到丰富案件模拟活动却不脱离案情的作用，又能充分显示同学们的主动创造性。

如在某个班级学生专项庭审程序模拟的“南京虐童案”中，辩护方在还原案情的基础上，增加了真实一审庭审中没有出示的两项证据：一是宣读了一份证人证言，主要体现了被告人李某琴平时对被害人的关爱，从主观上削弱被告人李某琴伤害被害人的主观故意；二是出示了一份轻微伤鉴定书，从客观上证明被害人不构成轻伤。主观方面和客观方面相结合，从而为被告人李某琴作无罪辩护作了很好铺垫，提高了学生的主观能动性与创造性。尽管辩护人无举证的义务，但是享有举证的权利；为了增强辩护的力度，让法官采纳辩护意见，辩护人通过举证可以极大削弱公诉方的指控“火力”。

如在某个班级学生专项庭审程序模拟的“被告人李某一等五人强奸案”中，与真实庭审只有被告人李某一作无罪辩护不同的是，模拟中五名被告人的辩护人同时进行了无罪辩护。公诉方一开始显得有点准备不足，略微处于弱势，但很快镇定下来并越战越勇。在法庭辩论环节，控辩双方能够紧紧地围绕案件基本事实但却不囿于原始真实的审判，展开激烈辩论，体现了双方的对质性。辩护方用犀利的语言指出公诉方出示的证据来源不合法，从而要求对非法证据予以排除。而公诉人毫不示弱、争锋相对，对被告人、证人的提问抓住细节，并准备了很全面的公诉词，竭力控诉被告人有罪。

如在某个班级学生专项庭审程序模拟的“被告人刘某光、刘某、李某贪污案”中，学生抓住共同贪污案件中被告人之间相互推卸责任

---

① 参见段冰：《高校法学实践教学体系的构建与优化》，载《教育与职业》2015年第1期，第90页。

的特点，以真实案件为基础，发挥模拟表演的空间，设计剧情如下：被告人李某陈述自己是公司的出纳，是从犯，其三次贪污的心态发展历程分别是“被胁迫”“妥协”“自愿”；被告人刘某供述自己是公司的调度，强调是刘某光提议要贪污，并说自己当时经济窘迫，又受上司的威逼利诱的；被告人刘某光说其他两名被告人是主谋，陈述是其他两名被告人提议共同贪污的。来源于真实案件却不照搬真实案情的三个被告人的陈述与辩解充分体现了被告人内心的挣扎，为庭审增色不少。

如在某个班级学生专项庭审程序模拟的“杭州保姆莫某晶放火、盗窃案”中，学生突破真实庭审场景，在模拟法庭开始之前，首先安排一位同学向旁听同学简要介绍了本案的案情，还精心地在庭审中穿插了四个死亡被害人的家属林某斌闹庭的情节：担任林某斌的学生带入了真实的情感，自己仿佛感同身受，扮演得很逼真，当被告人和辩护人作失火罪辩护时，他的悲伤激愤的情绪突然爆发，激动地对被告人和辩护人大骂起来，基本处于失控状态，扰乱了法庭审理秩序；此时，审判长在多次提醒与警告却无效果的情况下，让法警将他带出法庭。这一幕的设计给整个模拟法庭都注入了一些生活的气息，因为在现实生活中，在法庭上被害人家属常常会控制不住自己伤感绝望的情绪而对被告人发泄；庭审变得异常真实生动，非常贴近生活，同时也体现了法庭严肃性和审判长对庭审的控制力。

（十）学生对案件庭审程序的准备和模拟加深了同学间的合作和友情

模拟法庭不是一个人的表演秀，是整个班级所有人共同努力的成果展示。一个班级模拟法庭的成功与否直接取决于前期准备的充分与否。准备一次模拟法庭的过程既是辛苦又是快乐的。整个班级分为控辩审三个组，每个组的组长要对人员任务进行分配并汇总检查，任务是很繁杂的。控辩双方上场表演的同学更是忙得不可开交，一方面，要在充分了解案情的基础上，准备各种证据材料，确保各种证据之间相互印证并形成完整的证据链；因为手头收集的证据材料虽多但不代表可用性强，尤其是在模拟法庭这种情景下，必须在一定时间内出示最简洁有力的证据，而不是堆砌证据墙。另一方面，要精心设计对被告人和证人等的提问，如何准确找到提问的关键点，用几个给力的问题力证本方的意见。这些在模拟过程中遇到的诸多问题都不是单个人简单罗列或三言两语就能完成的，需要本组成员群策群力与互相帮助之下方能完成的。班级几乎每一个人都要参与进来，即便部分同学因为表演角色有限而没有上场，也在证据收集和草拟起诉书、公诉词、辩护词和审判书等方面做出了很大的贡献。在这一过程，每一个人都要认真完成自己的部分，一起找证据、写证词和思考如何提问，在排练的时候积极到场，并且一遍一遍地不断排练，共同找出排练中的错误。繁杂的程序虽然枯燥乏味，但多方合作中会迸发出一种奇异的火花，使这个合作过程本身很难能可贵，也让同学们加深了彼此间的了解，相互之间的关系更加融洽了。

（十一）前期准备阶段的程序演练以及对案件庭审程序的正式模拟都凸显出程序的独立价值，让学生从实践中充分领悟程序公正的重要性

前期准备阶段的程序演练以及对案件庭审程序的正式模拟引发学生对程序的充分重视。不论前期准备阶段怎样轻松活跃，一旦进入正式庭审程序，所有学生都会立刻进入一种严肃的状态，对法律的敬仰之情一锤而定。指导老师在场陪同观看，及时给出点评，也就给了学生一起纠错和一起完善的机会。以刑事诉讼为例，只有程序是公正的，才能约束国家公权力的合法行使，真正查明真相，保护被追诉人合法人权。我国的司法实践中普遍存在在“重实体，轻程序”的错误倾向，在庭审环节中表现为重视实体公正基础上的查明案件事实与惩治犯罪，而对是否通过完备合法的程序达到上述目的似乎并不在意；即认为只要结果公正了，程序公正与否无须考量。追究犯罪是一件严肃而谨慎的事情，关系到被追诉人的人身自由乃至生命；贯穿在刑事诉讼中的

这份责任格外沉重与神圣，显得程序上的正义就更为重要。所以刑事诉讼的庭审程序更像是一本厚厚的说明书，需要按部就班地一条一条贯彻下来。为了最大程度地实现程序公正，哪怕是书记员宣读法庭秩序都不能随意更改、省略或者跳过；更不能因为对方是被告人就持歧视和偏见观念，或不告知和保障其享有的申请回避权、自行辩护权、提出证据权以及最后陈述权等诉讼权利。尤其是在共同犯罪案件审理时，审判长对多名被告人要逐个进行申请回避权利告知以及分别进行法庭调查等，虽然很烦琐，但是程序就该如此，不能因为怕麻烦就忽视程序的正当性，相反更需要付出更多的努力与谨慎来追求程序的公正。

通过国内庭审程序专项模拟的实践教学，学生对我国烦琐的庭审程序有了一个立体的了解，更加理解了程序正义的价值，程序正义的理念潜移默化地在学生们心中播种、生根并发芽。程序是一个完整过程，让案件事实得以深刻而全面地加以呈现的过程；是法院的庭审操作指南，贯彻始末，环环相扣，最为公正、透明且有利于监督；是控辩双方平等交流的场所，各方都有发言权，可以充分表达观点；又是对事实与证据进行对质和异议的舞台，最终的结果将在正当程序之下宣之于众。

通过国内庭审程序的专项模拟，学生非常直观地感受到了程序公正对于实体公正的保障价值以及程序公正与实体公正二者之间的相辅相成。如证人、鉴定人不得旁听就是明显体现程序公正与实体公正密切关联的例子，因为证人、鉴定人不得旁听可以减少证人、鉴定人的陈述受到干扰，最大程度保障陈述的客观性。再如在刑事案件公诉人对书证举证这个环节中，法警如果仅仅象征性地将书证传递给被告人和辩护人查看，实质没有把程序公正的理念贯彻其中，因为如此短暂时间内被告人和辩护人根本不能够知悉书证的具体内容；为保障被告人的诉讼权利与法院裁判的正确无误，公诉人需要在举证时对书证的内容和证明目的进行必要且详细的说明。细细想来，诉讼程序的任何一个细小环节的错误或不公正往往都会对实体公正的结果大打折扣。从预备阶段到法庭调查阶段，再到法庭辩论阶段、最后陈述阶段，最后到评议宣判阶段，每一个阶段都充斥着法律的严肃性和程序的严谨性，让学生实实在在地体会到之前只停留在纸面规范上的那些程序，如何成为看得见的程序正义，从而有效塑造学生们程序正义的理念；学生深刻感受到程序公正与实体公正缺一不可，并充分认识到正是程序决定了法治与人治之间的差异，因而程序公正更是法治的根本要求。依法治国需要全民知法、懂法、守法，而对于以法律为职业方向的法科学生来说，还意味着守护正义，因而尤其要牢牢树立程序公正与实体公正并重的理念。学无止境，愿学生都成为不忘初心的优秀法律人！

Chapter 11 第十一章

国外陪审团审判程序专项模拟之教学路径

一、实践目的

长久以来，学生对于国外司法制度的了解都停留在“雾里看花”的程度，学生尽管从课堂教学或课外资料中了解一二，但始终只能是一知半解，如同隔靴搔痒，差点意思。古人云，纸上得来终觉浅，绝知此事要躬行。国外陪审团审判程序专项模拟实践活动通过学生的分组讨论、角色扮演以及陪审团审判程序全过程的模拟，使学生熟练掌握国外陪审团审判案件的程序；更为重要的是强化学生对国内外民众参与司法活动相关实践与理论问题的横向比较研究，为我国正在进行的人民陪审员制度改革寻求借鉴思路。

值得一提的是，尽管对国外陪审团审判程序的模拟不是真正的陪审团审判，大多按着流程按部就班，学生发挥的余地有限，法庭辩论环节也没有法庭辩论大赛实践模式中的随机辩论那样出彩，有点望梅止渴的意思，但是终究给了学生近距离了解与实践国外陪审团审判的一个平台和机会，是当下让学生切身感受陪审团审判的程序与国外司法制度的最佳方案，更能在国内外法律制度的比较中开阔学生的视野。其次，对国外陪审团审判程序的模拟增强了实践的教育作用。通常情况下，学生不会特意地去学习国外司法制度相关法律知识，所以对国外陪审团审判程序的理解是很片面的，而学生对国外陪审团审判程序的模拟使得学生直接接触案件与参加审判活动，能够学习并加深理解许多未知的域外法律知识，并从多维角度去看待案件，从案件中得到启发，了解域外法律的底线所在，感触与思考也会深刻得多，具有良好的教育意义。此外，尽管陪审团审判的程序或部分内容可能是早早准备好的，但双方不可避免存在出其不意的对抗发言，故不可能照本宣科和一成不变，需要学生仔细聆听，临场发挥，积极思考应对的策略；因此，可以进一步提高学生的团队合作精神以及分析归纳能力、口才表达能力与临场应变能力。

二、主要内容

下面将适用程序最为完整的美国刑事案件 12 人陪审团审判程序，就实践教学中提供给学生作为陪审团审判案例的“辛普森谋杀案”① 为例，对陪审团审判程序专项模拟的主要内容进行示例式全面介绍：

1. 陪审团成员的遴选

（1）确定初选陪审员名单

在美国，法官本着公平公正原则，一般会从选举站的投票名单或者通讯号码本上随机选择出远远超出候选陪审团人数的初选陪审员名单。需要注意的是：当事人、其他诉讼参与人以及与双方当事人有关

---

① “辛普森谋杀案”的基本案情为：知名的黑人橄榄球明星辛普森有虐妻记录，涉嫌谋杀其白人前妻妮科尔及其男友戈尔德曼。辛普森聘请了全美最杰出的律师组成梦幻律师团。此案引人瞩目的要素主要有：知名明星的主角，种族歧视的警察，堪称一流的律师团，最强阵容的检方，数量众多的 DNA 证据，优秀权威的鉴定专家（包括华裔李昌钰博士），唇枪舌剑的检辩双方。最终，由洛杉矶居民组成的并且黑人占据绝大多数的陪审团（9 名黑人、2 名白人和 1 名西班牙裔美国人）审判后判定辛普森无罪。此案在美国和世界范围内反响强烈，在当时被称为“世纪大审判”（Trial of the Century），也被誉为是对美国司法制度的一次活体解剖。

的人员不得入选初选陪审员名单，比如律师等一些有可能产生思维倾向的职业人士也不得入选。随机抽选后，法庭会书面告知入选初选陪审员名单中的人员，并要求他们在规定时间内到法院报到。

（2）确定候选和候补陪审员名单

首先，被随机抽中的初选陪审员要接受问卷调查，以便控辩双方了解他们的大致情况，并进行第一轮审核与删选。其次，通过第一轮删选的陪审员先接受法官的审查，再接受控辩双方（辩方律师和检方）的审查，审查方式为接受法官和控辩双方的单独或集体询问，以便法官和控辩双方判断他们是否能够胜任陪审员之职，进而慎重进行第二轮审核与删选；如在“辛普森谋杀案”遴选中，法官通过询问了解到有一名陪审员曾经遭受丈夫虐待，考虑到她如果担任陪审员可能会感同身受，因此可能会在事实判断时对辛普森有仇恨或不公正倾向，因此法官将她排除在候选人之外。最后，控辩双方对通过第二轮审核与删选的陪审员提出有因回避和无因回避，以便排除可能存在偏见而因此不能客观认定事实的人选，并最终确定 12 名候选陪审员和一定名额的候补陪审员。为防止候选陪审员在陪审团开庭日因特殊情况不能出庭，还要在遴选陪审团成员时留有余地，一并遴选出一定名额的候补陪审员。如在“辛普森谋杀案”中，法官一共选择出三百余名初选陪审员名单，经过一个多月的筛选，最终遴选出 12 名陪审员和 12 名候补陪审员。此外，必须强调的是，控辩双方在以上审核、删选与提出回避请求时，都只有否决权而没有录用权，即有权决定不要谁担任陪审员候补陪审员，而没有权利非要谁担任陪审员和候补陪审员，因为入选的陪审员和候补陪审员必须同时得到双方的认可。

在学生模拟遴选陪审员程序中，受班级总人数的约束以及为了让所有同学全员参与到此实践活动中去，故可以跳出“辛普森谋杀案”真实遴选程序中要确定众多初选陪审员人数与 12 名候补陪审员的限制。排除担任公诉人、被告人和辩护人以及主持陪审团审判活动的法官和负责记录陪审团审判活动的书记员等角色之外的学生，其余学生均可列入初选陪审员名单，然后由担任法官的学生在这些初选陪审员名单中遴选出12名陪审员和一定数额的候补陪审员。

2. 陪审团成员的就任与隔离

为了防止媒体报导以及非法证据对陪审团公正审理的干扰，美国陪审团成员在宣誓就任后都会被告知，只能根据在法庭上被允许呈堂的证据来判断案件事实，不能受到新闻界推测和不法证据的影响；且在就任后就被隔离了，隔离期间每天依法享有适当的报酬。在就任至开庭的隔离期间，陪审员的自由受到限制：陪审员之间不可以往来交流和讨论案情，陪审员不可以看电视、报纸上的新闻，不可以参加被告方或被害方举行的记者招待会，甚至于外出都有法警跟着，以保证他们不与外界接触。在陪审团成员被隔离之后，法官才会宣布非法证据的认定结果。也就是说，在庭审时，陪审员根本不会知道、更不会接触到已被法官认定的非法证据，他们被允许知道的只限于法官判定可以让他们接触到的有限而合法的证据。如在"辛普森谋杀案"中，陪审员被隔离的时间长达9个月。在学生模拟陪审团成员的就任与隔离程序中，受模拟活动的连续性约束，只模拟陪审团成员的宣誓就任与隔离前的告知义务程序，省略了对陪审团成员的实质隔离环节。

3. 庭前证据开示

由于"在陪审团审理的案件中，诉讼程序的进行应尽可能地防止不可采纳的证据通过任何方式暗示陪审团，例如，在陪审团听证时作出陈述、提出证明或予以提问"，① 因此必须通过庭前证据开示将不可采纳的证据先行过滤掉。学生在进行证据开示环节的模拟之前，必然要进行证据的搜集与选择。搜集证据要求对整个案件的始末做到心里有数，并且要把其中涉及定罪与量刑的相关细节找出来，并寻找对应的证据加以证明以形成较为完整的证据链。同时，陪审团审判程序的模拟相对于真实的陪审团审判有一定差别，学生无法将真实陪审团审

---

① 《美国联邦证据规则》第103条。

判过程中双方开示的证据一一提出；否则，因证据过于繁杂，必然带来审判时间的太过冗长。如在“辛普森谋杀案”中，“公诉方出具证据723件，血证如山；辩护方以392件证据反证‘证据不足’，控辩双方唇枪舌剑历时460天”。[①] 因此，在所要出示证据的选择上，双方学生也要有一定的思考与取舍，挑选出证明力最强的证据，形成证据链。

鉴于模拟活动时间不能太长，学生结合专项模拟准备中指导教师推荐阅读的《合理的怀疑：从辛普森案批判美国司法体系》[②] 和《陪审员的内心世界：陪审员裁决过程的心理分析》[③] 两书以及期刊论文、[④] 网络资料[⑤]等，双方进行了证据开示环节的模拟。控方学生展示了以下证据：（1）一组证人证词。被害人妮科尔的妹妹丹尼斯·布朗作证，妮科尔在与辛普森离婚以前长期受被告人虐待以及离婚后经常受到被告人的威胁和骚扰；被告人的朋友罗恩·西普作证，被告人曾说他做梦都想杀了妮科尔；911接线员证明案发之前不久，辛普森曾骚扰过前妻妮科尔及其男友戈尔德曼；刀具店老板作证，他曾卖给辛普森一把德国产的刀；血手套的发现者福尔曼警探的证词表明，被告人是在案发当夜10时15分左右驾驶他那辆白色“野马”牌吉普车来到妮科尔的公寓，杀死两名被害人之后，开车返回两英里以外的住所的。（2）现场尸体及验尸报告。35岁的辛普森前妻妮科尔的喉管已被割断；

---

① 参见汪世龙：《世纪审判辛普森杀妻案》，载找法网：http：//china. findlaw. cn/bianhu/xingshianli/5360. html，最后访问日期：2018年5月2日。

② ［美］亚伦·德肖维茨：《合理的怀疑：从辛普森案批判美国司法体系》，高忠义、侯荷婷译，法律出版社2001年版，第1~198页。

③ ［美］里德·黑斯蒂：《陪审员的内心世界：陪审员裁决过程的心理分析》，刘威、李恒译，北京大学出版社2006年版，第1~331页。

④ 参见龙宗智：《从辛普森案审判看对抗制诉讼形式》，载《人民检察》1996年第1期，第58~59页；另参见孙光宁：《“合理怀疑”的接受：辛普森案中的法律论证》，载《刑事法评论》2009年第1期，第44~54页；另参见刘艺工、李拥军：《从辛普森案透析美国的诉讼机制》，载《黑龙江省政法管理干部学院学报》1999年第2期，第73~74页。

⑤ 《辛普森案疑点证据分析》，载百度文库：https：//wenku. baidu. com/view/d02261de8ad63186bceb19e8b8f67c1cfbd6ee52. html，最后访问日期：2018年5月2日。

25 岁的戈尔德曼颈部的正面和背面、胸部、腹部和大腿上有 22 处刀伤，死前有搏斗的痕迹；法医对尸体解剖后断定：他们是在 1994 年 6 月 12 日晚上 11 时左右被人用利器杀害的，凶器是一把锋利的刀。(3) 现场血迹。在现场房屋（辛普森前妻位于南邦迪大街 875 号的公寓）后门发现一处血迹，四周相当干净。检方称这个血迹保留的比较完整，DNA 与辛普森相同。(4) 现场足迹。现场的一枚鞋印足迹为 12 号，与辛普森穿过的一双鞋的类型相同，出售此鞋的鞋店是辛普森时常光顾的一家鞋店。(5) 现场血滴。在现场被害者身旁的血滴，DNA 鉴定显示是辛普森的。(6) 现场的毛发与衣服纤维。警方在现场戈尔德曼脚下发现的一顶编织毡帽上发现了辛普森的毛发以及他野马跑车地毯的纤维，在戈尔德曼的衬衫上发现辛普森的头发；此外，在现场发现了辛普森和两个被害人的毛发和衣服纤维。(7) 停在辛普森住宅处的汽车。在辛普森的白色“野马”牌吉普车上，发现了大量血迹，DNA 鉴定显示跑车门边的血迹是辛普森的，跑车置物箱的血迹是辛普森和两个被害人的，车内地板上的血迹是辛普森前妻的；吉普车门上有辛普森和两个被害人的头发，还有从戈尔德曼衬衫和辛普森吉普车的踏毯上扯下的纤维。(8) 辛普森卧室床下的血袜子。警方在辛普森卧室床下发现有血渍的袜子，袜子上约有 20 处血迹，袜子上血迹的 DNA 测试结果是辛普森和其前妻的。(9) 两只手套。警方在案发现场找到了一只棕色左手皮手套，这只手套上血迹的 DNA 测试结果是辛普森的。洛杉矶警察局警探马克·福尔曼在辛普森在罗金汉的私人住所客厅外墙与内墙之间发现了一只浸满血污的、棕色的右手皮手套，与在犯罪现场发现的那只手套是一双；手套上有跟辛普森前妻衬衫一样的纤维、两个被害人的头发。手套上满是血迹，恰好是辛普森和两位被害人的血液混合物。(10) 辛普森的左手中指上的伤口。辛普森的左手中指在案发当天被割伤过，而辛普森左手中指上的伤口能解释现场为何会留有他的血液。辩方学生展示了以下证据：(1) 一组证人证词。被告人辛普森与第一任妻子所生的女儿、25 岁的阿内尔作证，控方出示的证据是警方没有搜查证且未经她许可的情况下取得的，这些证据按照法律都属于应当排除的非法证据；[①] 证人玛丽·格加斯作证，她看见四个头戴编织帽的男子在警方所说的谋杀时间内从妮科尔的公寓中跑出来，四人中没有一个是黑人；辛普森的助手卡西·兰达作证，被告人在案发当夜的 11 时 45 分乘美洲航空公司的 688 号航班飞往芝加哥，他的手是在次日早上 5 时 45 分在奥黑尔饭店听到警方通知他妮科尔被杀后，打破手中的酒杯划破的。（2）一组照片。一是谋杀案发生后不久辛普森身穿泳裤拍的一打照片，显示辛普森身上没有任何一块青肿，只有腕关节正在患急性风湿性关节炎，腕关节的疼痛决定其在案发当天不可能杀死两名被害人；二是一张戈德曼左手有青紫与划伤的照片，表明戈尔德曼在临死前进行过拼死反抗，与辛普森身上没有青肿相矛盾；三是一张辛普森前妻裸背的照片，显示背上有一道血污与一道抓痕。而警方对辛普森前妻裸背上的血污没有鉴定，警方对辛普森前妻指甲里发现的血迹经鉴定不是辛普森的，也不是两个被害人的。（3）现场脚印。在谋杀现场发现的不同形状的脚印，显示当时在现场的不止一人。（4）一盘磁带。磁带上录有福尔曼接受采访时的谈话，他在谈话中多次谩骂黑人为“黑鬼”，存在明显的种族歧视倾向。

4. 陪审团公开庭审

在陪审团公开庭审的法庭上，正前方是法官席，居中坐着担任主持工作并身着法袍的法官；靠边的一侧一排座位是陪审员席，坐着虽不开口却真正掌握事实裁判权的陪审团成员；法官的左侧是证人席，法官的前面是书记员席，法官席右边与左边的垂直对面分别是并列且相对坐着的公诉方和被告人及辩护人，控辩双方的后面是面向法庭的旁听席。

正式庭审的程序如下：首先，书记员先进入法庭，请旁听人员保持安静，宣读法庭注意事项，请陪审团成员和法官入庭，并完成宣誓

---

① 这些证据包括在被告人汽车以及住宅内收集的血迹、呢帽以及右手手套等。

程序。其次，由法官和陪审团先后听取公诉方和辩护方的开场陈述，控辩双方可以对被告人进行发问。接着是呈示证据（法庭调查）这一庭审核心环节，公诉方先向法官和陪审团出示言词证据，即听取公诉方出庭证人（包括专家证人）的证言；控方先对证人进行询问，辩方可以再对证人进行反询问。紧接着，公诉方向法官和陪审团出示实物证据，辩护方对公诉方出示的实物证据可以发表异议。然后，法官询问被告人及辩护人有无有利于本方的证据呈示。例如，法官和陪审团先听取辩护方出庭证人（包括专家证人）的证言；辩护方先对证人进行询问，公诉方再对证人进行反询问。接着，辩护方向法官和陪审团出示实物证据，公诉方对辩护方出示的实物证据可以发表异议。必须强调的是，证明被告人犯罪的举证责任由公诉方承担，但辩护方有权利提供有利于本方的证据。之后，是法庭辩论这一庭审最精彩环节；如在“辛普森谋杀案”中，双方重点围绕警方收集证据是否合法、血样证据的保存与处置是否不当以及 DNA 证据是否有效等角度展开了激烈的辩论，公诉方努力结合证据以证明谋杀控告成立，而辛普森的律师团则针对控方证据的疑点进行反驳以证明被告无罪。最后，是公诉方和辩护方先后向陪审团和法官作终场陈述。如在“辛普森谋杀案”中，公诉人和辩护人都坚持各自在开场陈述中提出的论点。

终场陈述结束后，法官要对陪审团作出指示，重点强调两点：一是要求陪审团从其成员中选出一人担任陪审团团长，陪审团团长负责主持后续的评议与宣判活动，并最终宣布裁判结果；二是强调陪审团的职责是根据展示在法庭上的证据，对案件事实进行审理。法官对陪审团指示完毕后，命令陪审团成员退出法庭，进入指定的评议室进行秘密评议与表决，并安排书记员进行记录。

5. 陪审团秘密评议和表决

在美国刑事案件中，在陪审团团长主持下，陪审团全体成员进行秘密评议和表决。陪审团判断被告人是否有罪的证明标准是排除合理怀疑，即作为理性人的陪审团成员在核实有关指控被告人犯罪事实与证据并进行推理时，排除每一个合理的假设，以至于不可能得出其他的合理推论，直至达到完全确信的证明。刑事案件的陪审团需要表决行为人的行为是否构成犯罪，不外乎两种结果：构成犯罪即有罪，不构成犯罪即无罪。如在“辛普森谋杀案”中，12 名陪审团成员评议后，投票表决并一致认为辛普森无罪。

6. 公开开庭宣告陪审团裁判

法院公开开庭，宣告陪审团裁判，并说明裁判理由；公民可以通过电视等媒体观看或了解宣判的实况。当庭宣告裁判时，被告人要面对陪审团站立。如果陪审团宣告被告人无罪，公诉人对被告人的指控将被撤销，且按照禁止重复追究原则，被告人不得就同一罪名或同一事实再次被启动刑事侦控程序；如果陪审团宣告被告人有罪，此案将进入法官就适用法律对被告人进行审判的下一个诉讼阶段。

如在“辛普森谋杀案”中，陪审团宣告辛普森无罪，并且说明判决其不构成犯罪的事实理由为公诉方所提出的证据不能构成严密的逻辑体系，不足以排除一切合理怀疑而使陪审员确信被告人辛普森犯下了所控告之谋杀罪行，因而疑罪从无。主要依据为：（1）根据美国宪法第四条修正案“人身、住宅、文件和财产不受非法搜查和扣押”的权利规定，警方未办理搜查证在被告人汽车以及住宅内收集的诸多证据材料属于应当排除的非法证据；（2）此凶杀案没有目击证人，警方没有找到关键性的凶杀工具；（3）辛普森在法庭上试戴了在现场发现的手套显示手套太小，现场发现的那只手套上浸满血而手套的四周却找不到任何血迹，现场袜子上只有血渍却并未沾上其他来自现场的物质，不能排除现场手套和袜子是事后伪造的可能；（4）无法排除 DNA 证据因警方错误的处置方式而遭到污染的可能性，如实习调查员安德里亚·马佐拉用镊子提取地上的血迹时，手也很脏，可能导致证据被污染；（5）辛普森被抽取的总血液为 8 毫升，DNA 检测所消耗掉的血液为 6.5 毫升，警方对剩余的 1.5 毫升血液无法解释，无法排除被用于伪造证据的可能。辩方提出受害者曾与毒品有染，毒品贩子杀害了被害人，种族歧视倾向的福尔曼则利用血样送检前的几个小时，偷偷的用这 1.5 毫升被告人的血样伪造了证据，嫁祸于被告人辛普森；(6) 美国刑事案件证据的审查标准在于是否可以“排除一切合理怀疑”，而公诉方却无力将“被告人不一定是罪犯”“被告人被嫁祸”这样的“合理怀疑”彻底排除。

三、详细步骤

现以程序最为完整的美国刑事案件 12 人陪审团审判程序为例，对国外陪审团审判程序专项模拟的实践教学步骤详细阐述如下：

1. 学生根据意愿以及案件角色分配的需要，组成公诉组、辩护组、法官组与陪审团组；

2. 学生查阅资料，分组进行案件分析讨论、证据审查判断、证据整理归类（具体步骤参见第十章“国内庭审程序专项模拟之教学路径”中“案件分析讨论”“证据审查判断”“证据整理归类”的相关内容）；

3. 公诉组推选出优秀人选担任本案公诉人，辩护组推选出优秀人选担任本案被告人和辩护人，法官组推选出优秀人选担任主持本案陪审团审判活动的法官和负责记录本案陪审团审判活动的书记员；

4. 在指导老师的指导下，在担任法官学生的主持下，陪审团组的学生进行 12 名陪审员和一定数额候补陪审员的遴选，担任书记员的学生负责记录；

5. 在指导老师的指导下，在担任主持法官和被告人学生在场的情况下，担任公诉人和辩护人的学生进行庭前证据开示，担任书记员的学生负责记录；

6. 公诉组、辩护组、法官组与陪审团组集中起来，结合具体案件，在担任法官学生的主持下，全面演练陪审团庭审的全过程；

7. 指导老师对学生的模拟演练表现进行点评以及对出现的不足予以指导修正，从而为最终高质量地完成正式庭审程序的模拟打下坚实的基础；

8. 学生所组成的陪审团在担任法官学生的主持下，正式对案件事实进行开庭审理的专项程序模拟表演，并按照一致同意的原则秘密评议作出是否有罪的实体判决，并由陪审团团长宣告裁判，担任书记员的学生负责对庭审以及陪审团评议宣判的全过程进行记录；

9. 指导老师从程序的规范性以及各角色的表现等方面对正式的专项程序模拟表演进行全方位的中立点评；

10. 所有学生在陪审团审判程序模拟演示活动结束后，认真撰写有关此次实践活动收获、启示、体会或不足等内容的实践总结；

11. 指导老师根据学生参与专项模拟实践的表现、各环节工作完成的情况以及自我书面实践总结的质量三项指标按百分制（具体分值构成与评定标准参见第四章“实践教学模式之国内庭审程序专项模拟”中“成绩评定”的相关内容），给每个学生综合评定成绩。

四、具体效果

（一）学生通过对国外陪审团审判程序的专项模拟，有利于对美国与我国诉讼中陪审员参与案件审判的案件范围进行横向比较

根据《美国宪法修正案》第6条、第7条的规定，[①] 刑事案件的被告人享受由公正的陪审团迅速和公开进行审判的宪法性权利，当然，被告人有权提出不进行陪审团审理的要求；以民事侵权案件为主的部分民事案件的当事人在提出要求陪审团审判的申请并经法官批准后，也可以采用陪审团审判。在我国，人民陪审员参加合议庭审理的案件仅限于一审案件。2015年《人民陪审员制度改革试点方案》第二大点

① 《美国宪法修正案》第6条规定：在所有刑事案中，被告人应有权提出下列要求：要求由罪案发生地之州及区的公正的陪审团予以迅速及公开之审判，并由法律确定其应属何区；要求获悉被控的罪名和理由；要求与控方的证人对质；要求以强制手段促使对被告有利的证人出庭作证；并要求由律师协助辩护。《美国宪法修正案》第7条规定：在引用习惯法的民事诉讼中，其争执所涉及价值超过二十元，则当事人有权要求陪审团审判；任何业经陪审团审判之事实，除依照习惯法之规定外，不得在合众国任何法院中重审。

以及《人民陪审员制度改革试点工作实施办法》第 12 条、第 13 条在 2004 年《关于完善人民陪审员制度的决定》第 2 条的基础上，① 扩大了人民陪审员应当参审案件的范围，增加的 3 类人民陪审员应当参审的案件为："涉及群体利益、社会公共利益、人民群众广泛关注的"的第一审刑事、民事、行政案件，"可能判处十年以上有期徒刑、无期徒刑的第一审刑事案件"，以及"涉及征地拆迁、环境保护、食品药品安全的重大案件"；并且增加规定了人民陪审员应当参审案件的例外情形，为"因涉及个人隐私、商业秘密或者其他原因，当事人申请不适用人民陪审制审理的，人民法院可以决定不适用人民陪审制审理"。最新 2018 年《人民陪审员法》在总结试点改革司法实践的基础上，明确规定人民陪审员应当参审的 3 类案件为："涉及群体利益、公共利益的""人民群众广泛关注或者其他社会影响较大的"以及"案情复杂或者有其他情形，需要由人民陪审员参加审判的"；② 并且借鉴英美陪审团审判中当事人对陪审员参与申请权的规定，增加规定人民陪审员可以参审的案件为："第一审刑事案件被告人、民事案件原告或者被告、行政案件原告申请由人民陪审员参加合议庭审判的。"③

---

① 根据原 2004 年《关于完善人民陪审员制度的决定》第 2 条的规定，人民法院审判社会影响较大或刑事案件被告人、民事案件原告或者被告、行政案件原告申请由人民陪审员参加合议庭审判的第一审刑事、民事、行政案件应当由人民陪审员和法官组成合议庭进行，适用简易程序审理和法律另有规定的一审案件除外。此外，2018 年 4 月 27 日第十三届全国人民代表大会常务委员会第二次会议通过的《人民陪审员法》第 32 条规定：本法自公布之日起施行。2004 年 8 月 28 日第十届全国人民代表大会常务委员会第十一次会议通过的全国人民代表大会常务委员会《关于完善人民陪审员制度的决定》同时废止。

② 根据 2018 年《人民陪审员法》第 15 条的规定，人民法院审判第一审刑事、民事、行政案件，有下列情形之一的，由人民陪审员和法官组成合议庭进行：（一）涉及群体利益、公共利益的；（二）人民群众广泛关或者其他社会影响较大的；（三）案情复杂或者有其他情形，需要由人民陪审员参加审判的。人民法院审判前款规定的案件，法律规定由法官独任审理或者由法官组成合议庭审理的，从其规定。

③ 根据 2018 年《人民陪审员法》第 17 条的规定，第一审刑事案件被告人、民事案件原告或者被告、行政案件原告申请由人民陪审员参加合议庭审判的，人民法院可以决定由人民陪审员和法官组成合议庭审判。

（二）学生通过对国外陪审团审判程序的专项模拟，有利于对美国陪审团与我国陪审员审判的对象进行横向比较

在美国，陪审团有权审判的对象主要为案件事实，即由普通公民组成陪审团与职业法官分工进行审判，其中，陪审团负责事实问题的审理，而法官负责适用法律；如在刑事诉讼领域，陪审团只决定“罪的问题”，即可罚性，法庭单独决定“罚的问题”，即刑罚程度。[①] 此外，陪审团还享有使法律无效的权利，即“当作出有罪裁决会让陪审团感觉违背了公平、常识和良心时，陪审团就可以行使使法律无效权，无视案件的证据情况和法律规定，判决被告人无罪”。[②] 而在我国，2004 年《关于完善人民陪审员制度的决定》第 11 条规定“人民陪审员参加合议庭审判案件，对事实认定、法律适用独立行使表决权。合议庭评议案件时，实行少数服从多数的原则。人民陪审员同合议庭其他组成人员意见分歧的，应当将其意见写入笔录，必要时，人民陪审员可以要求合议庭将案件提请院长决定是否提交审判委员会讨论决定”。最高人民法院、司法部 2015 年颁布的《人民陪审员制度改革试点方案》第一大点中关于“人民陪审员在案件评议过程中独立就案件事实认定问题发表意见，不再对法律适用问题发表意见。审判长应将案件事实争议焦点告知人民陪审员，引导人民陪审员围绕案件事实认定问题发表意见，并对与事实认定有关的证据资格、证据证明力、诉讼程序等问题及注意事项进行必要的说明，但不得妨碍人民陪审员对案件事实的独立判断”的规定以及最高人民法院、司法部 2015 年颁布的《人民陪审员制度改革试点工作实施办法》第 22 条关于“人民陪审员应当全程参与合议庭评议，并就案件事实认定问题独立发表意见并进行表决。人民陪审员可以对案件的法律适用问题发表意见，但不参与

---

① 参见樊崇义主编：《刑事诉讼法学》，中国政法大学出版社 2013 年版，第 487 页。

② 参见陈学权：《美国刑事审判中陪审团适用法律权述评》，载《比较法研究》2017 年第 2 期，第 78 页。

表决”的规定，实质是借鉴英美法系小陪审团主要负责事实审判的做法，而对2004年《关于完善人民陪审员制度的决定》第11条的试点改革。最新的2018年《人民陪审员法》的出台虽然废止了2004年《关于完善人民陪审员制度的决定》，但在人民陪审员审判的对象上却实质保留了2004年《关于完善人民陪审员制度的决定》第11条规定“人民陪审员参加合议庭审判案件，对事实认定、法律适用独立行使表决权”的精神，同时采纳了2015年《人民陪审员制度改革试点工作实施办法》第22条的规定，折衷规定了两种情形：人民陪审员参加3人合议庭审判案件，对事实认定、法律适用独立发表意见并行使表决权；人民陪审员参加7人合议庭审判案件，对事实认定独立发表意见并行使表决权，对法律适用可以发表意见但不行使表决权。① 因为7人合议庭相对于3人合议庭而言，主要适用于一些社会影响重大因而法律适用方面也较为复杂的案件，② 故规定人民陪审员对法律适用可以发表意见但不行使表决权。可见，根据2018年《人民陪审员法》，无论是对案件事实还是适用法律，人民陪审员都享有发表意见的权利，这也是陪审员最重要的职权。但是目前，由于陪审员受自身、他人、舆论等影响，导致了陪审员顾虑较多，不想发言，很少发言，成为了一种病态。③ 陪而不审现象也因此成为我国陪审制度的一大诟病。

---

① 根据2018年《人民陪审员法》第21条的规定，人民陪审员参加三人合议庭审判案件，对事实认定、法律适用，独立发表意见，行使表决权。根据2018年《人民陪审员法》第22条的规定，人民陪审员参加七人合议庭审判案件，对事实认定，独立发表意见，并与法官共同表决；对法律适用，可以发表意见，但不参加表决。注意：法条第22条排除了人民陪审员在七人合议庭中的表决权。

② 根据2018年《人民陪审员法》第16条的规定，人民法院审判下列第一审案件，由人民陪审员和法官组成七人合议庭进行：（一）可能判处十年以上有期徒刑、无期徒刑、死刑，社会影响重大的刑事案件；（二）根据民事诉讼法、行政诉讼法提起的公益诉讼案件；（三）涉及征地拆迁、生态环境保护、食品药品安全，社会影响重大的案件；（四）其他社会影响重大的案件。

③ 参见羊震：《人民陪审员制度的运行障碍及其多维性消解——以“陪而不审”为主要研究对象》，载《江苏社会科学》2017年第1期，第152页。

（三）学生通过对国外陪审团审判程序中陪审团成员遴选程序的专项模拟，有利于对美国与我国诉讼中陪审员的参与人数进行横向比较

美国陪审团对刑事案件的审判一般由 12 名陪审员组成，而对民事案件的审判可以少于 12 人，但“至少由 6 名陪审员组成”。[①] 在我国，一审案件的合议庭可以由法官和陪审员共同组成，且成员人数必须是单数；但不能全部由陪审员组成，且合议庭的审判长必须由法官担任。最新 2018 年《人民陪审员法》在对 2004 年《关于完善人民陪审员制度的决定》第 3 条规定进行简化与完善的基础上，[②] 明确规定人民陪审员参与的合议庭以及参与人数分为两种：一是当人民陪审员和法官组成的是 3 人合议庭时，陪审员的人数最少为 1 人，最多为 2 人；二是当人民陪审员和法官组成的是 7 人合议庭时，陪审员的人数固定为 4 人。[③] 这是因为 2018 年《人民陪审员法》规定在 7 人合议庭当中，陪审员没有表决权，即法律适用问题由专业法官单独进行表决，而表决时又要保障少数服从多数原则能够实现，故专业法官至少应为 3 人。

（四）学生通过对国外陪审团审判程序中陪审团成员遴选程序的专项模拟，有利于对美国与我国诉讼中陪审员的资格条件进行横向比较

美国陪审团的成员被要求由法律外行担任，依据良知和经验对案

---

① 参见詹月：《中美陪审制比较研究》，武汉大学 2017 年硕士学位论文，第 19 页。

② 根据已废止的 2004 年《关于完善人民陪审员制度的决定》第 3 条的规定，人民陪审员和法官组成合议庭审判案件时，合议庭中人民陪审员所占人数比例应当不少于三分之一。故陪审员的人数原则上最少为合议庭总人数的三分之一，最多则比合议庭的总人数少一人。此规定导致在合议庭组成中陪审员的人数确定上，可能情形太多且太复杂，不利于司法实践操作。

③ 根据 2018 年《人民陪审员法》第 14 条的规定，人民陪审员和法官组成合议庭审判案件，由法官担任审判长，可以组成三人合议庭，也可以由法官三人与人民陪审员四人组成七人合议庭。根据 2018 年《人民陪审员法》第 16 条的规定，人民法院审判下列第一审案件，由人民陪审员和法官组成七人合议庭进行：（一）可能判处十年以上有期徒刑、无期徒刑、死刑，社会影响重大的刑事案件；（二）根据民事诉讼法、行政诉讼法提起的公益诉讼案件；（三）涉及征地拆迁、生态环境保护、食品药品安全，社会影响重大的案件；（四）其他社会影响重大的案件。注意：法条第 14 条和第 16 条排除了由法官与人民陪审员组成五人合议庭的适用。

件事实进行裁断。陪审团成员必须是案发地法院管辖区范围内的年满十八岁以上且有选举权的美国公民，每个案件陪审团的成员都是随机选择与事先无法预测的。成员来源于一份非常广泛的陪审员候选名单，这份候选名单是各个阶层的民众代表，不能歧视或排除某一特定群体，要确保不可因种族、肤色、宗教信仰、性别、原籍、经济地位而排除公民参与陪审团的权利。① 在我国，最高人民法院、司法部2015年颁布的《人民陪审员制度改革试点方案》第二大点完善了人民陪审员的选任程序，增加了选任的广泛和随机性，规定："人民陪审员的选任应当注意吸收普通群众，兼顾社会各阶层人员的结构比例，注意吸收社会不同行业、不同职业、不同年龄、不同民族、不同性别的人员，实现人民陪审员的广泛性和代表性。"《人民陪审员制度改革试点方案》第二大点以及《人民陪审员制度改革试点工作实施办法》第1条在2004年《关于完善人民陪审员制度的决定》第4条、第5条、第6条的基础上，② 改革了人民陪审员的选任条件，修改之处包括：一是提高了年龄要求，将"年满23周岁"改为"年满28周岁"；二是降低了学历要求，将担任人民陪审员"一般应当具有大专以上文化学历"改为"一般应当具有高中以上文化学历，但是农村地区和贫困偏远地区公道正派、德高望重者不受此限"；三是增设了不得担任人民陪审员的人员范围，即"不能正确理解和表达意思的人员"不得担任人民陪审员。最新的2018年《人民陪审员法》基本采纳了《人民陪审员制度改革试点方案》第二大点以及《人民陪审员制度改革试点工作实施办法》第1条的规定，明确公民担任人民陪审员的条件为：拥护中华人民共和国

---

① 参见詹月：《中美陪审制比较研究》，武汉大学2017年硕士学位论文，第22页。

② 根据2004年《关于完善人民陪审员制度的决定》第4条、第5条、第6条的规定，公民担任人民陪审员，应当具备下列条件：拥护中华人民共和国宪法；年满23周岁；品行良好、公道正派；身体健康。担任人民陪审员，一般应当具有大学专科以上文化程度。下列人员不得担任人民陪审员：人民代表大会常务委员会的组成人员，人民法院、人民检察院、公安机关、国家安全机关、司法行政机关的工作人员和执业律师等人员；因犯罪受过刑事处罚的；被开除公职的。

宪法，年满28周岁，遵纪守法、品行良好、公道正派，具有正常履行职责的身体条件，一般应当具有高中以上文化程度;[①] 明确规定陪审员选任程序中的3个“随机”：随机抽取候选人,[②] 随机确定人选,[③] 随机选人参审。[④] 2018年《人民陪审员法》提高人民陪审员年龄要求旨在强调人民陪审员需要具备相当的社会阅历与生活经验以适应司法审判活动的需要，对人民陪审员学历条件的降低以及在选任程序中的随机性实质是借鉴英美陪审团成员重视来源上的广泛性和代表性以及社会阅历与生活经验的丰富性。确实，对人民陪审员的选任不能过于关注其文化水平和学历高低，而应该重视其社会阅历、生活经验、道德品质与价值观，因为陪审制度最初是希望民众带着情感和常识来判断司法活动的正确性，来填补职业法官所缺失的灵活感性的思想，通过形成对比来发现问题所在，从而解决问题。[⑤]

（五）学生通过对国外陪审团审判程序专项模拟的实践，有利于对美国与我国诉讼中陪审员的回避规定进行横向比较

美国对陪审团成员的回避申请分为有因回避和无因回避。[⑥] 一般而

---

① 根据2018年《人民陪审员法》第5条的规定，公民担任人民陪审员，应当具备下列条件：（一）拥护中华人民共和国宪法；（二）年满二十八周岁；（三）遵纪守法、品行良好、公道正派；（四）具有正常履行职责的身体条件。担任人民陪审员，一般应当具有高中以上文化程度。

② 根据2018年《人民陪审员法》第9条的规定，司法行政机关会同基层人民法院、公安机关，从辖区内的常住居民名单中随机抽选拟任命人民陪审员数五倍以上的人员作为人民陪审员候选人，对人民陪审员候选人进行资格审查，征求候选人意见。

③ 根据2018年《人民陪审员法》第10条的规定，司法行政机关会同基层人民法院，从通过资格审查的人民陪审员候选人名单中随机抽选确定人民陪审员人选，由基层人民法院院长提请同级人民代表大会常务委员会任命。

④ 根据2018年《人民陪审员法》第19条的规定，基层人民法院审判案件需要由人民陪审员参加合议庭审判的，应当在人民陪审员名单中随机抽取确定。中级人民法院、高级人民法院审判案件需要由人民陪审员参加合议庭审判的，在其辖区内的基层人民法院的人民陪审员名单中随机抽取确定。注意：此法条排除了人民陪审员在最高人民法院一审案件中的适用。

⑤ 参见黄军锋：《论我国人民陪审员制度的改革与完善》，载《西藏民族学院学报》2008年第1期，第81页。

⑥ 以回避的成立是否必须具备法定的理由和证据为标准，可将回避种类分为有因回避和无因回避。

言，对于陪审员较多适用无因回避，针对陪审员的遴选，控辩双方都可以行使一定次数的无因回避权；而对于法官则一般适用有因回避，即申请回避主体必须提供理由和证据来予以证明。[①] 在我国，人民陪审员的回避，适用审判人员回避的法律规定。[②] 根据三大诉讼法的规定，回避方式包括自行回避、申请回避与指令回避三种，对审判人员（包括审判员和人民陪审员）的申请回避不适用无因回避，均适用有因回避；审判人员的回避由法院院长审查决定，审判人员被申请回避后应暂停参与本案的处理。

（六）学生通过对国外陪审团审判程序的专项模拟，有利于对美国陪审团成员和我国陪审员拒绝审判时的法律后果进行横向比较

在美国，陪审是一项公民义务，“经通知不履行陪审义务的，法庭可以采取拘传、拘留等严厉的法律措施”。[③] 在我国，依法参加审判活动是人民陪审员的权利和义务。2004 年《关于完善人民陪审员制度的决定》第 17 条中虽然规定“无正当理由，拒绝参加审判活动，影响审判工作正常进行的”或“违反与审判工作有关的法律及相关规定，徇私舞弊，造成错误裁判或者其他严重后果的”，可依法免除人民陪审员职务；但是，仅仅“免除人民陪审员职务”却没有其他后果恰恰是一个对拒绝或不正当参审者最没有强制力和实质震慑价值的法律后果，甚至正中其下怀。2015 年《人民陪审员制度改革试点工作实施办法》第 27 条明确了对拒绝或不正当参审等情形的惩戒后果，规定：对人民陪审员“一年内拒绝履行陪审职责达三次的”等损害陪审公信或司法公正行为的，经查证属实，除按程序免除其人民陪审员职务外，还可以采取“在辖区范围内公开通报、纳入个人诚信系统不良记录等措施进行惩戒；构成犯罪的，依法移送有关部门追究刑事责任”。最新的

---

① 参见樊崇义主编：《刑事诉讼法学》，中国政法大学出版社 2013 年版，第 165 页。

② 参见 2018 年《人民陪审员法》第 18 条。

③ 参见詹月：《中美陪审制比较研究》，武汉大学 2017 年硕士学位论文，第 18 页。

2018年《人民陪审员法》第27条折衷采纳了2004年《关于完善人民陪审员制度的决定》第17条和2015年《人民陪审员制度改革试点工作实施办法》第27条的内容，规定人民陪审员“无正当理由，拒绝参加审判活动，影响审判工作正常进行的”，可依法免除人民陪审员职务，还“可以采取通知其所在单位、户籍所在地或者经常居住地的基层群众性自治组织、人民团体，在辖区范围内公开通报等措施进行惩戒；构成犯罪的，依法追究刑事责任”。① 2018年《人民陪审员法》所规定的在辖区范围内公开通报等措施使我国陪审员拒绝审判时的惩戒更加具有现实性和可操作性。

（七）学生通过对国外陪审团审判程序中陪审团成员审判或评议程序的专项模拟，有利于对美国陪审团成员和我国陪审员参与案件审判或评议相关规定进行横向比较

在审判环节，美国陪审团成员为顺利推进审判的进行，尽管对庭审有适当引导权；但总体上是消极和被动的，一般不会积极主动地提问，更不会进行庭外调查，目的在于保证审判的中立性和不影响控辩双方的平等对抗。在我国，陪审员参与案件审判时享有同审判员一样的发表意见的权利；在整个庭审过程中起着重要的引导作用，在调查核实证据方面的职权较大，主动性比较强；对控辩双方出示的证据或发表的言论有不清楚的，可以通过积极主动地提问或庭外调查的方式加以调查核实，防止对案件理解发生偏差进而对案件公正裁判产生不利的影响；如陪审员在控辩双方询问完证人后，陪审员可以向证人提

---

① 根据2018年《人民陪审员法》第27条的规定，人民陪审员有下列情形之一，经所在基层人民法院会同司法行政机关查证属实的，由院长提请同级人民代表大会常务委员会免除其人民陪审员职务：（一）本人因正当理由申请辞去人民陪审员职务的；（二）具有本法第六条、第七条所列情形之一的；（三）无正当理由，拒绝参加审判活动，影响审判工作正常进行的；（四）违反与审判工作有关的法律及相关规定，徇私舞弊，造成错误裁判或者其他严重后果的。人民陪审员有前款第三项、第四项所列行为的，可以采取通知其所在单位、户籍所在地或者经常居住地的基层群众性自治组织、人民团体，在辖区范围内公开通报等措施进行惩戒；构成犯罪的，依法追究刑事责任。

问；在一起案件的审理过程中，不乏有陪审员提出犀利的问题，帮助法官对于案件结果做出关键认定的例子。

在评议环节，传统上，美国小陪审团所有成员必须达成一致同意才能对案件事实作出判决。但为了提高效率和节约成本，目前主要在民事案件审判中已有松动，即只要陪审团成员达成大多数的共识即可。美国各州规定的比例不一，但陪审团成员至少为 9∶3 通过的绝对多数同意方可作出判决。[①] 如在“辛普森谋杀案”的刑事审判中，12 名陪审团成员需投票一致，并最终判决辛普森无罪，而在辛普森案受害人家属提起的民事赔偿案审判中，只需 9 名以上陪审团成员投票一致即可，并最终判决辛普森支付受害人巨额赔偿款。在我国，2004 年《关于完善人民陪审员制度的决定》第 11 条就明确了合议庭评议时少数服从多数的评议原则以及意见分歧时陪审员要求审判委员会讨论决定的具体程序：“合议庭评议案件时，实行少数服从多数的原则。人民陪审员同合议庭其他组成人员意见分歧的，应当将其意见写入笔录，必要时，人民陪审员可以要求合议庭将案件提请院长决定是否提交审判委员会讨论决定。”最高人民法院、司法部 2015 年《人民陪审员制度改革试点方案》第一大点进一步明确了少数服从多数评议原则适用例外的具体情形为“法官与人民陪审员多数意见存在重大分歧，且认为人民陪审员多数意见对事实的认定违反了证据规则，可能导致适用法律错误或者造成错案的”，具体程序为“将案件提交院长决定是否由审判委员会讨论”。[②] 最新的 2018 年《人民陪审员法》第 23 条折衷采纳了 2004 年《关于完善人民陪审员制度的决定》第 11 条和 2015 年《人民

① 参见詹月：《中美陪审制比较研究》，武汉大学 2017 年硕士学位论文，第 29 页。

② 《人民陪审员制度改革试点方案》第一大点规定：人民陪审员和法官共同对案件事实认定负责，如果意见分歧，应当按多数人意见对案件事实作出认定，但是少数人意见应当写入笔录。如果法官与人民陪审员多数意见存在重大分歧，且认为人民陪审员多数意见对事实的认定违反了证据规则，可能导致适用法律错误或者造成错案的，可以将案件提交院长决定是否由审判委员会讨论。

陪审员制度改革试点工作实施办法》第22条的内容，规定："合议庭评议案件，实行少数服从多数的原则。人民陪审员同合议庭其他组成人员意见分歧的，应当将其意见写入笔录。合议庭组成人员意见有重大分歧的，人民陪审员或者法官可以要求合议庭将案件提请院长决定是否提交审判委员会讨论决定。"

Chapter 12 第十二章

民事案件综合实训之教学路径

实践活动一：观摩真实的民事案件一审庭审视频并进行案件讨论

一、实践目的

民事案件综合实训之观摩庭审视频实践教学模式的目的在于掌握民事案件一审庭审程序与要点，熟知民事案件一审庭审程序中法庭辩论的内容与特点，并为下一次民事案件案情分组讨论与法庭辩论大赛的实践活动做好准备。

二、主要内容

首先，学生准时到达指定的教室，认真观看民事案件庭审示范录像视频（中央电视台与最高人民法院联合录制的民事案件《中国庭审程序》录像或庭审直播网上法院审理民事案件的庭审视频），在观看录像视频与查阅资料的基础上，掌握并归纳民事案件一审庭审程序与要点；学生关注示范庭审的细节，并就所观看的民事案件审理中法庭辩论环节的争点与亮点展开全方位讨论，重点归纳民事案件一审庭审程序中法庭辩论的内容与特点。其次，就指导老师提供的作为法庭辩论大赛素材的真实民事案件材料，每位学生利用课外时间，针对性地查找资料、充分熟悉案情，并进行初步分析。然后，针对指导老师提供的民事案例材料，进行原告方、被告方、审判方的角色选择，组成原告组、被告组与审判组，布置与初步落实下一次实践活动中有关民事案件案情分组讨论的相关计划。最后，学生认真并及时填写专业实践日志中本次实践的内容。

三、详细步骤

1. 指导教师对本次实践活动的目的、内容与要求作一个总体介绍；

2. 指导教师播放中央电视台与最高人民法院联合录制的民事案件《中国庭审程序》录像或庭审直播网上法院审理案件的庭审视频；

3. 指导教师在学生观看完示范庭录像视频之后，组织学生总结民事案件一审庭审流程；

4. 指导教师重点回放示范庭录像视频中法庭辩论环节，组织学生讨论与归纳所观看的民事案件审理中法庭辩论的内容、争点以及亮点、特点；

5. 指导教师就下次实践活动中的民事案件法庭辩论大赛，组织学生进行分组与课外案情预习；

6. 学生填写学生专业实践日志中本次实践的内容，并将日志上交给指导教师；

7. 指导教师批阅学生填写的学生专业实践日志中本次实践的内容，并在下次实践活动开始前就此次实践活动中存在的问题予以及时反馈并进行针对性地指导、纠正与评价。

四、具体效果

（一）通过再次熟悉民事案件的一审庭审程序的流程，掌握民事诉讼庭审程序的独有特点，为后续的民事案件法庭辩论大赛巩固程序法适用的基础

民事诉讼是平等主体之间的民事权利义务争议之诉，因纠纷主体

法律地位的平等，因而民事诉讼庭审程序的独有特点为：庭审中法院审理的实体问题性质特定，即民事权利义务之争；庭审中的诉讼主体特殊，作为诉讼主体的机关一般都只有法院；庭审中贯彻的诉讼原则特殊，如处分原则、辩论原则等；庭审中的被告人具有反诉的权利；庭审中当事人可以和解，民事诉讼中的当事人有权依法处分其诉讼权利和实体权利，所以在诉讼中可以要求庭外和解；庭审中法院可以调解，在审判人员的主持下，民事诉讼中当事人双方自愿、平等协商解决民事纠纷，调解结案具有等同于判决的强制执行效力，调解不成的应当及时判决；庭审中举证责任分配原则为“谁主张谁举证”，民事诉讼中的当事人对于自己提出的主张有责任提供证据，双方当事人均可以提出支持各自事实主张或反驳对方事实主张的证据。

（二）结合示范庭审案件，从民法等实体法的角度完整归纳法庭辩论的内容，培养案件分析能力，为后续的民事案件法庭辩论大赛打下实体法适用的基础

以实践教学中播放的中央电视台与最高人民法院联合录制的民事案件一审录像中“李某霞诉李某、陈某、蔡某庆侵犯邻接权、录音制作合同纠纷案”为例，此案原告人为李某霞，被告人为李某、陈某、蔡某庆。学生通过认真观摩与讨论，应当透过双方你一言我一语的争论，抽丝剥茧出此案法庭辩论的内容为：

1. 原告李某霞对《常来常往》伴奏带是否具有著作权？原告方主张对《常来常往》伴奏带的编曲具有著作权，被告方否认。双方纷争的细节有二：

一是《常来常往》伴奏带的编曲是否具有独立性？原告方认为《常来常往》伴奏带的编曲是作品，是忠实于原作的演绎行为，具有独立性；被告方认为原告方对《常来常往》伴奏带的编曲是一种辅助行为，不具有独立性，不是著作权法保护的作品。二是《常来常往》伴奏带的编曲能否等同于改编？原告方认为《常来常往》伴奏带的编曲等同于改编；被告方认为原告方对《常来常往》伴奏带的编曲不是改

编；此纷争的背景知识在于：改编是以不同的表现形式再现作品的创造活动，改编后的作品具有独立性，改编者当然对具有独立性的改编作品具有著作权。

裁决此点纷争的关键在于：《常来常往》伴奏带的编曲无具体的曲谱，离开了乐器的演奏（或者电脑编程）及其他因素的配合无法独立表达，因此该编曲不是改编而是附属行为的演奏方式而已，是制品而不是作品，不属于著作权的客体而是邻接权中录制者权的客体。此外，著作权保护的主体是创造出智力作品的作者，邻接权保护的主体是以付出投资或加上自己创新劳动等形式使原作品以新的方式表现出来以便帮助创作者传播作品的辅助人员。

2. 第一被告人李某是否违约？是否需要返还4000元制作费？原告方主张李某违约并应当退回制作费4000元，因为当初双方协议中约定“如歌曲被选用，乙方任何一人未参加此曲的晚会演唱，由甲方负责退还录制费用的全部金额”，即“歌”与“曲”必须不可分离地同时被春节联欢晚会选用；被告方表示愿意退还4000元，因为当乙方之一的李某霞未参加晚会的条件成就时，承认按约定其有返还制作费的义务。

故此点法庭辩论内容，因为双方无异议，不属于争点，审判方可直接认定。

3. 原告花4000元制作的《常来常往》伴奏带编曲取得的权利在本案中到底是何种权利？原告方认为是著作权和邻接权，被告方否认。此点纷争的背景知识在于：原告人花4000元制作《常来常往》伴奏带编曲，表明原告人是录音制作者，对录音制品享有邻接权中的录制者权；当然，原告人与被告人之间如果有约定，法律尊重当事人的约定。

裁决此点纷争的关键在于：本案中，李某作为甲方、李某霞作为乙方之一就歌曲《常来常往》参加春节联欢晚会一事签订合同。合同第三条约定：“歌曲未被选用，甲方无偿提供给乙方使用该作品一年（包括伴奏带），时间以协议之日起计算。”根据此条，李某霞确曾为伴奏带的制作投入4000元制作费，其原本享有对《常来常往》伴奏带的录音制作者权，但是合同既然明确约定在歌曲未被选用时，伴奏带的所有权仍然由李某保留，李某霞只是取得了歌曲以及伴奏带的一年期限的无偿使用权。即李某霞对该伴奏录音制品的编曲不享有相应的著作权和邻接权。

实践活动二：民事案件案情分组讨论与法庭辩论大赛

一、实践目的

民事案件综合实训之法庭辩论大赛实践教学模式的目的在于通过分组讨论，对案件事实、证据进行深入思考，得出较为准确的初步结论；通过法庭辩论大赛，着重培养与提高法庭口头表达能力、应变能力以及案件分析能力，体悟律师与法官的临场应变能力与职业伦理要求；并为下一次民事诉讼文书写作的实践活动做好准备。

二、主要内容

首先，学生准时到达指定的教室，就指导老师提供的民事案例材料，按照已选定的原告组、被告组与审判组进行分组，根据《民法总则》、《民事诉讼法》和其他法律及相关司法解释的规定，对案件进行讨论，围绕事实、证据对案件模糊问题进行重新认识，集思广益，得出较为准确的初步结论。其次，在审判方的主持下，原告组与被告组进行庭前证据交换活动。然后，原告组与被告组进行法庭辩论，审判组认真聆听并评判给分。最后，布置与落实下一次实践活动中有关民事诉讼文书写作的相关计划，并要求学生认真并及时填写专业实践日志中本次实践的内容。

三、详细步骤

1. 指导教师对本次实践活动的目的、内容与要求作一个总体介绍。

2. 指导教师组织学生按照已选定的原告组、被告组与审判组进行分组就座。

3. 指导教师就已经提前提供给学生的真实民事案件的相关材料，组织学生进行分组讨论。

4. 每组同学在案件初步讨论结束之后，推选出本组对案情最熟悉、发表观点最全面之人作为组长。

5. 每组同学在指导教师组织下在组内围绕真实民事案件的事实、证据与法律适用充分发表自己的看法，各组组长做好主要观点记录；原告组与被告组要归纳出本方即将交换的证据，审判组每位同学用两张纸分别记录下原告组与被告组所有同学名单。

6. 在审判组组长的主持下，原告组与被告组就此真实民事案件进行庭前证据交换活动。

7. 为了让所有同学参与到此实践活动中去，故跳出真实民事案件法庭辩论环节参与人数和法定程序的限制，借鉴普通辩论赛的程序，在审判组组长宣布正式法庭辩论开始后，先由原告组代表简要陈述诉讼请求，再由被告组代表简要陈述本方答辩主张；接着在审判组组长引导下，进入原告组与被告组的自由辩论阶段，双方每位同学均可参与发表辩论观点；最后，在审判组组长询问双方并确认无新的辩论意见后，由原告组与被告组组长分别作总结陈述。

8. 审判组每位同学在认真聆听原告组与被告组的辩论之后，公正评判双方每位同学的辩论实践活动得分，并将评分交给指导老师；指导老师确认评分具有区分度且无遗漏并被视为有效之后，由审判组组长组织审判组成员进行统分和核分；指导老师确认得分无误后，按照辩论得分当场宣布 2～4 名本场民事法庭辩论大赛的最佳辩手。

9. 学生填写学生专业实践日志中本次实践的内容，并将日志上交给指导教师。

10. 指导教师批阅学生填写的学生专业实践日志中本次实践的内容，并在下次实践活动开始前就此次实践活动中存在的问题予以及时反馈并进行针对性地指导与纠正。

四、具体效果

1. 对民事法庭辩论赛的准备客观上促使学生对《民法总则》、《民事诉讼法》和其他法律及相关司法解释的相关内容进行了深入学习与讨论，学生更为全面地掌握了相关法学专业知识。

就实践教学中提供给学生作为辩论案例的“马某诉王某强民事侵权案”为例，首先，学生在讨论的基础上明悉了名誉权是人们依法享有的对自己所获得的客观社会评价排除他人侵害的权利，全面掌握了民法中名誉侵权的构成要件：行为人主观上有过错，名誉侵权的主观状态一般为故意，但在特殊情况下主观状态为也可能为过失（如报刊、杂志、网络平台等因审查不严刊登、发表或转载有损害他人名誉的文章等）；行为人在客观上有损害特定他人名誉的违法事实并为第三人知悉，名誉侵权主要有公然毁坏他人名誉的侮辱、捏造虚假事实的诽谤和泄露他人隐私等方式；行为人的行为对受害人的名誉造成了较为严重的损害后果，损害可体现为身体上的、精神上的或社会评价等；受害人的名誉严重受损的后果与行为人的行为之间存在因果关系。其次，细致地掌握了民事诉讼法中关于名誉侵权案件举证责任的相关规定：名誉侵权属于一般侵权行为，适用“谁主张，谁举证”的举证原则，即原告方要提供证据证明被告以何种行为方式侵犯了其名誉权；如果被告方认为发布微博声明只是客观陈述夫妻关系破裂的原因事实因而不构成侵权，那么被告方必须提供证据证明被告人在微博中声明的内容是客观事实，这就是举证责任的转移。

2. 学生根据《民法总则》、《民事诉讼法》和其他法律及相关司法解释的规定，分组对案件进行讨论，围绕事实、证据进行深入分析、思考并充分集思广益，对模糊问题进行重新认识，得出较为准确的初步结论，以充分锻炼与全面提高学生的案件分析能力。

各组在认真讨论“马某诉王某强民事侵权案”之后，原告组的初步结论为：被告人王某强微博中有关原告人出轨的声明涉及原告人隐私，且内容是虚假的，纯属污蔑，构成名誉侵权；从损害事实上看，由于王某强是公众人物，其众多粉丝受其微博声明影响，通过网络留言、电话等方式对原告人进行骚扰，给原告人造成生活不便与心理上的伤害；故被告人应立即停止侵权行为，赔礼道歉并赔偿损失。原告组向被告组交换的证据主要是：王某强的微博声明，网络留言上的谩骂马某的文字截屏图。

被告组从侵权行为的构成要件来分析，得出的初步结论为：被告人的行为不满足行为违法性和主观上的恶意，因为被告人陈述的均为事实且不具有侮辱原告人之恶意；虽然原告人受到网友负面评价的损失，但该损失不是被告人造成的，是原告人自己出轨造成的，故侵权行为的因果关系要件不成立；名誉权保护的是社会客观评价，而原告人所受的“损失”正是社会基于事实所给予她的客观评价；综上所述，认为原告人名誉侵权的主张不成立。被告组向原告组交换的证据主要有：证人杨某采访中陈述其丈夫出轨的视频，马某与宋某的多次开房视频记录，马某与宋某多次在凌晨的通话记录，马某贴吧小号上的发文；审判组从名誉权的概念、名誉侵权的构成要件等方面展开释明与探讨。审判组结合原被告双方交换的证据，初步归纳出本案的争点是王某强的微博声明是否属实以及是否对马某造成名誉侵权。

3. 原告组与被告组进行法庭辩论，审判组认真聆听并评判给分，着重培养与提高学生的临场应变能力和口头表达能力，同时让学生切身体悟诉讼代理律师与审判法官的职业素养与伦理要求。

以“马某诉王某强民事侵权案”为例，审判组同学作为法庭辩论大赛的主持者，需要在认真听庭的基础上及时归纳案件争点，需要把握好整个庭审的节奏，需要将有限的庭审时间合理分配到庭审各个阶段。围绕名誉侵权的构成要件与案件争点，审判组同学为了提高审判效率以及将时间集中到对案件处理起决定性作用的争议事实、证据效力与法律适用问题上，将原告组与被告组展开此案法庭辩论的具体角度与细节问题细分为：（1）王某强在客观上是否存在为他人知悉的损害马某名誉的事实，细分为两个方面：一是王某强损害马某名誉的侵权方式是什么？二是侵权事实发生在什么地方或场合？（2）王某强在主观上是否存在故意或过失损害马某名誉的过错？由于对公众人物的名誉侵权应当着重于行为人是否在主观上有实际恶意为标准，故辩论又拓展出两个细节问题：一是马某是否属于公众人物？二是王某强主观状态是什么？有无恶意？（3）王某强发布微博声明的行为是否违法？细分为两个方面：一是如果马某属于公众人物，对公众人物隐私权保护是否应当受到限制？二是婚姻法对夫妻之间忠实义务的规定能否阻却王某强通过微博公开马某通奸隐私的违法性？（4）马某在微博离婚声明事件发生后，有哪些损害发生？影响是否严重？王某强发布微博公布离婚声明的行为与马某的各类身心上的损害是否有因果关系？

原告组法庭辩论的主要观点为：被告人王某强的微博声明中有关原告人出轨的内容不真实，提供的证据或来源不清，或不合法，或证明力不强，不能证明原告人出轨；被告人王某强在其妻出是否出轨事实不清的情况下，利用自己的影响力故意曝光有关原告人隐私，导向社会舆论一边倒地同情、支持王某强，导致网友谩骂马某且马某在社会上的负面评价泛滥，客观上侵害了马某的名誉权，同时对两个孩子的身心健康造成不良影响；被告人的侵权行为与马某名誉权受损的损害结果之间存在因果关系；王某强为争夺子女抚养与财产权，恶意引导舆论并给原告的名誉造成损害，主观上存在故意；公民的言论自由应当得到法律保护，但王某强不能利用言论自由来诽谤原告人的人格；此外，公众人物的隐私权受到限制在我国并没有明确的法律依据。

被告组法庭辩论的主要观点为：被告人仅仅是陈述了原告人出轨的客观事实，并没有侵犯原告人名誉权的主观故意，更谈不上恶意；其离婚声明中无攻击性或虚假捏造语言，都为属实陈述，且原告人关于诽谤的主张不成立；更何况，马某作为公众人物却在婚内出轨给她自己的家庭乃至社会带来了负面影响，为社会道德与公序良俗所不能容忍，理应接受来自社会各方面的监督与评价，其隐私权理应受到限制；被告人发布的微博声明只是在忍无可忍之下客观陈述夫妻关系出现破裂的原因等事实情况，且婚姻法对夫妻之间忠实义务的规定能够阻却王某强通过微博公开马某通奸隐私的违法性；综上所述，认为王某强不构成对原告人的名誉侵权。

实践活动三：民事诉讼文书写作指导与文书撰写

一、实践目的

民事案件综合实训之诉讼文书写作实践教学模式的目的在于掌握民事案件一审普通程序中起诉状、答辩状、代理词、判决书共四类主要民事诉讼文书的写作格式与具体内容；能够结合具体案件，熟练撰写民事案件一审普通程序中起诉状、答辩状、代理词、判决书共四类主要民事诉讼文书。

二、主要内容

学生准时到达指定的教室，认真听取指导老师关于民事案件一审普通程序中起诉状、答辩状、代理词、判决书共四类主要民事诉讼文书的写作格式与主要内容的讲解；每位学生根据指导老师关于文书写作的指导，结合已经结束的民事案件法庭辩论大赛，依据分组情况，认真撰写与此次作为民事案件法庭辩论大赛素材的民事案件相对应的民事诉讼文书；认真并及时填写学生专业实践日志中本次实践的内容。

三、详细步骤

1. 指导教师对本次实践活动的目的、内容与要求作一个总体介绍；

2. 指导教师提前给学生提供民事案件一审普通程序中起诉状、答辩状、代理词、判决书共四类主要民事诉讼文书的真实范本，以使学生写作时学习与参照；

3. 指导教师对照文书范本详细讲解民事案件一审普通程序中起诉状、答辩状、代理词、判决书共四类主要民事诉讼文书的写作格式、主要内容以及写作中要注意的细节问题，学生边听边记下要点；

4. 学生依据分组情况，认真撰写与此次作为民事案件法庭辩论大赛素材的民事案件相对应的民事诉讼文书；即原告组同学写作的文书为起诉状或代理词，被告组同学写作的文书为答辩状或代理词，审判组同学写作的文书为判决书；

5. 学生填写学生专业实践日志中本次实践的内容，并上交日志（后附写好的民事诉讼文书）给指导教师；

6. 指导教师批阅学生填写的学生专业实践日志中本次实践的内容，对每位同学写作的民事诉讼文书进行审阅评分，并在下次实践活动开始前就此次实践活动中存在的问题予以及时反馈并进行针对性的指导与纠正；

7. 按照学生文书写作的得分，指导老师在下次课堂上宣布各类民事诉讼2~4篇最佳文书的学生名单，并将最佳文书在学生中进行传阅；

8. 整个民事案件综合实训活动结束后，指导老师要求学生进行全面反思与总结，书面总结不得少于一千字，要求内容充实并保持清晰格式；指导老师对学生整个民事案件综合实训活动进行百分制考核，考核方案为：总评成绩中考勤情况占10%，民事案件法庭辩论占30%，民事诉讼文书写作占30%，专业模拟实习日志填写与民事案件综合实训总结等综合情况占30%。

四、具体效果

以“马某诉王某强民事侵权案”为例，学生在指导老师的指导下，能结合这一具体案件，熟练撰写民事案件一审普通程序中起诉状、答辩状、代理词、判决书共四类主要民事诉讼文书：原告组的同学撰写该案的起诉状，被告组的同学撰写该案的答辩状，原告组或被告组的同学可以选择撰写该案的代理词，审判组的同学撰写该案的判决书。

民事诉讼文书的写作是民事案件综合实训的最终书面成果，旨在督促学生将民法与民事诉讼法有机结合起来并具体运用到“马某诉王某强民事侵权案”这一个案中去。

1. 所有同学熟练掌握民事案件一审普通程序中起诉状的写作格式与具体内容

民事案件一审普通程序中起诉状是原告人向法院提出诉求以维护其民事权益与追究被告人民事责任的书状，结构分为首部、正文、尾部与附项四部分。

首部内容：一是文书上部正中的标题“民事起诉状”；二是按照原告人、被告人、第三人的顺序列明当事人基本情况。[①] 当事人情况的列明要详细，尤其是家庭住址要具体；示例“原告人：武中才，男，1970 年 8 月 11 日出生，汉族，江苏徐州人，大专文化，徐州恒祥物资有限公司员工，现住徐州市泉山区工农楼 1 号楼 3 单元 503 室”；注意，若当事人为单位（法人或者其他组织），则应当写明单位名称、单位地址以及出庭人员（单位负责人或法定代表人）的姓名、职务和联系方式，示例：一行为“被告人：中国平安财产保险股份有限公司南通市海安支公司，单位地址为江苏省南通市海安县中山路 6 号”；另起一行写“单位负责人：邓平，公司经理，13908004407”。

正文内容：一是案由（诉讼请求事项），即依次简明扼要地写明请求法院解决的民事权益的争议事项，如请求侵权赔偿、请求承担违约责任等。案由（请求事项）的列明要具体明确且合法合理，凡涉及金钱的一定要写明具体数额。二是事实与理由。事实，即双方纷争的起因、经过、现状以及争议焦点等案件事实；事实的叙述要详细而明确，才能令人信服之前案由（请求事项）的真实性。理由即诉讼请求的根据，主要是写明诉讼请求的事实依据和法律依据，包括证据来源、证

---

① 当事人基本情况一般包括：姓名、性别、出生年月、民族、籍贯、文化程度、工作单位、职业、住所、联系方式，法人或者其他组织的名称、住所和法定代表人或者主要负责人的姓名、职务、联系方式等。

人姓名和住址等证据情况，同时要根据事实与有关法律规定进行分析论证；理由的阐述要条理清楚、事实分析必须有根据，法律引用必须准确，才能令人信服之前案由（请求事项）的合法性和合理性。

尾部在正文之后，首先另起一行在左下方写明致送机关，示例：一行为“此致”；另起一行“江苏省徐州市中级人民法院”；然后另起一行在右下方，由起诉的原告人签名或盖章（起诉的原告人为单位的，要盖单位的公章），律师代书的可注明律师所在的律师事务所；最后另起一行在右下方注明具状的年月日。

附项是民事起诉状的附加部分，应具体写明民事起诉状副本的份数（按照被告人数提出副本）以及证据情况（如证据种类、名称、数量和证据来源，以及证人的姓名、住所以及联系方式等）。附项示例：一行为“一、本起诉状副本 5 份”，另起一行“二、证据 15 份”。

2. 所有同学熟练掌握民事案件一审普通程序中答辩状的写作格式与具体内容

民事案件一审普通程序中答辩状是被告人对原告人起诉状中案由以及诉讼请求作出答复和辩驳的诉讼文书，结构分为首部、正文、尾部与附项四部分。

首部内容：一是文书最上部正中位置的标题“民事答辩状”，二是答辩人的基本情况。①

正文主要内容在于写明答辩理由和主张，即针对原告人起诉状中案由以及作为诉讼请求支撑的事实依据和法律依据进行反驳辩解，进而提出自己的答辩主张。表述示例为“答辩人因原告李涛诉我交通事故人身侵权损害赔偿一案，提出答辩如下：……”答辩的思路一般包括：一是针对事实部分进行答辩，提出反证来反驳起诉状中所写的事实全部或部分不符；二是针对法律适用进行答辩，论证原告人对民事

① 答辩人的基本情况一般包括：被告的姓名、性别、年龄、民族、职业、工作单位、住所、联系方式，法人或者其他组织的名称、住所和法定代表人或者主要负责人的姓名、职务、联系方式。

实体法条文理解错误或违反民事诉讼法关于起诉条件的规定；三是明确提出自己的答辩主张，即请求法院驳回全部诉讼请求或驳回部分诉讼请求。

尾部分两行写明致送机关，示例（与起诉状尾部内容类似）：一行为“此致”；另起一行“江苏省徐州市中级人民法院”；然后另起一行在右下方，由答辩人签名或单位（答辩的被告人为单位的，要盖单位的公章），律师代书的可注明律师所在的律师事务所；最后另起一行在右下方注明答辩的年月日。

附项应注明本民事答辩状副本的份数以及证据情况（如证据种类、名称、数量以及证人的姓名、住址以及联系方式等）。附项示例（与起诉状附项内容类似）：一行为“一、本答辩状副本 5 份；”另起一行“二、证据 15 份”。

3. 所有同学熟练掌握民事案件一审普通程序中代理词的写作格式与具体内容

民事案件一审普通程序中代理词是指当事人的诉讼代理人以当事人的名义并在代理权限内发表的维护被代理当事人合法权益的法律意见，结构分为首部、序言、正文、结束语和尾部五部分。

首部内容：一是文书上部正中的标题，标题要表明案件性质和所代理的当事人的诉讼角色，如“民事原告人诉讼代理词”或“民事被告人诉讼代理词”；二是开头向合议庭陈述的称呼语，表述示例为：“审判长、审判员：……”

序言内容：一是说明行使代理权的合法性（接受委托或指派等），二是说明参与代理活动的充分性。表述示例为：“我接受本案原告人武中才的委托，作为民事诉讼代理人参加本案诉讼活动。在庭前，我认真查阅了案卷材料、听取了委托人的陈述、依法作了系列调查走访，今天又参加了法庭调查。通过这一系列的诉讼活动，我对本案情况有了较为全面的了解。针对本案的基本情况，发表以下诉讼代理意见，供合议庭参考。”

正文内容：一是围绕纠纷事实加以陈述或加以反驳，二是围绕纠纷事实从事实、证据、法理等角度来分析双方的是非、权利、义务与责任，三是提出解决纠纷的具体意见。

结束语是对整个代理词内容的总结，主要是提出结论性的见解和具体主张。用语要简明扼要，观点要肯定鲜明。

尾部内容：一是在右下方由代理人签名；律师作为诉讼代理人的，注明律师所在的律师事务所。二是另起一行在右下方注明年月日。

4. 所有同学熟练掌握民事案件一审普通程序中判决书的写作格式与具体内容

民事案件一审普通程序中判决书是法院以事实为依据，以法律为准绳，对案件实体问题作出的具有法律拘束力的书面结论；结构分为标题、正文与落款三部分。

标题内容：一是文书最上部正中的法院名称，应当写明人民法院全称；二是另起一行并居中位置的文书名称，如“民事判决书”；三是再另起一行的判决书案号，判决书案号由收案年度、法院代字、类型（案件法律关系性质与适用审判程序）代字、案件编号（顺序号）组成。每个案件编定的案号均应具有唯一性。① 如南京市建邺区人民法院审理后于 2017 年 1 月 1 日作出的一审民事案件判决书，文书编号写为：“（2017）宁建民初字第 1 号”。

正文内容：一是首部。不仅要列明诉讼参加人及其基本情况，② 而且要写明案件由来、审判组织、审判方式、到庭参加诉讼人和审理经过，表述示例为：“原告人建宁市长发开发公司与被告人张明房屋拆迁一案，本院受理后，依法组成合议庭，公开开庭进行了审理。原告人

---

① 参见最高人民法院 2015 年 5 月 13 日印发的《关于人民法院案件案号的若干规定》第 2 条和第 3 条。

② 诉讼参加人的基本情况一般按照原告及其法定代理人、委托代理人，被告及其法定代理人、委托代理人，第三人及其法定代理人、委托代理人的顺序列明；内容与要求参照起诉状中当事人基本情况的列明。

建宁市长发开发公司的委托代理人冯兵和被告人张明到庭参加诉讼。本案现已审理终结”。二是事实与理由部分。首先，概述原告人提出的诉讼请求和具体依据，以“原告诉称：……”的形式来写。其次，概述被告人答辩、代理人发表意见的主要内容，以“被告辩称：……”的形式来写。再次，概述第三人及其代理人的主要意见，以“第三人述称：……”的形式来写。复次，根据《人民法院民事裁判文书制作规范》的新增规定，在诉辩意见之后，另起一段简要写明当事人举证、质证的一般情况，表述为：“本案当事人围绕诉讼请求依法提交了证据，本院组织当事人进行了证据交换和质证”。对当事人争议较大的，还可以归纳经过当事人认可的关于证据、事实和法律适用的争议焦点。最后，写明法院认定的事实、证据以及根据当事人诉请和争点对纠纷性质、当事人权利义务和责任加以认定的案件事实和适用根据，重点是“根据认定的案件事实和法律依据，对当事人的诉讼请求是否成立进行分析评述”,[①] 阐明法院认定事实与采信证据的理由，即重在说理。以“经审理查明:”和“上述事实，有……证明，足以认定”的形式来写。三是判决依据与判决主文部分。判决依据即写明具体的适用法律依据（具体到裁判所依据的实体法和程序法法条）；判决主文是法院对案件实体问题作出的处理决定，要明确、具体和完整地写明当事人必须履行的具体事项、履行时间和履行方式等。四是尾部，主要内容为：写明诉讼费的负担，交代当事人上诉期间（判决 15 日、裁定 10 日）、途径以及二审法院等上诉权等相关告知事项。

落款内容：一是在右下角由审判人员分行分别加以署名；二是另起一行在右下角写明制作日期及加盖院印；三是另起一行在左下角盖上“本件与原本核对无异”的戳记；四是在判决书全文内容之后的右下角处为书记员署名。

---

① 最高人民法院发布并在2016 年8 月1 日起施行的《人民法院民事裁判文书制作规范》第 1 条。

Chapter 13 第十三章

刑事案件综合实训之教学路径

实践活动一：观摩真实的刑事案件一审庭审视频并进行案件讨论

一、实践目的

刑事案件综合实训之观摩庭审视频实践教学模式的目的在于掌握刑事案件一审庭审程序与要点，熟知刑事案件一审庭审程序中法庭辩论的内容与特点，并为下一次刑事案件案情分组讨论与法庭辩论大赛的实践活动做好准备。

二、主要内容

首先，学生准时到达指定的教室，认真观看刑事案件庭审示范录像视频（中央电视台与最高人民法院联合录制的刑事案件《中国庭审程序》录像或庭审直播网上法院审理刑事案件的庭审视频），在观看录像视频与查阅资料的基础上，掌握并归纳刑事案件一审庭审程序与要点；学生关注示范庭审的细节，并就所观看的刑事案件审理中法庭辩论环节的争点与亮点展开全方位讨论，重点归纳刑事案件一审庭审程序中法庭辩论的内容与特点。其次，就指导老师提供的作为法庭辩论大赛素材的真实刑事案件材料，每位学生利用课外时间，针对性地查找资料、充分熟悉案情，并进行初步分析。然后，针对指导老师提供的刑事案例材料，进行公诉方、辩护方、审判方的角色选择，组成公诉组、辩护组与审判组，布置与初步落实下一次实践活动二中有关刑事案件案情分组讨论的相关计划。最后，学生认真并及时填写专业实践日志中本次实践的内容。

三、详细步骤

1. 指导教师对本次实践活动的目的、内容与要求作一个总体介绍；

2. 指导教师播放中央电视台与最高人民法院联合录制的刑事案件《中国庭审程序》录像或庭审直播网上法院审理案件的庭审视频；

3. 指导教师在学生观看完毕示范庭录像视频之后，组织学生总结刑事案件一审庭审流程；

4. 指导教师重点回放示范庭录像视频中法庭辩论环节，组织学生讨论与归纳所观看的刑事案件审理中法庭辩论的内容、争点以及亮点、特点；

5. 指导教师就下次实践活动二中的刑事案件法庭辩论大赛，组织学生进行分组与课外案情预习；

6. 学生填写学生专业实践日志中本次实践的内容，并将日志上交给指导教师；

7. 指导教师批阅学生填写的学生专业实践日志中本次实践的内容，并在下次实践活动开始前就此次实践活动中存在的问题予以及时反馈并进行针对性地指导、纠正与评价。

四、具体效果

（一）通过再次熟悉刑事案件的一审庭审程序的流程，掌握刑事诉讼庭审程序的独有特点，为后续的刑事案件法庭辩论大赛巩固程序法适用的基础

刑事诉讼因为涉及人身自由乃至生命权剥夺的重大问题，尤其是

刑事公诉案件一方为代表公权力的国家专门机关，另一方为相对弱势的犯罪嫌疑人、被告人，因而刑事诉讼庭审程序的特有特点为：法院审理的实体问题性质特定，即罪与罚的问题；诉讼主体特殊，刑事公诉案件诉讼主体包括侦查机关（公安机关、国家安全机关等）、检察院和法院，刑事自诉案件中作为诉讼主体的机关一般只有法院；庭审中贯彻的诉讼原则特殊，实行职权原则、检察院监督原则、辩护原则等；犯罪嫌疑人与被告人享有辩护的权利，辩护权专属于刑事诉讼的犯罪嫌疑人与被告人，犯罪嫌疑人与被告人行使辩护权的方式包括自行辩护、委托辩护和指定辩护，辩护旨在从实体或程序角度维护犯罪嫌疑人、被告人的合法权益；庭审中举证责任分配原则为由公诉案件的公诉人或自诉案件的自诉人举证，刑事公诉案件的公诉人负责举证能够证实犯罪嫌疑人、被告人有罪、无罪、犯罪情节轻重的各种证据，刑事自诉案件的自诉人必须提供证据证明其控诉。

通过实践教学中播放的中央电视台与最高人民法院联合录制的刑事案件一审录像中“被告人部某生与黄某春共同诈骗案”，学生温故而知新，除了再次熟悉刑事案件的一审庭审程序的流程之外，熟知了辩护律师的诉讼地位与使命：辩护律师不是被告人的代言人，他们所享有的诉讼权利是法律所赋予而不是被告人授权的；辩护律师的使命不是毫无底线地帮助被告人逃脱应当承担的法律责任，而是通过对有瑕疵的证据、程序提出质疑等一切公平合法的手段以维护被告人的实体与程序权利。更为重要的是，学生通过此案充分了解了共同犯罪的以下特殊庭审程序：首先，在共同犯罪案件的预备开庭与出庭情况审查阶段，在将同案所有被告人传唤到庭后，审判长分别查明每个被告人的身份及基本情况，集中宣布案源与案由、是否公开审理及合议庭组成人员、书记员、公诉人和辩护人等人员名单以及告知被告人在法庭审理过程中享有的诉讼权利，然后必须分别询问每个被告人、法定代理人、辩护人和诉讼代理人是否申请回避。其次，在共同犯罪案件的法庭调查开始后，公诉人宣读起诉书，每个被告人就起诉书指控的犯罪事实分别陈述；而到了讯问阶段，讯问同案审理的被告人原则上应当分别进行，即按照起诉书的先后顺序留一个被告人在庭接受讯问，将同案其他被告人带出法庭，每个被告人依次接受法官、公诉人的讯问；经审判长准许，被害方就某一问题进行补充发问，被告人的法定代理人、辩护人可以在控诉一方就某一问题讯问完毕后向被告人发问；必要时，如当同案被告人的陈述互相矛盾的，可以传唤同案被告人到庭对质。最后，在共同犯罪案件的法庭辩论阶段开始至庭审结束，同案所有被告人均到庭一起参加审判。此外，在共同犯罪案件中，每个被告人及其辩护人都竭尽全力维护己方的利益，在量刑辩护方面多以主从犯的认定为切入点，倾向于将己方确认从犯，进而从轻量刑；此时，每个被告人及其辩护人不仅仅要考虑与公诉人的对抗，还要考量与其他被告人及其辩护人之间的博弈。

（二）结合示范庭审案件，从刑法以及相关司法解释等实体法的角度完整归纳法庭辩论的内容，培养案件分析能力，为后续的刑事案件法庭辩论大赛打下实体法适用的基础

以实践教学中播放的中央电视台与最高人民法院联合录制的刑事案件一审录像中“被告人部某生与黄某春共同诈骗案”为例，此案公诉方为北京市海淀区人民检察院，被告人为部某生与黄某春。学生通过认真观摩与讨论，就部某生与黄某春构成共同诈骗罪且为初犯而言，公诉人与两被告方均无异议；此案法庭辩论的争点不在定罪而在量刑，具体为：被告人部某生及其辩护人认为黄某春为主犯，部某生为从犯，应当对部某生在量刑上从轻或减轻；被告人黄某春及其辩护人认为部某生为主犯，黄某春为从犯，应当对黄某春在量刑上从轻或减轻；而公诉人则认为部某生与黄某春两被告人构成诈骗罪的普通共犯，不宜区分主从。

被告人部某生及其辩护人从三个方面来支撑自己的辩论观点：一是黄某春在北京工作、人脉广，且黄某春邀请部某生从合肥来北京（旨在暗示或推定诈骗是由黄某春提出，但无其他证据佐证）；二是诈骗所得利润的分配为黄某春分65%、部某生分35%（黄某春在庭审中

说当初二人并未提起过所得利润如何分配）；三是作为诈骗材料的中国企业报社通知资料是黄某春准备的，诈骗所需的银行账号开户申请书是黄某春写的，法定代表人是黄某春（黄某春在庭审中说材料是部某生起草的，他只是誊写与整理者）。

被告人黄某春及其辩护人也从四个方面来支撑自己的辩论观点：一是黄某春说当初担心，部某生说如有问题他负责；二是作为被诈骗对象的大连大黑石收到诈骗电话的手机号码是1369的手机号，而1369的手机号是部某生的；三是租房以及置办物品是部某生经办的，费用黄某春承担7000元、部某生承担5000元；四是诈骗材料多为部某生所发，部某生将诈骗材料发给了20多家单位，回信的有4家单位。

依据刑法规定，“组织、领导犯罪集团进行犯罪活动的或者在共同犯罪中起主要作用的，是主犯”；[①]“在共同犯罪中起次要或者辅助作用的，是从犯”。[②] 鉴于此，公诉人的观点为：作为诈骗材料的中国企业报社通知资料以及散发行为均为两个被告人共同完成，租房为两个被告人共同租赁，置办物品的费用为两个被告人共同出资且份额类似，且两名被告人均参与公章伪造活动。故公诉人认为部某生与黄某春两被告人共同实施诈骗行为，双方分工明确，在共同犯罪中所起的作用和地位以及参与程度没有明显差异，不宜区分主从，为普通共同犯罪。

实践活动二：刑事案件案情分组讨论与法庭辩论大赛

一、实践目的

刑事案件综合实训之法庭辩论大赛实践教学模式的目的在于通过

---

① 根据2017年11月4日通过的《刑法修正案（十）》修正后的《刑法》第26条第1款。

② 根据2017年11月4日通过的《刑法修正案（十）》修正后的《刑法》第27条第1款。

分组讨论，对案件事实、证据进行深入思考，得出较为准确的初步结论；通过法庭辩论大赛，着重培养与提高法庭口头表达能力、应变能力以及案件分析能力，体悟检察官、律师与法官的临场应变能力与职业伦理要求；并为下一次刑事诉讼文书写作的实践活动做好准备。

二、主要内容

首先，学生准时到达指定的教室，就指导老师提供的刑事案例材料，按照已选定的公诉组、辩护组与审判组进行分组，根据《刑法》、《刑事诉讼法》和其他法律及相关司法解释的规定，对案件进行讨论，围绕事实、证据对案件模糊问题进行重新认识，集思广益，得出较为准确的初步结论。其次，在审判方的主持下，公诉组与辩护组进行庭前证据展示活动。再次，公诉组与辩护组进行法庭辩论，审判组认真聆听并评判给分。最后，布置与落实下一次实践活动三中有关刑事诉讼文书写作的相关计划，并要求学生认真并及时填写专业实践日志中本次实践的内容。

三、详细步骤

1. 指导教师对本次实践活动的目的、内容与要求作一个总体介绍；

2. 指导教师组织学生按照已选定的公诉组、辩护组与审判组进行分组就座；

3. 指导教师就已经提前提供给学生的真实刑事案件的相关材料，组织学生进行分组讨论；

4. 每组同学在案件初步讨论结束之后，推选出本组对案情最熟悉、发表观点最全面之人作为组长；

5. 每组同学在指导教师组织下在组内围绕此真实刑事案件的事实、证据与法律适用充分发表自己的看法，各组组长做好主要观点记录；公诉组与辩护组要归纳出本方即将展示的证据，审判组每位同学用两张纸分别记录下公诉组与辩护组所有同学名单；

6. 在审判组组长的主持下，公诉组与辩护组就此真实刑事案件进行庭前证据展示活动；

7. 为了让所有同学全员参与到此实践活动中去，故跳出真实刑事案件法庭辩论环节参与人数和法定程序的限制，借鉴普通辩论赛的程序，在审判组组长宣布正式法庭辩论开始后，先由公诉组代表简要陈述其公诉指控，再由辩护组代表简要陈述本方辩护意见；接着在审判组组长引导下，进入公诉组与辩护组自由辩论阶段，双方每位同学均可参与发表辩论观点；最后，在审判组组长询问双方并确认无新的辩论意见后，由公诉组与辩护组组长分别作总结陈述；

8. 审判组每位同学在认真聆听公诉组与辩护组的辩论之后，公正评判双方每位同学的辩论实践活动得分，并将评分交给指导老师；指导老师确认评分具有区分度且无遗漏并被视为有效之后，由审判组组长组织审判组成员进行统分和核分；指导老师确认得分无误后，按照辩论得分当场宣布 2 ~ 4 名本场刑事法庭辩论赛的最佳辩手。

9. 学生填写学生专业实践日志中本次实践的内容，并上交日志给指导教师；

10. 指导教师批阅学生填写的学生专业实践日志中本次实践的内容，并在下次实践活动开始前就此次实践活动中存在的问题予以及时反馈并进行针对性的指导与纠正。

四、具体效果

1. 对刑事法庭辩论赛的准备客观上促使学生对刑法、刑事诉讼法和其他相关内容进行了深入学习与讨论，学生更为全面地掌握了刑法及其他领域专业知识，结合具体案例对证据展示相关规定有了全新而直观的理解。

（1）学生更为全面地掌握了刑法及其他领域专业知识

就实践教学中提供给学生作为辩论的北京市海淀区人民检察院提起公诉的“快播公司传播淫秽物品牟利案”为例，首先，学生必须全面掌握传播淫秽物品牟利罪的四个构成要件：客体是国家对文化出版物品的管理秩序和社会的善良风俗；客观方面表现为传播视频、书刊、影片、录像带、录音带、图片及其他形式的淫秽物品；主体是一般主体，自然人或单位均可，本案就是单位犯罪；主观方面为故意且以牟利为目的，此罪只要主观上具有牟利目的即可，没有限定牟利目的的实现方式。其次，必须掌握刑法中“不作为”义务主要来源于法律明文规定的、职务或业务要求的、法律行为引起的或先前行为引起的，还必须掌握“不作为”犯罪的本质特征在于：行为人负有刑法要求必须履行的某种法定义务，能够履行而没有履行。此外，学生在辩论中还涉及刑法中期待可能性、溯及禁止等专业词汇和理论。最后，快播公司传播淫秽物品牟利罪案中还涉及 P2P 的运用机理以及 110 报警器的工作方式等很多技术性问题，这要求法学学生必须丰富知识面，在学好法学专业之外，还必须对其他专业领域知识有所涉猎。

（2）学生对证据展示相关规定有了全新而直观的理解

由于法庭辩论大赛中省略了真实庭审中的法庭调查环节，而证据的调查是后续法庭辩论的基础。故借鉴国外刑事诉讼领域的证据展示程序，在法庭辩论大赛开始之前设置了庭前控辩双方的证据展示环节。公诉组与辩护组在审判组组长的主持下进行了庭前证据展示活动，学生熟悉了国外刑事诉讼领域的相关证据展示程序以及我国《刑事诉讼法》中的证据展示相关规定。

证据展示是英美法系当事人主义对抗式诉讼模式和以审判为中心的诉讼制度之产物。英美法系刑事诉讼中的证据展示是指公诉方与辩护方之间互相获取有关证据材料信息的审前程序和机制，旨在防止庭审中的证据突袭和真正实现控辩双方的平等对抗，有利于保障被告人权利以及保障审判效率与公正的兼顾。刑事诉讼中的庭前证据展示首先是双向的，“证据开示是控辩双方的强制义务，控辩双方在庭审前获得的拟在法庭上使用的证据若属于证据开示的范围，都必须向对方进行开示”;[①] 其次又是不对等的，“基于控辩双方地位、职责等原因”，“公诉方对辩护方负有全面展示义务，而辩护人只负有限度展示证据的义务，如辩方掌握的被告人的有罪证据或罪重证据，辩护人则不能向控方展示”。[②] 辩护方在展示活动中全面了解公诉方的证据材料之后，才可能有针对性地提出非法证据排除的申请。同时，法庭对证据展示活动进行审查，“在监督展示、裁决展示争议、制裁违反展示规则的行为等方面均起着重要的作用”;[③] “若有充分理由，法庭也可以介入证据开示，命令拒绝、限制或者推迟证据披露”。[④] 来源并盛行于英美法系的证据展示制度正在被很多大陆法系国家借鉴，并逐步成为国际通行的做法。

2013 年《刑事诉讼法》中首次增设庭前会议制度，规定审判人员可以在开庭以前召集控辩双方解决回避、出庭证人名单、非法证据排除等问题,[⑤] 其性质是“整理案件争议焦点、展示和保全证据、排除非法证据、进行强制措施审查和变更以及其他一系列程序事项和部分实体事项为内容而进行协调沟通、解决问题的准备性程序”,[⑥] 可见我国庭前会议中内含的展示证据环节实质是对英美法系庭前证据展示制度

---

① 参见王洋:《我国刑事庭前证据展示制度研究》，载《郑州航空工业管理学院学报》(社会科学版) 2016 年第 6 期，第 90 页。

② 参见陈树春:《关于刑事案件庭前证据展示制度实践操作模式的思考》，载《黑龙江省政法管理干部学院学报》2002 年第 3 期，第 99 页。

③ 参见丁正红:《我国刑事证据展示制度的构建与完善》，载《法学》2007 年第 7 期，第 137 页。

④ 参见刘晶:《刑事庭前准备程序的反思与重构》，载《东方法学》2014 年第 3 期，第 134 页。

⑤ 根据 2013 年 1 月 1 日施行的《刑事诉讼法》第 182 条第 2 款，在开庭以前，审判人员可以召集公诉人、当事人和辩护人、诉讼代理人，对回避、出庭证人名单、非法证据排除等与审判相关的问题，了解情况，听取意见。根据 2013 年 1 月 1 日施行的最高人民法院《关于适用〈中华人民共和国刑事诉讼法〉的解释》第 183 条，案件具有下列情形之一的，审判人员可以召开庭前会议:(一) 当事人及其辩护人、诉讼代理人申请排除非法证据的;(二) 证据材料较多、案情重大复杂的;(三) 社会影响重大的;(四) 需要召开庭前会议的其他情形。召开庭前会议，根据案件情况，可以通知被告人参加。

⑥ 参见许骁:《关于完善我国刑事诉讼中庭前会议制度研究》，安徽大学 2016 年硕士学位论文，第 3 页。

借鉴下的我国刑事证据展示之雏形。2016 年最高人民法院、最高人民检察院、公安部、国家安全部、司法部联合印发的《关于推进以审判为中心的刑事诉讼制度改革的意见》中明确规定，要健全我国刑事庭前证据展示制度。[①]

就实践教学中提供给学生作为辩论案例的北京市海淀区人民检察院提起公诉的“快播公司传播淫秽物品牟利案”为例，在庭前证据展示环节，公诉组向辩护组展示的主要证据有：深圳南山广电局的行政处罚决定文书，[②] 用以证明快播公司主观上明知自己传播的是淫秽物品；快播公司的 110 不良信息报警系统软件，[③] 足以证明快播公司对自己传播淫秽物品的主观心态为明知；北京市公安局从快播公司 4 台服务器的 3 台服务器中提取了 29842 个视频，其中有 21251 个视频为淫秽视频（有公安局的淫秽物品鉴定书佐证），占比高达 75%，用以证明快播公司主观上明知自己传播的是淫秽物品；公诉组提供的证人证言，用以证明快播公司有能力、且可以通过人工手段做到排查淫秽视频等信息；三法会计事务所对快播公司进行的审计报告，说明快播公司因软件的广告收入占全部收入的 45%，用以证明快播公司具有牟利的目的；快播公司作为网络服务提供者的内部管理人员构成以及运营情况，用以证明：快播公司主观上对他人上传淫秽视频是明知，在客观方面是应当且能够履行监管网络义务，却拒不履行安全管理义务。

在庭前证据展示环节，辩护组向公诉组展示的主要证据有：快播

① 2016 年 7 月 21 日最高人民法院、最高人民检察院、公安部、国家安全部、司法部联合印发的《关于推进以审判为中心的刑事诉讼制度改革的意见》第 10 点：完善庭前会议程序，对适用普通程序审理的案件，健全庭前证据展示制度，听取出庭证人名单、非法证据排除等方面的意见。

② 深圳南山广电局执法人员在 2013 年 8 月 5 日对快播公司现场执法时，确认快播公司网站上的淫秽视频，并作出行政处罚的决定。

③ 快播公司的 110 不良信息报警系统软件显示快播播放器被网络用户用于发布、搜索、下载、播放淫秽视频。

公司的110不良信息报警系统软件以及快播公司实习生关于人工排查的相关证言，用以证明快播公司主观上故意放任犯罪的心态不成立以及在客观上为有效屏蔽淫秽视频所做的最大努力；深圳网监分局颁发的两份特别贡献奖，证明快播公司已尽到了最大安全管理义务；快播公司的科目余额表，证明快播公司的经营情况以及证明快播公司不具有非法牟利目的；快播公司事业部的专利证明书，证明快播公司作为国家认定的高新产业非常重视自己的研发能力并在不断的技术研发上支出了巨大成本，应当适用技术中立与责任豁免。

2. 学生根据《刑法》、《刑事诉讼法》和其他法律及相关司法解释的规定，分组对案件进行讨论，围绕事实、证据进行深入分析、思考，并充分集思广益，对模糊问题进行重新认识，得出较为准确的初步结论，以充分锻炼与全面提高学生的案件分析能力。

就实践教学中提供给学生作为辩论的北京市海淀区人民检察院提起公诉的“快播公司传播淫秽物品牟利案”为例，各组同学在课外必须查阅此案的整个事实过程，熟识传播淫秽物品牟利罪的概念、构成要件以及相关法律法规，认真读取指导老师提供的案例相关材料与法学家们关于此案的评论文章，找出自己疑惑的地方，分析本方的辩论角度，为分组讨论疑难异议问题以及之后辩论赛中的从容反驳对方观点打下基础。各组在认真与深入讨论之后，公诉组得出的初步结论是：快播公司通过为网络用户提供免费网络视频服务程序软件的方式，以广告等方式获得牟利为目的，在明知自己所提供的免费网络视频服务程序被网络用户用于传播淫秽视频的情况下，① 具有监管网络义务且可以履行却不履行，具有放任大量淫秽视频网上传播的主观故意以及借此牟利的故意，符合传播淫秽物品牟利罪的不作为犯，构成传播淫秽物品牟利罪。辩护组得出的初步结论是：快播公司是正常的营利行为，

---

① 快播公司明知自己在网络上发布的免费媒体服务器安装程序及快播播放器被网络用户用于发布、搜索、下载、播放淫秽视频。

其收入不是靠传播淫秽视频获得且来源合法，主观上不具有牟利目的；快播公司P2P平台上的淫秽视频均为用户和站长所上传，快播公司作为免费技术提供方应当适用技术中立与责任豁免；快播公司的110报警平台证明了其已经尽到了安全管理义务，因而不构成不作为犯；故快播公司及其直接负责的主管人员不构成传播淫秽物品牟利罪，应判无罪。审判组初步归纳出本案的争点是快播公司是否构成传播淫秽物品牟利罪的不作为犯。

3. 公诉组与辩护组进行法庭辩论，审判组认真聆听并评判给分，着重培养与提高学生的临场应变能力和口头表达能力，同时让学生切身体悟公诉人、辩护律师、诉讼代理律师与审判法官的职业素养与伦理要求。

就实践教学中提供给学生作为辩论案例的北京市海淀区人民检察院提起公诉的"快播公司传播淫秽物品牟利案"为例，公诉组认定快播公司构成传播淫秽物品牟利罪，法庭辩论的主要观点为：（1）作为网络管理者的快播公司具有法定的网络安全监管义务。①（2）从南山广电局对快播公司作出的行政处罚决定以及快播公司使用的"110"系统这两项证据，足以证明快播公司明知快播播放器被网络用户用于传播淫秽视频。（3）公诉组提供的证人证言以及辩护组提交的快播公司获得深圳网监局颁发的奖项这几项证据，足以证明快播公司有能力、且可以通过人工手段做到高效排查淫秽视频等信息。快播公司三台服务器中存在的大量淫秽视频等信息说明快播公司放任不管、怠于履行监管义务，即快播公司应当履行网络安全监管义务并且有能力履行而不履行，构成传播淫秽物品牟利罪的不作为犯。（4）快播公司通过中小型电影视频网站带来海量用户，而使用快播软件用户越多越多，快播

---

① 快播公司通过服务器对站长上传视频、用户观看视频、用户分享视频、采集用户观影特征并分析、调度选择和优化网络等进行处理，可见快播公司在提供视频软件技术的同时还利用该技术建立了一个视频发布、传播和分享的平台，快播公司已经成为一个网络服务系统的管理者，理应具有法定的监管网络安全的管理义务。

软件的传播能力就变得越来越强，用户也就越来越多。会计事务所对快播公司的审计报告这项证据证明快播公司因广告而获得巨额利润。快播公司明知其传播淫秽视频和因广告而获得巨额利润之间的因果关系，却放任快播软件继续传播淫秽视频，没有履行网络安全管理义务，应当认定为具有非法牟利的目的。（5）快播公司客观上属于以陈列方式传播淫秽物品的行为,[①] 其“介入”[②] 传播淫秽视频并在技术使用过程中明显存在恶意，显然不是中立的帮助行为，而是正犯行为，不适用辩护方提出的“技术中立”的责任豁免，应当承担构成传播淫秽物品牟利罪的相应法律责任。

辩护组针对公诉主张的漏洞做无罪辩护，法庭辩论的主要观点为：（1）快播公司的 P2P 平台技术是为了加快播放速度，优化用户体验；但由于技术原因，快播公司无法对用户和站长所上传的视频进行审核，导致部分淫秽视频存在，但快播公司并没有参与传播淫秽视频；（2）快播公司的 110 不良信息管理系统能有效屏蔽淫秽视频，已经对网络信息进行了排查，且取得良好效果，获得深圳网监颁发的特别贡献奖，因此，既能证明快播公司已尽到了最大安全管理义务又能证明其主观上故意放任的犯罪心态不成立；（3）如果强行要求快播公司承担人工安全管理义务，不仅落到实处的可能性不大，而且对快播公司的发展是极其不利的，甚至阻碍整个互联网行业的发展；（4）快播公司的利润来自广告和会员费，没有从平台上的一些淫秽视频中牟利，因而其是正当盈利而非不当牟利，故不构成犯罪；（5）不能因为部分淫秽视频存在而否定快播公司的 P2P 技术，应当适用技术中立。

---

① 快播公司的 P2P 平台技术不仅在用户下载视频时为其提供上传视频的服务，而且在用户与用户之间介入了自己控制、管理的缓存服务器。

② 快播公司拉拽淫秽视频文件存储在服务器内且自己的缓存服务器也向用户提供视频。

实践活动三：刑事诉讼文书写作指导与文书撰写

一、实践目的

刑事案件综合实训之诉讼文书写作实践教学模式的目的在于掌握刑事公诉案件一审普通程序中起诉书、公诉词、辩护词、判决书共四类主要刑事诉讼文书的写作格式与具体内容；能够结合具体案件，熟练撰写刑事公诉案件一审普通程序中起诉书、公诉词、辩护词、判决书共四类主要刑事诉讼文书。

二、主要内容

学生准时到达指定的教室，认真听取指导老师关于刑事公诉案件一审普通程序中起诉书、公诉词、辩护词、判决书共四类主要刑事诉讼文书的写作格式与具体内容；每位学生根据指导老师关于文书写作的指导，结合已经结束的刑事案件法庭辩论大赛，依据分组情况，认真撰写与此次作为刑事案件法庭辩论大赛素材的刑事案件相对应的刑事诉讼文书；认真并及时填写学生专业实践日志中本次实践的内容。

三、详细步骤

1. 指导教师对本次实践活动的目的、内容与要求作一个总体介绍；

2. 指导教师提前给学生提供刑事案件一审普通程序中起诉书、公诉词、辩护词、判决书共四类主要刑事诉讼文书的真实范本，以便学生写作时学习与参照；

3. 指导教师对照文书范本详细讲解刑事案件一审普通程序中起诉书、公诉词、辩护词、判决书共四类主要民事诉讼文书的写作格式、主要内容以及写作中要注意的细节问题，学生边听边记下要点；

4. 学生依据分组情况，认真撰写与此次作为刑事案件法庭辩论大赛素材的刑事案件相对应的刑事诉讼文书；即公诉组同学写作的文书为起诉书或公诉词，辩护组同学写作的文书为辩护词，审判组同学写作的文书为判决书；

5. 学生填写学生专业实践日志中本次实践的内容，并上交日志（后附写好的刑事诉讼文书）给指导教师；

6. 指导教师批阅学生填写的学生专业实践日志中本次实践的内容，对每位同学写作的刑事诉讼文书进行审阅评分，并在下次实践活动开始前就此次实践活动中存在的问题予以及时反馈并进行针对性地指导与纠正；

7. 按照学生文书写作的得分，指导老师在下次课堂上宣布各类刑事诉讼 2～4 篇最佳文书的学生名单，并将最佳文书在学生中进行传阅；

8. 整个刑事案件综合实训活动结束后，指导老师要求学生进行全面反思与总结，书面总结不得少于一千字，要求内容充实并保持清晰格式；指导老师对学生整个刑事案件综合实训活动进行百分制考核，考核方案为：总评成绩中考勤情况占 10%，刑事案件法庭辩论占 30%，刑事诉讼文书写作占 30%，专业模拟实习日志填写与刑事案件综合实训总结等综合情况占 30%。

四、具体效果

以“快播公司传播淫秽物品牟利案”为例，学生在指导老师的指导下，能结合这一具体案件，熟练撰写刑事公诉案件一审普通程序中起诉书、公诉词、辩护词、判决书共四类主要刑事诉讼文书：公诉组的同学可以选择撰写该案的起诉书或公诉词，辩护组的同学撰写该案的辩护词，审判组的同学撰写该案的判决书。刑事诉讼文书的写作是刑事案件综合实训的最终书面成果，旨在督促学生将刑法与刑事诉讼法有机结合起来并具体运用到“快播公司传播淫秽物品牟利案”这一个案中去。

1. 所有同学熟练掌握刑事公诉案件一审普通程序中起诉书的写作格式与具体内容

刑事公诉案件一审普通程序中起诉书是检察院代表国家向法院对被告人提起公诉的法律文书，结构分为首部、正文、尾部与附项四部分。

首部内容：一是文书最上部正中的标题。标题应当分两行居中分别写明人民检察院全称和“刑事起诉书”。二是另起一行并居中位置的起诉书编号。起诉书编号由检察院代字、案件性质代字、年度号和顺序号组成。如广州市人民检察院于2003年5月23日提起公诉的“被告人乔某琴、李某婴、钟某国、周某伟、张某君、吕某鹏、李某生、李某星、韦某良、何某红、乔某军、胡某艳故意伤害案”的起诉书，文书编号写为：“穗检公诉〔2003〕147号”。三是被告人的基本情况(姓名及曾用名、性别、年龄或出生年月日、民族、籍贯、文化程度、单位、职务、住址、是否受过刑事或行政处罚、被采取刑事强制措施的具体时间等)。被告人情况的列明要详细，尤其是家庭住址要具体；特别要写明是否受过刑事或行政处罚、被采取刑事强制措施的具体时间等。示例：“被告人钟某国，男，31岁，汉族，湖南省平江县人，文化程度初中，住湖南省平江县冬塔乡江洲村256号。1994年8月4日因犯盗窃罪被江苏省吴县人民法院判处有期徒刑一年零六个月，1995年8月6日刑满释放。2003年4月23日因抢夺被广州市劳动教养管理委员会送劳动教养一年。2003年5月13日被刑事拘留，2003年5月13日经广州市白云区人民检察院批准逮捕，同年5月14日被逮捕。”若当事人为单位，则应当写明单位名称、单位地址以及出庭人员（单位负责人或法定代表人）的姓名和职务。

正文内容：一是案由和案件来源。案由即被告人涉嫌罪名，案件来源即简明交代案件的侦查机关与移送起诉经过；示例：“被告人乔某琴、李某婴、钟某国、周某伟、张某君、吕某鹏、李某生、李某星、韦某良、何某红、乔某军、胡某艳故意伤害一案，经广州市公安局侦查终结，于2003年5月20日依法移送本院审查起诉”。二是犯罪事实和证据。犯罪事实的叙述必须详细得当，主次分明。既要写清时间、地点、手段、目的（动机）、经过、后果等要素，还要针对不同性质的案件写出法律所规定的不同犯罪特征，更要注意起诉书前后事实表述在时间等内容上的一致性，此外还要注意保护被害人的名誉。起诉书中“证据”部分内容往往较为简单，并不直接罗列证据，更不引用证据来论证犯罪事实，而是在附项中列明证据目录或在起诉书后附上主要证据复印件；通常惯用语句为“上述犯罪事实，经查证属实，证据确实充分，足以认定”。三是起诉理由和法律根据。起诉理由即要针对公诉请求将案件的事实加以概述清楚。法律根据既要写明具体的定罪与量刑的实体法法律依据（被告人触犯的刑法条款），也要写明提起公诉的程序法法律依据。起诉理由和法律根据的示例：“本院认为，被告人乔某琴、李某婴、钟某国、周某伟、张某君、吕某鹏、李某生、李某星、韦某良、何某红、乔某军、胡某艳无视国家法律，故意伤害他人身体，致人死亡，其行为共同触犯了《中华人民共和国刑法》第二百三十四条第二款的规定，均已构成故意伤害罪。其中被告人乔某琴、李某婴、钟某国、周某伟、张某君、吕某鹏在共同犯罪中起主要作用，是主犯；被告人李某生、李某星、韦某良、何某红、乔某军、胡某艳在共同犯罪中起次要或者辅助作用，是从犯。上述十二名被告人故意伤害他人身体，手段特别残忍，情节特别恶劣，在社会上造成极坏影响，危害结果极为严重，为严肃国家法律，保护公民的人身权利不受侵犯，维护社会治安秩序，保障社会主义建设事业的顺利进行，依照《中华人民共和国刑事诉讼法》第一百四十一条的规定，特提起公诉，请依法从严判处。”

尾部在正文之后，首先另起一行在左下方写明致送机关，示例：一行为“此致”；另起一行“广东省广州市中级人民法院”；然后另起一行在右下方，由起诉的检察员签名以及盖上检察员所在检察院的印章；最后另起一行在右下方注明具状的年月日。

附项是刑事起诉书的附加部分。一要写明刑事起诉书副本的份数(起诉书主送人民法院，通过法院送达起诉书副本给各被告人与辩护人；一般刑事起诉书副本一式8份，每增加一名被告人，增加起诉书副本5份)。二要写明被告人羁押场所。三要写明证据情况（如证据目录、证据复印件份数以及证人的姓名、住址以及联系方式等)。四是写明卷宗册数。

2. 所有同学熟练掌握刑事公诉案件一审普通程序中公诉词的写作格式与具体内容

刑事公诉案件一审普通程序中公诉词是公诉人在法庭上就案件事实、证据和其他情况集中发表的公诉意见，结构分为首部、序言、正文、结束语和尾部五部分。

首部内容为开头向合议庭陈述的称呼语，表述示例为：“审判长、审判员：……”

序言内容主要是说明出庭公诉活动的合法性。表述示例为：“根据《中华人民共和国刑事诉讼法》、《中华人民共和国人民检察院组织法》的规定，我们受检察长的指派，以国家公诉人的身份出席法庭，对广州市中级人民法院公开审理的被告人乔某琴、李某婴、钟某国、周某伟、张某君、吕某鹏、李某生、李某星、韦某良、何某红、乔某军、胡某艳故意伤害一案支持公诉，并依法履行法律监督职责。为了进一步揭露犯罪，弘扬法制，现就本案发表如下公诉意见：……”

正文内容：一是阐述犯罪事实与证据，论证被告人的行为构成所指控的罪名。此部分是整个公诉词的重点，要概述法庭调查环节法庭质证中各证据的逻辑关系与证明作用，结合犯罪构成的四要件（主体、主观方面、客观方面和客体）和七要素（何人、何事、何时、何地、何物、何情和何故)，证明被告人的犯罪事实清楚，证据确实、充分，以此充分论证被告人的行为符合实体法刑法的相关罪名规定。开头部分的表述示例为：“规范、完整、合法的证据体系，准确、全面、有效地证实了被告人赵东故意杀人的犯罪事实”。二是概括案情，揭露被告人行为的社会危害性，包括被告人行为的动机、恶劣手段与严重后果等。开头部分的表述示例为："被告人赵东为泄私愤，精心策划，血刃两命，手段残忍，后果严重，法不容恕"。三是对被告人存在的法定量刑情节以及酌定量刑情节进行分析。开头部分的表述示例为："被告人赵东应负的法律责任（包括定罪与量刑）"。四是对被告人走上犯罪的社会原因、心理历程、思想根源、被告人应当汲取的教训等进行深刻剖析，提出预防犯罪的建议并对被告人以及旁听人员进行法制教育，进而结合案情宣传法律，号召公民守法并增强法制观念。开头部分的表述示例为："被告人赵东走上犯罪道路的心理历程带给我们的深刻启示。"

结束语是对整个公诉词内容的总结，主要是简明却鲜明地提出结论性的公诉主张。表述示例为："综上所述，起诉书认定本案被告人的犯罪事实清楚，证据确实充分，依法应当认定被告人有罪，并结合被告人的认罪态度和相关法定情节，作出公正的判决。"

尾部内容：一是在右下方由公诉人签名；二是另起一行在右下方注明年月日与"当庭发表"字样。

3. 所有同学熟练掌握刑事公诉案件一审普通程序中辩护词的写作格式与具体内容

刑事公诉案件一审普通程序中辩护词是辩护人为维护被告人合法权益而在庭审中针对起诉书所集中发表的辩驳性和说理性的法律意见，结构分为首部、序言、正文和尾部四部分。

首部内容为开头向合议庭陈述的称呼语，表述示例为："尊敬的审判长、审判员：……"

序言内容：一是说明行使辩护权的合法性（接受委托或指派等），二是说明参与辩护活动的充分性。表述示例为："浙江金成律师事务所接受本案被告人肖晓之父肖振宇的委托，指派我担任肖晓抢劫一案的辩护人。接受委托后，辩护人会见了被告人，查阅了证据材料，根据案件事实，提出辩护意见如下：……"

正文内容：针对起诉书中的公诉观点，辩护人运用事实和法律，集中论证辩护观点的正确性。此部分内容可以通过立论或驳论这两种论证方法充分展开：立论即是提出自己的主张并正面加以论证，具有充分的说理性；驳论即是针对公诉方观点中的不合法或不合理之处，从反面进行驳斥，具有较强的辩驳性。具体辩护既可以从定罪不当的角度进行有罪辩无罪的实体无罪辩护，可以从罪名不当的角度进行此罪辩彼罪的实体轻罪辩护，也可以从量刑从轻减轻的角度进行罪重辩罪轻（如共同被告情况下主从犯）的实体量刑辩护，还可以从程序违法的角度提出超期羁押以及非法证据排除等方面权利保障的程序辩护。

尾部内容：一是在右下方由辩护人签名（如辩护人为律师，要一并标注所在的律师事务所）；二是另起一行在右下方注明年月日。

4. 所有同学熟练掌握刑事公诉案件一审普通程序中判决书的写作格式与具体内容

刑事公诉案件一审普通程序中判决书是法院依据事实和法律对案件实体问题作出的具有法律拘束力的书面结论，结构分为首部、正文与尾部三部分。

首部内容：一是文书最上部正中的标题。标题应当两行居中分别写明人民法院全称（基层法院之前要冠以省、自治区、直辖市的名称；涉案当事人是外国人的，还要冠以“中华人民共和国”字样）和“刑事判决书”。二是另起一行并居中位置写文书编号。文书编号由年度号、法院代字、案件性质代字、审判程序代字和顺序号组成。如南京市建邺区人民法院审理后于2017年1月1日作出的一审刑事公诉案件判决书，文书编号写为：“（2017）宁建刑初字第1号”。三是公诉机关以及当事人、辩护人、诉讼代理人的基本情况（对当事人中的被告人，要写明姓名，性别，出生年月日，民族，籍贯，职业或工作单位和职务，住址，因本案所受强制措施情况，现在何处等内容。辩护人、诉讼代理人要写明姓名，性别，工作单位和职务）。四是写明案由和案件来源、审判组织、审判方式、到庭参加诉讼人和审理经过。表述示例为：“南京市建邺区人民检察院以检刑诉字（2017）第1号起诉书指控被告人张华犯以危险方法危害公共安全罪，于2017年1月8日向本院提起公诉，并指派检察员罗华、曾玉出庭支持公诉。本院依法组成合议庭，公开开庭审理了本案，被告人张华到庭参加了诉讼，现已审理终结。"

正文内容：一是事实与理由部分。首先，概述公诉机关指控被告人犯罪的事实和证据；其次，概述被告人的供述、辩解以及辩护人辩护意见的主要内容的形式来写；再次，写明法院经审理查明认定的事实以及经过庭审举证、质证认定上述事实的证据，以"经审理查明："和"上述事实，有……证明，足以认定"的形式来写；最后，结合查证属实的事实和证据，依据相关法律规定，以"本院认为"为开头，阐述检察院的公诉主张是否成立以及如何认定被告人的"罪与罚"①问题。二是判决依据与结果部分。判决依据即写明具体的适用法律依据，(要具体到法条)。判决结果要分三种情况。属于有罪判决的，应当写明判处的罪名、刑种、刑期或者免除刑罚；数罪并罚的，应当分别写明各罪判处的刑罚和决定执行的刑罚；被告人已被羁押或指定居所监视居住的，应当写明刑期折抵情况和实际执行刑期的起止时间；适用缓刑的，应当写明缓刑考验刑期；附带民事诉讼的案件，应当写明附带民事诉讼的处理情况；有赃款赃物的，应当写明赃款赃物的处理情况。属于无罪判决的，应当写明认定被告人无罪的事实根据和法律依据；对证据不足、不能认定被告人有罪的，应当写明证据不足、指控的犯罪不能成立，并宣告无罪。

判决书尾部内容：一是交代上诉期间（判决10日、裁定5日）、方式和途径以及二审法院等上诉权的相关规定；二是在右下角由审判人员分行分别加以署名；三是另起一行在右下角写明制作日期及加盖院印；四是另起一行在左下角盖上"本件与原本核对无异"的戳记；最后，在判决书全文内容之后的右下角处为书记员署名。

---

① 被告人的"罪与罚"指的是被告人的行为是否构成犯罪，构成什么罪，该处以何种刑罚，应否从轻、减轻、免除处罚或者从重处罚等。

Chapter 14

第十四章 行政案件综合实训之教学路径

实践活动一：观摩真实的行政案件一审庭审视频并进行案件讨论

一、实践目的

行政案件综合实训之观摩庭审视频实践教学模式的目的在于掌握行政案件一审庭审程序与要点，熟知行政案件一审庭审程序中法庭辩论的内容与特点，并为下一次行政案件案情分组讨论与法庭辩论大赛的实践活动做好准备。

二、主要内容

首先，学生准时到达指定的教室，认真观看行政案件庭审示范录像视频（中央电视台与最高人民法院联合录制的行政案件《中国庭审程序》录像或庭审直播网上法院审理行政案件的庭审视频），在观看录像视频与查阅资料的基础上，掌握并归纳行政案件一审庭审程序与要点；学生关注示范庭审的细节，并就所观看的行政案件审理中法庭辩论环节的争点与亮点展开全方位讨论，重点归纳行政案件一审庭审程序中法庭辩论的内容与特点。其次，就指导老师提供的作为法庭辩论大赛素材的真实行政案件材料，每位学生利用课外时间，针对性地查找资料、充分熟悉案情，并进行初步分析。再次，针对指导老师提供的行政案例材料，进行原告方、被告方、审判方的角色选择，组成原告组、被告组与审判组，布置与初步落实下一次实践活动二中有关行政案件案情分组讨论的相关计划；最后，学生认真并及时填写专业实践日志中本次实践的内容。

三、详细步骤

1. 指导教师对本次实践活动的目的、内容与要求作一个总体介绍；

2. 指导教师播放中央电视台与最高人民法院联合录制的行政案件《中国庭审程序》录像或庭审直播网上法院审理案件的庭审视频；

3. 指导教师在学生观看完毕示范庭录像之后，组织学生总结行政案件一审庭审流程；

4. 指导教师重点回放示范庭录像中法庭辩论环节，组织学生讨论与归纳所观看的行政案件审理中法庭辩论的内容、争点以及亮点、特点；

5. 指导教师就下次实践活动二中的行政案件法庭辩论大赛，组织学生进行分组与课外案情预习；

6. 学生填写学生专业实践日志中本次实践的内容，并将日志上交给指导教师；

7. 指导教师批阅学生填写的学生专业实践日志中本次实践的内容，并在下次实践活动开始前就此次实践活动中存在的问题予以及时反馈并进行针对性的指导、纠正与评价。

四、具体效果

（一）通过再次熟悉行政案件的一审庭审程序的流程，掌握行政诉讼庭审程序的独有特点，为后续的行政案件法庭辩论大赛巩固程序法适用的基础

行政诉讼的被告人为行政主体，即所谓的“民告官”，因其本身性

质特征，行政诉讼庭审程序的独有特点为：庭审中法院审理的实体问题性质特定，即行政行为的合法性和合理性问题；庭审中的诉讼主体特殊，作为诉讼主体的机关一般都只有法院；庭审中贯彻的诉讼原则特殊，如行政行为的合法性与合理性原则等；庭审中的被告人不具有反诉的权利；庭审中举证责任分配原则上由被告人承担举证责任，行政诉讼的原告人提出诉请，原则上由被告人举证证明其行政行为的合法性与合理性，且必须是在答辩期内举证被告作出具体行政行为时已经依法收集到的证据，如不能提供足够有证明力的证据，则要承担举证不能带来的不利后果。

（二）结合示范庭审案件，从行政法以及相关司法解释等实体法的角度完整归纳法庭辩论的内容，培养案件分析能力，为后续的行政案件法庭辩论大赛打下实体法适用的基础

以实践教学中播放的中央电视台与最高人民法院联合录制的行政案件一审录像中“刘某丽、李某诉北京市规划委违法颁发许可证案”为例，此案原告人为刘某丽、李某，被告人为北京市规划委，第三人为北京市海淀房地产开发总公司以及后来由法院追加通知的两个便民店的所有人吴某荣、雷某。① 通过认真观摩与讨论，不难归纳出此案中各方当事人及代理律师陈述事实、提出证据、发表质辩意见并进行激烈辩论的内容主要有三点：

一是两原告人的起诉是否超出了法定的起诉期限。被告人代理律师提出原告人的起诉超出了法定的起诉期限。原告人提出被告人北京市规划委员会 1998 年 12 月 17 日向北京海开房地产集团公司颁发的（98）规建字 1713 号建设工程规划许可证，然而直到 2003 年 8 月，原告人才得知被告人颁发此许可证。根据最高人民法院相关解释，行政

① 在行政诉讼案件中，与提起诉讼的行政行为有利害关系的其他公民、法人或其他组织，可以作为第三人申请参加诉讼或由法院通知参加诉讼。本案中，法院认为购买了开发商便民店的吴某荣、雷某与本案有利害关系，故在第一次开庭休庭后向此二人送达了出庭通知书。

主体作出行政行为未告知相对人诉权及期限等内容，从相对人知道或应当知道该行政行为具体内容之日起计算；被告方认为原告人超过起诉期限的，由被告方承担举证责任。而被告方对此却未能提出确切证据证明，故法院不予采纳被告方意见，认定原告人起诉属于法定期限内的起诉。

二是被告人许可第三人建设便民店是否符合城市规划法律法规规章及其他国家强制性规定。针对被告人许可第三人建设便民店是否存在行政行为内容违法，具体争点在于：到底适用《高层民用建筑防火规范》第4.2.1条还是适用第4.2.2条以及9米的防火间距应如何计算？原告人及代理律师认为应当适用《高层民用建筑防火规范》第4.2.1条，认定高层建筑与其他民用建筑外墙之间的距离为防火间距，至少为9米；且认为按照规范，防火间距应按照相邻建筑物外墙的最近距离计算，当外墙有凸出的燃烧构件时，以外墙凸出部分最外缘算起；而便民店的出入口以及阳台的外墙为易燃构件，属于建筑外墙，其与原告人所住房屋以及阳台的外墙之间的距离均不足9米；即被告人许可第三人建设便民店存在违法。被告人认为应当适用《高层民用建筑防火规范》第4.2.2条，即两个高层建筑之间高差超过15米，防火间距不限；而《高层民用建筑防火规范》第4.2.1条的防火间距至少为9米的规定只是一个从严标准。第三人代理律师认为原告方提供的规划图没有证据效力，原告人提供的照片不能客观真实反映建筑情况，不能作为证据。原告人及代理律师反驳观点为：原告人所住楼房为高层，便民店却只有二层，因此不属于两个高层建筑，不适用《高层民用建筑防火规范》第4.2.2条防火间距不限的规定；原告人方提供的证据客观真实。审判方依照《中华人民共和国城市规划法》第15条，参照北京市生活居住建筑间距暂行规定第4条和第5条的规定支持了原告人的主张。

三是被告人是否履行了规定的审批程序。被告方向法院提交了规范审批申报表、规划许可立案表、计划部门的计划项目表，许可证附件及附图等以证明自己履行了法定的审批程序。原告方认为被告北京市规划委员会在作出此许可之前，没有先行报请消防部门审批，故认为被告人许可第三人建设便民店存在行政行为程序违法。审判方采纳了被告方的主张，即认定被告人履行了规定的审批程序。

实践活动二：行政案件案情分组讨论与法庭辩论大赛

一、实践目的

行政案件综合实训之法庭辩论大赛实践教学模式的目的在于通过分组讨论，对案件事实、证据进行深入思考，得出较为准确的初步结论；通过法庭辩论大赛，着重培养与提高法庭口头表达能力、应变能力以及案件分析能力，体悟律师与法官的临场应变能力与职业伦理要求；并为下一次行政诉讼文书写作的实践活动做好准备。

二、主要内容

首先，学生准时到达指定的教室，就指导老师提供的行政案例材料，按照已选定的原告组、被告组与审判组进行分组，根据《行政处罚法》、《行政诉讼法》和其他法律及相关司法解释的规定，对案件进行讨论，围绕事实、证据对案件模糊问题进行重新认识，集思广益，得出较为准确的初步结论。其次，在审判方的主持下，原告组与被告组进行证据交换。再次，原告组与被告组进行法庭辩论，审判组认真聆听并评判给分。最后，布置与落实下一次实践活动三中有关行政诉讼文书写作的相关计划，并要求学生认真并及时填写专业实践日志中本次实践的内容。

三、详细步骤

1. 指导教师对本次实践活动的目的、内容与要求作一个总体介绍；

2. 指导教师组织学生按照已选定的原告组、被告组与审判组进行分组就座；

3. 指导教师就已经提前提供给学生的真实行政案件的相关材料，组织学生进行分组讨论；

4. 每组同学在案件初步讨论结束之后，推选出本组对案情最熟悉、发表观点最全面之人作为组长；

5. 每组同学在指导教师组织下在组内围绕此真实行政案件的事实、证据与法律适用充分发表自己的看法，各组组长做好主要观点记录；原告组与被告组要归纳出本方即将交换的证据，审判组每位同学用两张纸分别记录下原告组与被告组所有同学名单；

6. 在审判组组长的主持下，原告组与被告组就此真实行政案件进行庭前证据交换活动；

7. 为了让同学全员参与到此实践活动中去，故跳出真实行政案件法庭辩论环节参与人数和法定程序的限制，借鉴普通辩论赛的程序，在审判组组长宣布正式法庭辩论开始后，先由原告组代表简要陈述诉讼请求，再由被告组代表简要陈述本方答辩主张；接着在审判组组长引导下，进入原告组与被告组之间的自由辩论阶段，双方每位同学均可参与发表辩论观点；最后，在审判组组长询问双方并确认无新的辩论意见后，由原告组与被告组组长分别作总结陈述；

8. 审判组每位同学在认真聆听原告组与被告组的辩论之后，公正评判双方每位同学的辩论实践活动得分，并将评分交给指导老师；指导老师确认评分具有区分度且无遗漏并被视为有效之后，由审判组组长组织审判组成员进行统分和核分；指导老师确认得分无误后，按照辩论得分当场宣布2~4名本场行政法庭辩论赛的最佳辩手。

9. 学生填写学生专业实践日志中本次实践的内容，并将日志上交给指导教师；

10. 指导教师批阅学生填写的学生专业实践日志中本次实践的内容，并在下次实践活动开始前就此次实践活动中存在的问题予以及时反馈并进行针对性的指导与纠正。

四、具体效果

1. 对行政法庭辩论赛的准备客观上促使学生对《行政法》、《行政诉讼法》和其他法律及相关司法解释的相关内容进行了深入学习与讨论，学生更为全面地掌握了行政案件相关的法学专业知识，尤其是能够结合具体案例对新《行政诉讼法》以及新《适用解释》有了全新而直观的理解。①

实践教学中提供给学生作为辩论的是2015年“顾某诉南京市建邺区教育局教育行政管理案”，在指导学生讨论环节，可将此案件的来龙去脉归纳为以下六阶段：（1）2014年7月29日，顾某向南京市建邺区人民法院提起行政诉讼，就南京市建邺区教育局2014年5月8日颁布的《2014年建邺区小学入学工作实施办法》提出异议。2014年7月30日，南京市建邺区人民法院作出“（2014）建行诉初字第12号”行政裁定书，裁定不予受理，理由为《2014年建邺区小学入学工作实施办法》针对不特定对象并具有普遍约束力，属于抽象行政行为，故原告的诉求不属于行政审判的受案范围。（2）南京市建邺区人民法院作出一审不予受理裁定后，顾某不服，向南京市中级人民法院提起上诉。2014年12月14日，南京市中级人民法院做出“（2014）宁行诉终字第127号”二审行政裁定书，裁定一审法院立案受理，理由为：建邺区教育局每年均制定当年度的小学入学工作实施办法，对小学入学工作的基本原则、招生办法、工作要求等内容作出规定，并在附件中对当年度施教区进行划分；《2014年建邺区小学入学工作实施办法》对辖区内的施教区进行了明确而具体的划分，所针对的是特定对象，直接对该施教区当年即将入学的适龄儿童的权利义务产生了实际影响，属于可诉的具体行政行为，原告的诉求属于行政审判的受案范围。（3）随后，

---

① 2017年7月1日起实施的修正后新《行政诉讼法》以及2018年2月8日起施行的最高人民法院《关于适用〈中华人民共和国行政诉讼法〉的解释》（法释〔2018〕1号），以下简称新《适用解释》。

南京市建邺区人民法院受理此案件，并作出“（2015）建行初字第19号”行政裁定书，裁定驳回起诉，理由为：原告顾某出生于2008年10月13日，在2014年8月31日之前尚不满6周岁，未达入学年龄，就南京市建邺区教育局2014年5月8日颁布《2014年建邺区小学入学工作实施办法》这一具体行政行为而言，与被诉行政行为无法律上利害关系，尚不属于此行政行为的相对人，故不具有作为原告提起诉求的资格。（4）南京市建邺区人民法院作出一审驳回起诉裁定后，顾某不服，于2015年5月26日向南京市中级人民法院提起上诉。南京市中级人民法院做出“（2015）宁少行终字第1号”二审行政裁定书，裁定驳回上诉、维持原裁定，理由为：上诉人顾某不是《2014年建邺区小学入学工作实施办法》这一具体行政行为的相对人，原一审法院裁定无误。（5）2015年6月12日，顾某向南京市建邺区人民法院提起行政诉讼，就南京市建邺区教育局2015年5月颁布的《2015年建邺区小学入学工作实施办法》提出异议。南京市建邺区人民法院作出“（2015）建少行初字第2号”行政判决书，判决驳回原告诉讼请求，理由为顾某于2008年10月13日出生，户籍所在地为本市建邺区吉庆家园逢春苑30号某幢205室，系应于2015年9月入学的适龄儿童，故受理此案并进行了审理；审理后认定被诉行政行为合法，亦不存在明显不合理，顾某的诉讼主张缺乏事实根据和法律依据，不予支持。（6）顾某不服一审南京市建邺区人民法院的驳回原告诉讼请求判决，向南京市中级人民法院提起上诉。2016年1月21日，南京市中级人民法院在受理上诉后，于2016年3月21日公开开庭审理此案，并于2016年3月31日做出“（2016）苏01行终139号”二审行政判决书，判决驳回上诉、维持原判；理由为被诉行政行为证据确实充分，适用法律、法规正确，符合法定程序；上诉人顾某认为被诉行政行为违法且明显不当的主张，因缺乏事实和法律依据，不予支持。此案可谓一波三折，却为学生全面掌握相关法学知识与锻炼分析判断能力提供了一个很好的平台。

首先，学生要厘清不予受理、驳回起诉与驳回诉讼请求这三者之间的主要区别：(1) 适用阶段不同。不予受理发生在法院审查要不要立案的阶段，即尚未立案。驳回起诉发生在法院已经立案却未正式实体审理阶段，即已经立案。驳回诉讼请求发生在法院审判阶段，即已经立案并且已经正式实体审判完毕之后。(2) 适用情形与解决问题性质、法律依据不同。不予受理发生在法院认为原告人不符合起诉条件因而不予立案，解决的是程序问题，适用依据是诉讼法。驳回起诉发生在法院已经立案后却审查发现原告人的起诉不符合起诉条件，解决的是程序问题，适用依据是诉讼法。驳回诉讼请求发生在法院对已经立案并且已经正式实体审理后，审查认定原告人诉请法院保护的实体权利不合法因而不予保护，解决的是实体问题，适用依据是实体法。(3) 使用的裁判文书不同。不予受理与驳回起诉使用的裁判文书是裁定书，驳回诉讼请求使用的裁判文书是判决书。(4) 能否再次起诉上的后果不同。被不予受理与驳回起诉的原告人可以在符合起诉条件时再次起诉，被驳回诉讼请求的原告不可以再次起诉。

其次，学生要掌握新《行政诉讼法》关于受案范围的修改。1990年施行的旧《行政诉讼法》将受案范围限定为公民、法人或者其他组织对行政主体的“具体行政行为”侵害其合法权益而提起的诉求，而将其具有准立法性质的“抽象行政行为”排除在受案范围之外。新《行政诉讼法》通篇将“具体行政行为”修改为“行政行为”,① 避免了旧《行政诉讼法》关于“具体”和“抽象”行政行为在内涵与外延上难以区分所带来的诉权受侵害的现象发生，切实保障了公民、法人和其他组织的合法权利。

再次，学生要掌握新《行政诉讼法》关于法院对案件审查范围的修改。旧《行政诉讼法》关于法院对案件审查范围为仅对具体行政行为“合法性”审查为主、对行政处罚显失公平时的“合理性”审查为

---

① 新《行政诉讼法》将受案范围扩大为所有公民、法人或者其他组织对行政主体的所有行政行为侵害其合法权益而提起的诉求。

辅。新《行政诉讼法》将法院对案件审查范围扩大为对所有行政行为进行“合法性”与“合理性（是否明显不当）”进行审查。即行政主体的所有行政行为既要合法，又要合理；否则，法院有权对行政主体的行政行为加以变更。此修改要求行政主体不仅要合法行政，且要合理行使法律赋予的自由裁量权，对行政主体的行政行为（尤其是自由裁量行为）的规范化产生重大影响。

最后，学生要掌握新《行政诉讼法》以及新《适用解释》增设的关于法院对部分规范性文件附带审查制度的相关规定以及重大意义。根据新《行政诉讼法》第53条，“公民、法人或者其他组织认为行政行为所依据的国务院部门和地方人民政府及其部门制定的规范性文件不合法，在对行政行为提起诉讼时，可以一并请求对该规范性文件进行审查”。[①] 根据新《行政诉讼法》第64条，法院经审查认为规范性文件（不含规章）不合法的，不把规范性文件“作为认定行政行为合法的依据，并向制定机关提出处理建议”。根据2018年新《适用解释》第146条的规定：“公民、法人或者其他组织请求人民法院一并审查行政诉讼法第五十三条规定的规范性文件，应当在第一审开庭审理前提出；有正当理由的，也可以在法庭调查中提出。”以上法条明确增设了法院对部分规范性文件的附带审查制度：公民、法人或者其他组织，如果认为被诉行政行为所依据规范性文件不合法的，可在提起行政诉讼的同时，对规范性文件提出附带审查的请求，提出附带审查请求的期限原则上为一审开庭前。增设法院审查行政行为所依据的规范性文件合法性的权利具有重要意义：加大了法院对规范性文件的司法审查监督权；同时将规范性文件合法性审查限定为具体案件之上的间接性、附带审查，而不是抽象的直接性、独立审查；虽然没有赋予法院直接裁决废止不合法规范性文件的权利，但有利于督促行政行为的合法与规范性，仍然是一个重大的法治进步。

---

① 注意：该条规定的规范性文件不含规章。

2. 学生根据《行政法》、新《行政诉讼法》和其他法律及相关司法解释的规定，分组对案件进行讨论，围绕事实、证据进行深入分析、思考并充分集思广益，对模糊问题进行重新认识，得出较为准确的初步结论，以充分锻炼与全面提高学生的案件分析能力。

以2015年“顾某诉南京市建邺区教育局教育行政管理案”为例，在各组认真讨论之后，原告组主张被告人南京市建邺区教育局2015年颁发划分小学施教区的《2015年建邺区小学入学工作实施办法》的具体行政行为存在内容与程序违法且有不合理之处。原告组向被告组交换的证据主要包括：吉庆家园与新城北小、南湖三小百度平面距离分布图；吉庆家园至新城北小、南湖三小的距离测量图；雨润国际广场至新城北小的距离测量图及双学区广告图；金陵世家至南湖三小及新城北小的电子地图截图打印件；2001年筹建吉庆家园时，规划局的规划平面图、照片及剪报；建邺区2013年、2014年小学入学摸底情况汇报。被告组认为被诉行政行为认定事实清楚、主要证据充分、在内容与程序上合法、适用法律正确且不存在明显不当的不合理情形。被告组向原告组交换的证据主要有：吉庆家园、金陵世家到新城小学北校区和南湖三小的距离图；新城北小至金隅紫京府、和记黄埔涟城和招商雍华府（开发商在建三楼盘）距离测量图；新城北小、南湖三小2015年招生公告；相关小区的公交和道路照片；建邺区2013年、2014年、2015年小学入学工作实施办法以及施教区分布图；建邺区2015年小学入学摸底情况汇总表；2015年建邺区一年级新生汇总表；2015年建邺区招生工作公众参与研讨会、专家论证会、区教育局办公会的记录；2015年建邺区小学入学工作实施办法网上公示、投诉平台截屏。被告组按照行政诉讼法的规定，还提交给审判组《中华人民共和国义务教育法》《江苏省实施〈中华人民共和国义务教育法〉办法》等相关法律依据。审判组结合原被告双方交换的证据，初步归纳出本案的争点是南京市建邺区教育局颁布的《2015年建邺区小学入学工作实施办法》是否合法合理。

3. 原告组与被告组进行法庭辩论，审判组认真聆听并评判给分，着重培养与提高学生的临场应变能力和口头表达能力，同时让学生切身体悟诉讼代理律师与审判法官的职业素养与伦理要求。以2015年“顾某诉南京市建邺区教育局教育行政管理案”为例，双方展开法庭辩论的主要内容为：

（1）被告人具体行政行为是否存在内容违法？原告组认为原告人所在的吉庆家园至新城北小的距离为0.33公里，吉庆家园至南湖三小的距离为1.29公里且只有一条公交路线，原告人所在的吉庆家园距离新城北小比距离南湖三小要近，却被划分到了南湖三小的学区；金陵世家距南湖三小比距离新城北小要近，却被划分到了新城北小的学区，说明被告人南京市建邺区教育局2015年颁发划分小学施教区的《2015年建邺区小学入学工作实施办法》的具体行政行为违反了就近入学的学区划分原则，存在内容违法。被告组认为：被诉行政行为不违反就近入学原则，不存在内容违法。就近入学不等于每家每户绝对的直线距离的就近，在客观上也不可能保证每家每户适龄儿童均入学至其最近学校；南京市建邺区教育局对各施教区的划分基本均以主干道路为界、兼顾社区，呈不规则多边形，且学校不一定位于多边形中心，只能从总体上保障所划分的区域符合就近入学原则。施教区划分还应当贯彻义务教育全覆盖的原则，也应保障目前在建小区部分适龄儿童就近入学权利。就近入学不是学区划分的唯一原则，各施教区的划分除了考虑就近入学因素外，还要考虑学校布局、适龄儿童数量和分布、教学资源的均衡、以往学区的划分等综合因素，即更多地是从宏观角度，以就近原则为主，兼顾全员接纳、合理安排、依法规范、均衡发展以及历史延续等原则，因此政府虽有义务保障所有适龄儿童接受九年制义务教育，却无义务且不可能去实现每家每户适龄儿童都能到心仪学校接受教育的愿望。

（2）被告人具体行政行为是否存在程序违法？原告组认为：接受教育是宪法赋予每位公民的法定权利，而教学资源的不均衡又导致学区有好有差，作为个体当然希望接受更好的教学资源，学区划分在一定程度上限制了公民自由选择学校的权利，也很大程度上造成学区房的上涨，然而现实中很多家庭没有购买好的学区房的经济能力，这也充分反映出教育主管部门在作出学区划分的相关决策时一定要科学与民主，向公众广泛征求意见。而被告人在 2015 年学区划分之前组织公众参与研讨会和专家论证会的程序不公开透明，参会人员没有代表性，且划分施教区草案也未通过网络和社区张贴等方式向公众广泛征求意见，实属暗箱操作，存在程序违法。被告组认为《2015 年建邺区小学入学工作实施办法》这一行政行为在程序上合法，表现为：在 2015 年学区划分之前，南京市建邺区教育局曾在委托辖区内各小学对施教区内适龄儿童人数摸底调查的基础上，先后组织召开了招生工作的公众参与研讨会、专家论证会，参加研讨会并提出各自建议的有部分人大代表、政协委员、各街道分管主任、社区部分教育咨询委员、部分家长代表等，参加论证会并提出各自建议的有南京市规划局河西直属分局、南京市教育局、南京市建邺区发改局、南京市建邺区财政局、南京市建邺区人力资源和社会保障局的工作人员以及部分名特优教师、中小学校长；还将 2015 年建邺区小学入学工作实施办法在网上公示并写明投诉电话。以上表明，南京市建邺区教育局已经履行了“广泛听取意见”的程序。此外，南京市建邺区教育局还召开办公会议对入学工作实施办法进行了专题研究，之后才作出《2015 年建邺区小学入学工作实施办法》。

（3）被告人具体行政行为是否存在不合理之处？原告组认为：2001 年筹建吉庆家园时，吉庆家园旁原本规划了小学，后因该地块出让导致小学未建，吉庆家园一直被派位到南湖三小，故被告在明知该地方急需小学，且南湖三小距离较远的情况下，应在新城北小建成后优先考虑吉庆家园，而实际情况却适得其反，明显不合理；此外，吉庆家园至新城北小、金陵世家至南湖三小的交通均十分方便，而吉庆家园到南湖三小只有一趟公交车，且公交站点距离南湖三小较远，需步行较长一段距离，因此将金陵世家划分至新城北小，而将吉庆家园划分至南湖三小更是不合理的。被告组认为：首先，《2015 年建邺区小学入学工作实施办法》中施教区划分方式是以道路为界、兼顾社区的不规则多边形方式，该方式能够兼顾学校布局、适龄儿童数量和分布、地理状况等条件，符合义务教育全员接纳、教育公平、就近入学原则，以及兼顾了公共利益，不存在明显不合理；其次，如果将吉庆家园的适龄儿童纳入新城北小，加上在建的金隅紫京府、和记黄埔涟城和招商雍华府三楼盘的生源必然造成不久的将来新城北小师资以及办学设施等资源严重不足，而同时造成南湖三小生源大幅减少以及资源浪费。

实践活动三：行政诉讼文书写作指导与文书撰写

一、实践目的

行政案件综合实训之诉讼文书写作实践教学模式的目的在于掌握行政案件一审普通程序中起诉状、答辩状、代理词、判决书共四类主要行政诉讼文书的写作格式与具体内容；能够结合具体案件，熟练撰写行政案件一审普通程序中起诉状、答辩状、代理词、判决书共四类主要行政诉讼文书。

二、主要内容

学生准时到达指定的教室，认真听取指导老师关于行政案件一审普通程序中起诉状、答辩状、代理词、判决书共四类主要行政诉讼文书的写作格式与具体内容的讲解；每位学生根据指导老师关于文书写作的指导，结合已经结束的行政案件法庭辩论大赛，依据分组情况，认真撰写与此次作为行政案件法庭辩论大赛素材的行政案件相对应的行政诉讼文书；认真并及时填写学生专业实践日志中本次实践的内容。

三、详细步骤

1. 指导教师对本次实践活动的目的、内容与要求作一个总体介绍；

2. 指导教师提前给学生提供行政案件一审普通程序中起诉状、答辩状、代理词、判决书共四类主要行政诉讼文书的真实范本，以使学生写作时学习与参照；

3. 指导教师对照文书范本详细讲解行政案件一审普通程序中起诉状、答辩状、代理词、判决书共四类主要行政诉讼文书的写作格式、主要内容以及写作中要注意的细节问题，学生边听边记下要点；

4. 学生依据分组情况，认真撰写与此次作为行政案件法庭辩论大赛素材的行政案件相对应的行政诉讼文书；即原告组同学写作的文书为起诉状或代理词，被告组同学写作的文书为答辩状或代理词，审判组同学写作的文书为判决书；

5. 学生填写学生专业实践日志中本次实践的内容，并上交日志（后附写好的行政诉讼文书）给指导教师；

6. 指导教师批阅学生填写的学生专业实践日志中本次实践的内容，对每位同学写作的行政诉讼文书进行审阅评分，并在下次实践活动开始前就此次实践活动中存在的问题予以及时反馈并进行针对性的指导与纠正；

7. 按照学生文书写作的得分，指导老师在下次课堂上宣布各类行政诉讼 2 ~4 篇最佳文书的学生名单，并将最佳文书在学生中进行传阅；

8. 整个行政案件综合实训活动结束后，指导老师要求学生进行全面反思与总结，书面总结不得少于一千字，要求内容充实并保持清晰格式；指导老师对学生整个行政案件综合实训活动进行百分制考核，考核方案为：总评成绩中考勤情况占 10%，行政案件法庭辩论占 30%，行政诉讼文书写作占 30%，专业模拟实习日志填写与行政案件综合实训总结等综合情况占 30%。

四、具体效果

以“顾某诉南京市建邺区教育局教育行政管理案”为例，学生在指导老师的指导下能结合这一具体案件，熟练撰写行政案件一审普通程序中起诉状、答辩状、代理词、判决书共四类主要行政诉讼文书：原告组的同学撰写该案的起诉状，被告组的同学撰写该案的答辩状，原告组或被告组的同学可以选择撰写该案的代理状，审判组的同学撰写该案的判决书。行政诉讼文书的写作是行政案件综合实训的最终书面成果，旨在督促学生将行政法与行政诉讼法有机结合起来并具体运用到顾某诉南京市建邺区教育局教育行政管理案这一个案中去。

1. 所有同学熟练掌握行政案件一审普通程序中起诉状的写作格式与具体内容

行政案件一审普通程序中起诉状是公民、法人或者其他组织对行政机关或组织的行政行为有异议而向法院提出保护其合法权益诉求的书状，结构分为首部、正文、尾部与附项四部分。

首部内容：一是文书上部正中的标题“行政起诉状”；二是按照原告人、被告人、第三人的顺序列明的当事人基本情况。自然人写明姓名、性别、工作单位、住址、有效身份证件号码、联系方式等基本信息；法人或其他组织写明名称、地址、联系电话、法定代表人或负责人等基本信息。① 但要注意，由于行政诉讼中的被告人是非自然人的行政主体，故被告人要写明法人或其他组织的全称、地址以及其法定代表人或负责人的姓名、职务以及联系方式等。

正文内容：一是诉讼请求，即原告人针对被告人行政行为的性质以及自己的权益受损害的程度，要求法院诸如撤销被告人行政行为、变更被告人行政行为、强制被告人履行行政行为或要求被告人赔偿损

---

① 引自最高人民法院在2015年4月30日发布的《行政诉讼文书样式（试行）》之“行政诉讼文书样式111：行政起诉状”。

失等具体请求；二是事实与理由，即逐条列明提出诉讼请求的事实根据（被告侵犯其合法权益的事实经过、原因及造成的结果；经过行政复议后不服提出起诉的，还包括行政复议机关作出复议决定的过程和结果）和法律依据（依据相关法律法规等进行分析与论证诉讼请求的合法与合理性）。

尾部内容：一是写明受诉法院名称，在左下方分两行写："此致"与致送的人民法院全称。二是另起一行，在右下方写：起诉人的姓名（起诉的原告人为单位的，要盖单位的公章；律师代书的，可注明律师所在的律师事务所）。三是再另起一行，在右下方注明具状的年月日。

附项内容：一是具体写明行政起诉状副本的份数。二是具体写明被诉行政行为的份数。三是列明其他材料的份数，主要为证据情况，可包括：证据目录，证据来源，证据种类、名称、数量；如果有证人的，还应当写明证人的姓名、住址以及联系方式等，以便法院能联系到相关证人。附项示例："1. 本起诉状副本 5 份"；另起一行"2. 被诉行政行为 5 份"；再另起一行"3. 证据 15 份"。

2. 所有同学熟练掌握行政案件一审普通程序中答辩状的写作格式与具体内容

行政案件一审普通程序中答辩状是行政诉讼中的被告针对原告在行政起诉状中提出的诉讼请求、事实与理由，向法院作出的书面答复，[①] 结构分为首部、正文、尾部与附项四部分。

首部内容：一是文书上部正中的标题"行政答辩状"。二是答辩人的基本情况（首先，写答辩人的单位或组织的全称和地址；其次，另起一行写答辩人的单位或组织的法定代表人或主要负责人的姓名、职务以及联系方式等基本情况；最后，再另起一行逐一列出委托代理人及其姓名、职务等基本情况）。值得一提的是，由于答辩状是针对起诉

---

① 参见最高人民法院在 2015 年 4 月 30 日发布的《行政诉讼文书样式（试行）》中"行政诉讼文书样式 112：行政诉讼答辩状"之"说明"。

状内容书写的，故在答辩状中当事人基本情况部分只需写答辩人基本情况，而无须写被答辩人（起诉的原告人）的基本情况。

正文内容：一是案由部分。具体示例："答辩人就原告南京市建邺区风华机械公司起诉工商局行政登记一案，依法特作如下答辩：……"或者为："答辩人于 2017 年 1 月 13 日收到你院转来原告南京市建邺区风华机械公司提起的不服本工商局行政登记之诉一案的起诉状副本，现提出如下答辩：……"二是答辩请求，要写明答辩的观点、事实与理由。首先，围绕案件基本情况进行答辩；其次，围绕行政行为的合法性与合理性进行答辩，即列出作出行政行为的证据、所依据的规范性文件以及论证行政行为的合法性与合理性；再次，围绕行政行为符合法定程序进行答辩；最后，提出对行政行为判决维持或表示愿意重新作出行政行为等具体的答辩主张。

尾部内容：首先，分两行写明致送机关，示例（与起诉状尾部内容类似）：一行为"此致"，另起一行"江苏省徐州市中级人民法院"；然后，在空一行之后，另起一行在右下方，写答辩法人或其他组织的全称（公章）；其次，另起一行写法定代表人或主要负责人的姓名与职务（签名或盖章）；再另起一行依次列写委托代理人的姓名（签名或盖章），律师代书的可注明律师所在的律师事务所；最后，另起一行在右下方注明答辩的年月日。

附项在文书最后的左下方，主要是写明答辩状副本的份数以及证据情况（如证据种类、名称、数量以及证人的姓名、住址以及联系方式等）；此外，也可列明作为行政行为法律、法规、规章或规范性文件名称及其复印件的份数。

3. 所有同学熟练掌握行政案件一审普通程序中代理词的写作格式与具体内容

行政案件一审普通程序中代理词指当事人的诉讼代理人以当事人的名义并在代理权限内发表的维护被代理当事人合法权益的法律意见，结构分为首部、序言、正文、结束语和尾部五部分。

首部内容：一是文书上部正中的标题，标题要表明案件性质和所代理的当事人的诉讼角色，如“行政诉讼原告人代理词”或“行政诉讼被告人代理词”等；二是开头顶格向合议庭陈述的称呼语，表述示例为：“审判长、审判员：……”

序言内容：一是说明行使代理权的合法性（接受委托等）。值得注意的是，委托诉讼代理权有一般授权与特别授权之分；委托诉讼代理人只有经过当事人的特别授权，才能在代理词中发表涉及实体权利处分的代理意见。二是说明参与代理活动的充分性，如进行了哪些工作并强调所依据的是事实和法律。表述示例为：“我依法接受原告人武中才的委托，作为行政诉讼原告人代理人参加本案诉讼活动。接受委托后，我听取了委托人的陈述、依法作了系列调查走访，仔细研究了本案的所有证据，查阅了相关的法律法规和行业规范，今天又参加了法庭调查。通过这一系列的诉讼活动，我对本案情况有了较为全面的了解。针对本案的争议事实，发表以下诉讼代理意见，供合议庭参考。”

正文内容：主要围绕事实和证据对争议事实和本方主张加以陈述或对对方主张加以反驳，进而提出解决纠纷的处理意见。当然，代理人所代理的当事人的诉讼角色不同，发表代理意见的角度与内容迥然不同。如原告人代理人发表的代理意见通常是陈述或论证行政行为的不合法或不合理，一般可从以下角度发表代理意见：行政主体实施行政行为所依据的主要证据不确实、不充分或相互矛盾，行政主体适用法律法规错误，行政主体实施行政行为违反了法定程序，行政主体滥用职权或超越职权实施了行政行为，行政主体实施行政行为显失公正或者不履行、拖延履行法定责任等，并进而请求法院予以撤销或确认违法等。如被告人代理人发表的代理意见通常是论证行政主体作出的行政行为合法且合理，故请求法院驳回原告的诉讼请求。一般可从以下角度发表代理意见：行政主体是在享有行政管理职权的范围内依法作出的行政行为，行政行为所依据的事实是清楚的，行政主体作出行政行为正确适用了法律、法规、规章或规范性文件，行政行为的整个过程符合法定程序。

结束语内容：主要是提出结论性看法、概括具体主张，是代理人对整个代理词内容的总结发言。用语要高度概括，观点要简明扼要，主张要明晰有力。

尾部内容：一是在左下方分两行写“此致”与致送的人民法院名称。二是在右下方由代理人签名；律师作为诉讼代理人的，注明律师所在的律师事务所。三是另起一行在右下方注明年月日。

4. 所有同学熟练掌握行政案件一审普通程序中判决书的写作格式与具体内容

行政案件一审普通程序中判决书是法院依据事实和法律对案件实体问题作出的具有法律拘束力的书面结论，结构分为首部、正文、尾部与附录四部分。

首部内容：一是文书最上部正中的标题。标题应当分两行居中分别写明人民法院全称和“行政判决书”。二是另起一行并居中位置的判决书案号。① 如南京市建邺区人民法院审理后于2017年1月1日作出的一审行政案件判决书，文书案号写为：“（2017）宁建行初字第1号”。三是当事人及其诉讼代理人的基本情况（内容与要求参照起诉状中当事人及其诉讼代理人基本情况列明）。按照原告人及其法定代理人、委托代理人，被告人及其法定代表人或主要负责人、委托代理人，第三人及其法定代理人、委托代理人的顺序列明。四是写明案由、审判组织、审判方式、到庭参加诉讼人和开庭审理过程等。表述示例为：“原告人南京市建邺区风华机械公司起诉建邺区工商局行政登记一案，本院受理后，依法组成合议庭，公开开庭进行了审理。原告建邺区风华机械公司的委托代理人冯某和被告建邺区工商局的法定代表人武某、委托代理人张某到庭参加诉讼。本案现已审理终结。”

正文内容：一是事实与理由部分。首先，要概述被告所作的行政

① 判决书案号由年度号、法院代字、案件性质代字、审判程序代字和顺序号组成。

行为的主要内容及其事实与根据；其次，概括写明当事人争议的事实（原告诉称的事实、被告辩称和第三人述称的事实、理由和请求等）、诉辩意见以及当事人举证、质证情况；再次，写明法院查明的事实（争议发生的时间、地点、内容、情节和因果关系等）与认证情况，通常以“经审理查明”开头，内容上“特别是要灵活区分当事人有争议的事实和无争议的事实”;[①] 六是，写明法院认定事实的理由（分析论述行政行为是否合法合理、原告人的诉讼请求是否有理等），一般以“本院认为”，此处依据《行政诉讼文书样式（试行）》的新增规定，尤其要重视对法理和争议等问题的阐述分析，即重在说理。二是判决依据与结果部分。判决依据即写明具体的适用法律依据,[②] 判决结果要具体完整地写明当事人必须履行的具体事项、履行时间和履行方式等。

尾部内容：一是在判决结果之下另起一行，一般按照败诉方承担诉讼费的原则，写明诉讼费的负担，表述示例为：“本案收取诉讼费 80 元，由被告承担”；二是交代当事人上诉权、上诉期间（判决 15 日、裁定 10 日）、途径以及二审法院的相关规定，表述示例为：“如不服本判决，可在判决书送达之日起 15 日内，向本院递交上诉状，并按对方当事人的人数提出副本，上诉于南京市中级人民法院”；三是在右下角，由合议庭审判人员分行分别加以署名；四是另起一行，在右下角写明制作日期及加盖院印；五是另起一行，在左下角盖上“本件与原本核对无异”的戳记；六是在尾部内容结束处的右下角处为书记员署名。

附录内容：根据最高人民法院在 2015 年 4 月 30 日发布的《行政诉讼文书样式（试行）》的新增规定，在判决书全文内容之后增加附录。“根据案件的不同需要，可将判决书中的有关内容载入附录部分，如：将判决书中所提到的法律规范条文附上，以供当事人全面了解有关法

① 引自最高人民法院在 2015 年 4 月 30 日发布的《行政诉讼文书样式（试行）》中“行政诉讼文书样式 1：行政判决书”之“说明”。

② 要写明判决依据的行政诉讼法以及相关司法解释的条、款、项、目。

律规定的内容。一般应当按照先实体法律规范，后程序法律规范；先上位法律规范，后下位法律规范；先法律，后司法解释等次序排列，并按1、2、3、4序号列明。另外，群体诉讼案件中原告名单及其身份情况、知识产权案件中的图案等均可以列入此部分”。格式为“附：本判决适用的相关法律依据”。[①] 综上所述，《行政诉讼文书样式（试行）》在判决书附录内容上对相关法律依据的增加规定，既是对写作格式的创新，也更有利于当事人理解文书内容，更为重要的是体现了司法的透明与公正。

① 引自最高人民法院在2015年4月30日发布的《行政诉讼文书样式（试行）》。

Chapter 15 第十五章

法律诊所之教学路径[①]

一、实践目的

法律诊所实践教学模式旨在实践中学习运用法律，故又称临床法律教育。[②] 其充分体现以学生为主体的理念，通过诊所教师指导学生像律师一样办理案件，在校园里就把课堂教学与实际办案结合起来，激发学生自主学习的能动性与创新意识，给学生提供将所学知识加以实际运用与获得毕业后所需实践经验的实践平台，培养学生的综合实践能力，塑造学生良好的职业道德品质，使学生能够运用法、执行法、维护法，最终使学生获得专业知识、法律素养、职业能力和职业道德等得以显著提高的综合效果。法律诊所实践是真正意义上的学以致用，将学生所学各部门法学科内容贯穿起来，并将法学理论知识鲜活化与立体化，是对法学理论的最佳运用和升华方式。教育部、中共中央政法委员会《关于实施卓

---

① 本章部分内容曾被作者公开发表于两篇论文——胡玉霞、任凡：《浅析高校诊所法律教育的两项基本资源之保障》，载《辽宁教育行政学院学报》2008 年第 7 期，第 35 ~ 37 页；胡玉霞：《高校诊所法律课程中学生主体地位的发挥机制》，载《江西教育学院学报》2013 年第 2 期，第 89 ~ 92 页。特此说明。

② 参见袁博：《传统法律教育与诊所式法律教育》，中国政法大学出版社 2014 年版，第 66 页。

越法律人才教育培养计划的若干意见》指出我国法学教育存在“培养模式相对单一，学生实践能力不强，应用型、复合型法律职业人才培养不足”的问题，不断强化学生的法律实践能力正是卓越法律人才教育培养计划的重要目标。[①] 而法律诊所实践教学模式之目的在于全方位地强化法科学生的实践能力，恰恰是解决当前法学教育培养模式相对单一与法律职业人才培养不足的一剂良方。

二、主要内容

首先，高校对法律诊所具体课程或实践小组的安排很重要。法律诊所实践活动形式多种多样，可以包括：面向社会的法律调查和普法教育，面向社区的法律咨询，面向贫困当事人或妇女儿童弱势群体的法律援助，配合司法机关的相关计划起草以及执法配合行动，简单诉讼案件的代理与辩护等。为此，诊所学生不仅需要在诊所课堂上系统研习律师业务的各种技能和职业道德，还需要在课堂之外在法律诊所接待客户，准备相应文件，代理客户与对方当事人谈判、进行仲裁或诉讼。[②] 根据法律诊所教师的专业方向，结合不同类型的纠纷，可针对性地开设婚姻纠纷、家庭暴力纠纷、继承遗产纠纷、合同纠纷、侵权纠纷、企业实务和诉讼实务等法律诊所分课程或实践项目指导小组。如北京大学诊所式法律实验教学中心为丰富实践教学形式，在“诊所式法律教育”课程中设立民事、行政诉讼诊所和小创（微）企业法律实务诊所分课程：小微（创）企业法律实务诊所课程主要服务对象为小微企业及大学生创业企业，民事、行政诉讼法律诊所课程主要为贫

① 参见张杨：《创新与重构——卓越法律人才培养模式研究情境教学与卓越法律人才培养》，载《现代教育管理》2013 年第 6 期，第 68 页。

② 参见蔡彦敏：《诊所法律教育在中国制度化建设中亟待解决的问题》，载《环球法律评论》2005 年第 3 期，第 271 页。

穷的当事人提供无偿的专业法律服务。[①] 如澳大利亚纽卡斯尔大学开设的法律诊所课程涉及的内容广泛而丰富，包括辩护、刑法实践、高等刑法实践、诉讼实践、家庭法实践、审判过程、高等家庭法实践、财产转让事务、商法实践、知识产权、商事法实践、高等商事法实践、财产管理、专业技能（包括道德义务、交流技能、会见技能）等。[②]

其次，学生需要在法律诊所实践之前与之中作必要知识储备与技能提升。法律诊所是一个综合性的法律实践活动，是对法科学生的一次综合检验，需要学生具备足够的实体法和程序法知识的支撑，更需要学生具备极高的耐心和细心。如果说庭审程序专项模拟与法庭辩论大赛是战前演习，那么学生参与法律诊所则是在真实枪林弹雨战场的“厮杀”。与传统的课程教学以教师为中心满堂灌式的校园课堂不同，法律诊所实践活动主要由学生完成，学生需要摆脱止足校园与囿于课堂的局限，积极参与到具体的案件中，始终主导真实案件中法律问题的解决过程，不断探索未知与勇于尝试，从办案的经验中学习。学生不再仅仅是法律知识的被动接受者，而是以律师的视角与立场去思考和解决真实案件中的问题，通过听课和参与课堂讨论、制作调查表、起草计划、撰写论文、提供法律咨询、法律分析、诉讼代理、刑事辩护、法律援助等法律运用方式来理解法律和全方位锻炼职业能力。

最后，教师对学生诊所实践活动的指导也是必不可少的。为避免学生因缺乏监管而向社会提供低劣法律服务现象的发生，同时帮助学生通过诊所实践对所学理论知识进行查缺补漏与融会贯通地彻底掌握，教师需要对学生诊所实践活动进行指导。法律诊所教师主要为法学院教师，还可以聘请校外专家，一般都是具有律师、企业法律顾问等丰

---

① 北京大学诊所式法律实验教学中心在2016年8月20日发布《2016年秋季学期“诊所式法律教育”课程介绍》的通知，载 http://www.legalclinic.pku.edu.cn/xwzx/tzgg/30218.htm，最后访问日期：2018年6月7日。

② 参见于华江、李琳：《澳大利亚大学法律诊所教育课程设置解读》，载《中国农业教育》2006年第5期，第50页。

富从业经验的专业人士。教师指导分为课堂教学指导与课外实践指导两部分。在法律诊所实践活动的课堂教学指导中，诊所教师除了可以开设与讲授诸如“法律职业伦理”“职业道德与公共服务”“法律文书写作”“律师实务”以及“法律与社会公正”等固定的主题授课板块外，还可以经常就学生正在或曾经办理的真实个案采用课堂提问、讨论与集中反馈意见的形式，及时启发学生通过思考去寻找答案而不是由教师直接把答案给学生，教会学生如何创造性、批判性地认识和理解法律，并对学生进行有针对性的法律职业能力培训与法律职业道德素质的培养。整个过程实际上是一个再学习与相互学习的过程。如美国纽约城市大学的法律诊所课堂内学时为40课时，一般每周会有一两个题目讲授，有时讨论学生正在处理的案件，有时讨论以往的成功的或失败的具有典型性的案例，有时给学生的日记、周记、论文等集中进行反馈，有时会讨论某些具体的法律条文或处理某类法律事务的特殊技巧等，内容灵活，形式多样。在美国，由于教学自主，各个大学法学院诊所课程的情况也很不一致，有的是必修课，有的是选修课，有的学长一学期，有的学长一学年（两学期），学分多少也不一。[①] 法律诊所实践活动的课外实践指导贯穿于整个办案过程中。每个诊所教师可针对学生承办的案件的难易程度进行“多对一”“一对多”或“一对一”的指导；有些案情复杂的，还需几个法律诊所教师一起对学生进行“多对一”的指导。因此，法律诊所的课外学时很难固定，各高校可灵活规定，但肯定要多于法律诊所的课内学时。

三、详细步骤

1. 成立专门的法律诊所机构，或者成立法律援助中心并在法律援助中心之下设法律诊所机构，从而使诊所学生获得“准律师”的合法

---

① 参见曲相霏：《法学教育改革的有益尝试——借鉴诊所式法律教育模式》，载《山东大学学报》（哲学社会科学版）2001年第6期，第114页。

身份；规定法律诊所机构的日常值班制度、接案与办案制度、财物与财务管理制度以及诊所师生的实践活动规范等，做好诊所法律实践教学的法律和制度保障；

2. 有意向参与法律诊所实践活动的二年级下学期以及三四年级的本科生或在读研究生自愿报名，填写登记表，按时参与诊所学生的择优选拔活动；

3. 指导教师本着择优原则，充分考虑学生各方面的综合素质，采用笔试与面试相结合的方式，分组选拔出优秀的法律诊所学生人选；

4. 初次实施法律诊所的，按照每名诊所教师配备 1 ~ 2 名助教予以辅助教师指导活动的原则，在已经选拔出来的诊所学生中优中选优，确定诊所教师助教人选；以后每年则可以聘请上一届法律诊所实践活动成绩优异的学生担任下一届法律诊所实践活动的诊所教师助教；

5. 诊所教师面向全体诊所学生进行法律诊所的课堂引导，可开设与讲授与法律服务、律师实务、职业伦理、职业准则等与职业能力和职业道德提升相关的固定教学板块；

6. 诊所教师根据自身专业特长与实践经验，结合不同类型的纠纷，划分为多个相对固定的法律诊所分课程或课外指导小组；每个小组人数不宜太多，以 10 人左右为宜，最多不超过 20 人；

7. 诊所教师根据课外指导小组的划分，面向所在小组内全体学生进行针对性角色扮演、实景模拟等小班化课堂实践训练，必要时可以邀请法官、检察官、律师、仲裁员和公证员等实务界人士与诊所教师共同授课；

8. 诊所教师根据课外指导小组的划分，针对诊所学生承办具体案件的难易程度，灵活进行“多对一”“一对一”或“一对多”的课外实践指导，方式可以是面谈、微信或邮件等；

9. 诊所教师每周都要花一定的时间与所指导诊所学生以及诊所教师助教进行面对面的会见与交谈，了解案情的进展与诊所学生的困惑，帮助诊所学生掌握必要法律知识与职业技巧；

10. 诊所教师通过采用多样性的考核主体、综合性的考核方式和层次性的评级效果机制，从而在公正的目标下对诊所学生的诊所实践活动做出最终总结与评价。

四、具体效果

（一）法律诊所有利于强化学生对诉讼代理与辩护业务的横向比较

学生在法律诊所中实践的是律师业务。律师在具体案件的主要业务为诉讼代理与辩护。学生通过法律诊所的实践教学模式，自然而然掌握了诉讼代理与辩护的区别：诉讼代理人参加代理活动主要是基于当事人及其法定代理人、近亲属的委托，在诉讼中依据委托人意志从事代理活动，享有委托人授权范围内的权限，以被代理人的名义，通过参与诉讼，提出诉讼意见或主张，来维护所代理的公诉案件被害人、自诉案件自诉人或附带民事诉讼当事人的合法权益，不具有独立的诉讼地位；辩护人参加辩护活动主要是基于犯罪嫌疑人、被告人的委托或公安机关、检察院、法院或法律援助机构的指派，在诉讼中依据自己意志从事辩护活动，享有法律规定的广泛权利，以自己的名义，通过反驳控诉以及论证犯罪嫌疑人、被告人无罪或罪轻、减轻或免除刑事责任来维护公诉案件犯罪嫌疑人、被告人或自诉案件被告人的合法权益，具有独立的诉讼地位。

（二）法律诊所有利于强化学生对实体与程序公正并重的观念

实体法和诉讼法相辅相成，共同构成国家法律治理体系。实体法的立法价值在程序法中得以体现，而程序法也是按照实体法的相关规定而逐渐确认下来的。同样，实体公正和程序公正是无法分开的，我们既不能重程序而轻实体，也不能重实体而轻程序。只有实体公正和程序公正结合在一起，才能够更好地发挥法律的人权保障的作用。学生通过法律诊所实践，一步步地按照程序来适用实体法中的有关规定，来寻求各类纠纷的解决，更加认识到：成功办理一起案件的前提是既需要掌握实体法，也需要掌握程序法；成功办理一起案件的标准是既需要实现实体公正，也同样需要实现程序公正。

（三）法律诊所让学生深刻反思并认识到积累自身法律知识和素养的过程任重道远

法律诊所的实践需要学生从律师的角度充分发挥自己的法律专业知识和素养：在民事与行政案件中，最大程度实现当事人的诉求和权益；在刑事案件中，要么为被害人主持公道，要么为无辜的人洗清罪名。法律专业知识和素养的作用是巨大的，既能约束与规划人的行为，也能保护与实现人的合法诉求。但渊博法律专业知识和良好法律素养又不是速成的。法学是一门理论性与实践性均很强的学科，法律专业的理论知识只有在实践运用中才可以被掌握得更牢固，学生学习上的疏漏之处也会在实践中暴露无遗。学生亲身经历办案中处处面临窘境的感受，深刻认识到自己所掌握的法律知识还只是冰山一角，学得还不够深，理解得不够透，在实践中灵活运用的能力还不够，清楚看到了自身的不足和问题，不禁从学习态度、学习方法以及专业素养等各方面反思自己：现在这样的专业水准和法律素养程度可以胜任律师这个职业吗？学生在法律诊所的实践中存在问题是可预见的与必然的，只要在指导老师的点拨下找到不足并思考如何改正就是一种收获。学生在否认自己之后，长远要做的是加强法律专业知识的学习及应用，积累专业知识和提高法律素养，提高用理性思维解决实际问题的能力。学无止境，每一次实践都是很好的学习机会，眼前能做的就是争取与珍惜机会去参加更多的法律实践，通过实践不断磨合与积累更多的经验，不断挖掘与强化自身各方面的潜能，从中进步与成长。法律诊所就是这样循序渐进地实现其主要目标——“帮助学生培养经验式学习的能力和凭借经验进行反思的能力”。[①] 总结为一句通俗易懂的话：反思昨天，做好今天，准备明天。

---

① 参见夏凤英：《“诊所式法律教育”的特点及意义》，载《中国成人教育》2007年第3期，第159页。

（四）法律诊所具有独特的强化学生实践能力的优势

法律诊所不像模拟审判实践活动有确定的剧本可参考或彩排演练，学生的前期准备的工作量更大，更加考验学生的各项实践能力。在法律诊所实践中办理一个真实案件，需要涉及很多案件材料的收集和很多法律关系的梳理，涉及实体法和诉讼法等诸多部门法。最主要的是法律诊所无法像模拟实践活动那样可以事先经过多次排练，学生即使准备得再充分，也不能避免会遇到始料未及的问题。更不像模拟实践活动那样仅局限于审判环节，法律诊所实践则都要熟悉诉讼自始至终各环节的活动，尤其注重如何与当事人接触以及如何收集证据等。法律诊所学生要能沉下心，对涉及案件的方方面面都要有所兼顾；更像是独当一面的律师，花费大量时间处理各类法律事务，面对办案中的困难需要披荆斩棘与风雨兼程地一路走下去。细节决定成败，还要尽量处理好案件中每一个细节，包括理清案件的法律关系，掌握起诉与应诉的技巧，学会调查事实与证据，把庞杂的证据材料分类汇总，尝试与当事人沟通与谈判，掌握调解、协商、取证的能力，熟练写作各类法律文书，活学活用地将法律条文运用于个案中。“尽管传统的案例教学法对于学习法律分析与推理是种有效的方法，但很难让学生学到律师的其他技巧如解决问题、事实调查、交流、辩护、谈判、诉讼等”。[①] 综上所述，法律诊所实践过程为增强学生的实践能力提供了最佳契机和平台，不仅考验学生的勇气和胆识，而且让学生领悟出实践能力的强化比单纯掌握法律知识更为重要。

（五）法律诊所有助于培养学生的创新思维能力

法律诊所将学生置身于办理个案所面临的诸多矛盾与冲突中，学生必须面对与解决这些矛盾与冲突，不但是将一门课程或一学期所学课程，而是对已学所有课程知识进行全面整合并与诊所实践相联系，更重要的是用最直接的方式把学生所学知识中最不扎实或最模棱两可

① 参见甄贞主编：《诊所法律教育在中国》，法律出版社2002年版，第1页。

的地方摆在面前，让学生自己主动地去探究和解决；既锻炼了学生灵活运用书本知识的能力，也培养了学生考虑问题的逻辑性和层次性，关键是培养了学生处理案件的创新思维能力，为以后走上律师职业生涯进行了最佳铺垫。此外，对诊所学生的评价方式和标准更符合实际且充分考虑了个体差异，最终有助于学生创新思维能力的形成和发展。

（六）法律诊所有助于培养法律工作者的良好职业道德与高度的职业责任感

首先，学生在法律诊所实践活动中需要应对复杂的人与事，才能更好地把握案件；需要看清庞杂的法律关系，才能找出解决思路；更需要理顺烦琐的证据材料，才能设法解决纠纷。这都需要付出艰辛的努力，法律工作的艰辛和严谨必然促使学生对律师的职业责任感同身受。其次，法律诊所有助于学生对律师这一法律工作者的职业操守进行思考，法与情的权衡必然成为律师不可回避的一个问题。律师不能简单地如同普通人一样夹杂个人感情去主观臆测或仅从道德角度去先入为主，不能放任自己与当事人一样感同身受而失去了冷静思考与理智判断，不能被社会舆论所混淆视听，更不能被名利等诱惑，而应该尊重事实并从法律角度去客观对待案件。此外，学生在法律诊所的实践中充分理解到作为一个法律人，工作态度首先要严谨，认真对待案件的每一个细节，因为一个细节可能决定案件办理的成败，否则只能是功败垂成或遗憾自责；还要坚守自己的职业准则与公正这道防线，更要充分意识到坚守公正和正义的法律职业道德之至关重要性。综上所述，法律诊所的实践经历不仅让学生意识到法律服务工作既严肃又枯燥，还意识到只有事无巨细地付出艰辛的努力才能更好地维护当事人利益，最为重要的是对职业道德、职业责任的一种切实体验，从而在实践中培养起法律工作者的良好职业道德与高度的职业责任感。

（七）法律诊所有助于学生在自我反思和纠错中更快地进步与成长

事非亲历不知难。初试牛刀又怎能十全十美？相比真正的律师，学生们在法律诊所实践中的表现显得稚嫩，瑕疵缺陷乃至错误都在所难免。而这些是教师在课堂教学中发现不了的，以及学生自身都意识不到的。与学生平时在课堂上学习时自我良好的感觉大相径庭，学生也深刻感受到了理论与实践之间的真正差距。俗话说，实践出真知。学生在课堂理论授课中虽然也能获得很多知识，但是远比不上在指导教师全程指导下亲自参与法律诊所实践办案活动来的印象深刻，因为不足与错误更能起到警示作用。知了不行则惘然，只有知行合一，将知识融会贯通于诊所法律实践中去，才能真正地理解所学。

学生在法律诊所实践中检验其所学与发现自身不足，认识到以前一知半解与纸上谈兵对现在办案造成的障碍，审视自我学习状态，触动是深刻的，有助于培养批判性思考的能力，在查缺补漏的基础上进一步熟悉专业知识与律师实务，更加重视与努力参与诊所实践。千里之行，始于足下。虽然刚开始进行法律诊所实践，缺憾在所难免，但这只是开始，之后会越来越好的。从陌生到熟悉，从艰涩到驾驭，在纠错中学习、改进也是一种成长。

在参与法律诊所实践之前，学生总会觉得参与法律诊所实践是一件很难很可怕的事情，但一旦着手，学生在自我实践学习基础上辅以教师适时指导，在实践活动一步步完成后，学生在学与教的互动过程中积累必要的职业经验，重要的是使学生的学习更有目的、更主动、更能够自我反思和自我纠正。回首再去看，学生心里的成就感与喜悦感也是油然而生的。毕竟老师满堂灌的知识不能与学生自己花心思去亲自实践并不断修正所收获的经验相提并论。这也充分验证了一个道理：法律的生命并非逻辑，而是经验；而经验的获得，则依赖于实践。

（八）法律诊所与传统法学教育的兼容并蓄有助于全面提高法系学生的素质

法律诊所实践教学模式的引进与实施是对传统法学教育的冲击和改造，可以很好地诊治我国目前法学教育中存在的学生实践操作能力差的痼疾，对法系学生素质的全面提高具有积极推动作用。而学生实践能力和科学素质的全面提升是培养创新型卓越人才的必由之路。① 当然，法律诊所实践教学模式是在传统教学的基础上对其进行改造和完善的重要途径，却无法取代传统的法学教育模式，因为不可否认中国传统法学本科教育中的理论诠释和法条演绎的方法有助于夯实学生的理论基础。因此，我国在引进法律诊所实践教学模式的过程中，正确的做法是取长补短与兼容并蓄，既要开拓地大力引进并长久实施法律诊所实践教学模式，又要保留传统法学教育模式中注重夯实法学理论知识的做法；切不能以偏概全或矫枉过正，绝不能把法律诊所实践教学模式与传统的法学教育完全对立起来。

---

① 参见史宝中、刘天华、索柏民：《专业实践指导中心的卓越人才培养模式》，载《沈阳师范大学学报》（社会科学版）2011 年第 6 期，第 133 页。

参考文献

［1］樊崇义：《证据法学》，法律出版社 2017 年版。

［2］李浩：《民事证据规定：原理与适用》，北京大学出版社 2015 年版。

［3］袁博：《传统法律教育与诊所式法律教育》，中国政法大学出版社 2014 年版。

［4］陈光中等：《刑事诉讼法学》，中国政法大学出版社 2013 年版。

［5］樊崇义：《刑事诉讼法学》，中国政法大学出版社 2013 年版。

［6］王国枢：《刑事诉讼法学》，北京大学出版社 2013 年版。

［7］陈学权：《模拟法庭实验教程》，高等教育出版社 2009 年版。

［8］周伟等：《刑事被告人、被害人权利保障研究》，中国人民大学出版社 2009 年版。

［9］田文昌：《律师制度》，中国政法大学出版社 2007 年出版。

［10］［美］里德·黑斯蒂：《陪审员的内心世界：陪审员裁决过程的心理分析》，刘威、李恒译，北京大学出版社 2006 年版。

［11］龙宗智：《徘徊于传统与现代之间——中国刑

事诉讼法再修改研究》，法律出版社 2005 年版。

[12] 陈界融：《美国联邦证据规则（2004）译析》，中国人民大学出版社 2005 年出版。

[13] 王立民：《诊所法律教育研究》，上海交通大学出版社 2005 年版。

[14] 周世中、倪业群：《法学教育与法科学生实践能力的培养》，中国法制出版社 2004 年版。

[15] 樊崇义：《刑事诉讼法修改专题研究报告》，中国人民公安大学出版社 2004 年版。

[16] 齐树洁、王振志：《证据法案例精解》，厦门大学出版社 2004 年版。

[17] 樊崇义：《诉讼原理》，法律出版社 2003 年版。

[18] 陈瑞华：《问题与主义之间——刑事诉讼基本问题研究》，中国人民大学出版社 2003 年版。

[19] 廖永安：《模拟民事审判庭》，湖南人民出版社 2003 年版。

[20] 陈兴良：《刑法案例教程》，中国法制出版社 2003 年版。

[21] 赵秉志：《刑法教学案例》，法律出版社 2003 年版。

[22] 陈光中：《刑事诉讼法教学案例》，法律出版社 2003 年版。

[23] 周道鸾：《法律文书教程》，法律出版社 2003 年版。

[24] 高其才、肖见国、胡玉鸿：《司法公正观念源流》，人民法院出版社 2003 年版。

[25] 张卫平：《外国民事证据制度研究》，清华大学出版社 2003 年版。

[26] 甄贞：《诊所法律教育在中国》，法律出版社 2002 年版。

[27] 杨欣欣：《法学教育与诊所式教学方法》，法律出版社 2002 年版。

[28] 马海发 · 梅隆：《诊所式法律教育》，彭锡华等译，法律出版社 2002 年版。

[29] 谢佑平、万毅:《刑事诉讼法原则:程序正义的基石》,法律出版社 2002 年版。

[30] 沈德咏:《刑事证据制度与理论》,法律出版社 2002 年版。

[31] 张树义:《行政诉讼证据判例与理论分析》,法律出版社 2002 年版。

[32] 吴宏耀:《诉讼证明原理》,法律出版社 2002 年版。

[33] 龙宗智:《刑事庭审制度研究》,中国政法大学出版社 2001 年版。

[34] 王健:《中国近代的法律教育》,中国政法大学出版社 2001 年版。

[35] 马宏俊:《律师办案思路与技巧》,时事出版社 2001 年版。

[36] [美] 亚伦德肖维茨:《合理的怀疑:从辛普森案批判美国司法体系》,高忠义、侯荷婷译,法律出版社 2001 年版。

[37] 郭成伟:《法学教育的现状与未来》,中国法制出版社 2000 年版。

[38] 陈瑞华:《刑事诉讼的前沿问题》,中国人民大学出版社 2000 年版。

[39] 李桂英:《律师执业理论与实践》,群众出版社 2000 年版。

[40] 刘根菊:《刑事诉讼法教学案例》,法律出版社 1999 年版。

[41] 周国均:《律师制度理论与实务技巧》,中国人民公安大学出版社 1999 年版。

[42] 陈瑞华:《刑事审判原理论》,北京大学出版社 1997 年版。

[43] 孙晓楼:《法律教育》,中国政法大学出版社 1997 年版。

[44] 贺卫方:《中国法律教育之路》,中国政法大学出版社 1997 年版。

[45] 陈瑞华:《刑事审判原理论》,北京大学出版社 1997 年版。

[46] 辞海编辑委员会:《辞海》,上海辞书出版社 1979 年版。

[47] 詹月:《中美陪审制比较研究》,武汉大学硕士学位论文,

2017 年版。

［48］许玻：《关于完善我国刑事诉讼中庭前会议制度研究》，安徽大学硕士学位论文，2016 年版。

［49］赵琪昊：《浅析法庭辩论》，复旦大学硕士学位论文，2012 年版。

［50］陶然：《中外刑事诉讼辩护制度比较研究》，东北师范大学硕士学位论文，2012 年版。

［51］刘萌：《刑事回避制度比较研究》，河北大学硕士学位论文，2011 年版。

［52］胡玉霞：《模拟法庭实践路径研究》，载《河北农业大学学报》（农林教育版）2018 年第 1 期。

［53］张姝丽：《美国大陪审团制度述评》，载《中国党政干部论坛》2017 年第 4 期。

［54］陈学权：《美国刑事审判中陪审团适用法律权述评》，载《比较法研究》2017 年第 2 期。

［55］单莹：《情境教学与卓越法律人才培养》，载《黑龙江高教研究》2017 年第 2 期。

［56］羊震：《人民陪审员制度的运行障碍及其多维性消解——以“陪而不审”为主要研究对象》，载《江苏社会科学》2017 年第 1 期。

［57］杨蕾、王诗宇、赵雪莹等：《美国创新创业型人才培养——趋势、亮点、典型模式及经验借鉴》，载《河北农业大学学报》（农林教育版）2017 年第 1 期。

［58］王洋：《我国刑事庭前证据展示制度研究》，载《郑州航空工业管理学院学报》（社会科学版）2016 年第 6 期。

［59］段冰：《高校法学实践教学体系的构建与优化》，载《教育与职业》2015 年第 1 期。

［60］杜承铭：《论本科法学职业教育目标的多元化及其实现》，载《中国大学教学》2014 年第 8 期。

［61］马柳颖：《模拟法庭教学中存在的问题及其解决路径》，载《高教论坛》2014 年第 4 期。

［62］刘晶：《刑事庭前准备程序的反思与重构》，载《东方法学》2014 年第 3 期。

［63］侯鹏：《高职法律模拟法庭的教学探究》，载《职业技术教育》2013 年第 26 期。

［64］张杨：《创新与重构：卓越法律人才培养模式研究》，载《现代教育管理》2013 年第 6 期。

［65］王晨光：《个案全过程教学法是探索法律实践教学新路径》，载《法学》2013 年第 4 期。

［66］胡玉霞：《高校诊所法律课程中学生主体地位的发挥机制》，载《江西教育学院学报》2013 年第 2 期。

［67］张慧丽、万伟岭：《公诉人出庭辩论技巧探讨》，载《中国检察官》2011 年第 11 期。

［68］史宝中、刘天华、索柏民：《专业实践指导中心的卓越人才培养模式》，载《沈阳师范大学学报》（社会科学版）2011 年第 6 期。

［69］贾国凯、李晨光：《论诊所式法律教学在我国面临的问题及解决思路》，载《中山大学法学论坛》2010 年第 12 期。

［70］房文翠：《法学教育中的法学实践教学原则》，载《中国大学教学》2010 年第 6 期。

［71］闫辐：《模拟法庭审判中的辩论研究》，载《甘肃高师学报》2010 年第 6 期。

［72］贾国凯、李晨光：《论诊所式法律教学在我国面临的问题及解决思路》，载《中山大学法学论坛》2010 年第 12 期。

［73］任中秀：《“司法仿真系统”实践教学的探索与思考》，载《山西师大学报》（社会科学版）2009 年第 2 期。

［74］孙光宁：《“合理怀疑”的接受：辛普森案中的法律论证》，载《刑事法评论》2009 年第 1 期。

[75] 胡玉霞、任凡:《浅析高校诊所法律教育的两项基本资源之保障》,载《辽宁教育行政学院学报》2008 年第 7 期。

[76] 黄军锋:《论我国人民陪审员制度的改革与完善》,载《西藏民族学院学报》2008 年第 1 期。

[77] 丁正红:《我国刑事证据展示制度的构建与完善》,载《法学》2007 年第 7 期。

[78] 刘加良、刘晓变、张金玲:《法律诊所教育研究》,载《山东大学法律评论》2007 年第 6 期。

[79] 胡玉霞、刘尧华:《我国法律援助制度的完善》,载《江淮论坛》2007 年第 3 期。

[80] 夏凤英:《"诊所式法律教育"的特点及意义》,载《中国成人教育》2007 年第 3 期。

[81] 邹玉政、金伟:《诊所式法律教学模式本土化反思》,载《教育与职业》2006 年第 18 期。

[82] 于华江、李琳:《澳大利亚大学法律诊所教育课程设置解读》,载《中国农业教育》2006 年第 5 期。

[83] 金涛:《诊所法律教育简介》,载《法制与社会》2006 年第 4 期。

[84] 宋金华、徐忠麟:《我国诊所法律教育存在的主要问题及对策思考》,载《科教文汇》2006 年第 2 期。

[85] 孙仲玲、尹飞:《中美刑事庭审程序比较》,载《云南民族大学学报》(哲学社会科学版)2006 年第 1 期。

[86] 任学强:《论诊所式法律教育》,载《管理科学文摘》2005 年第 9 期。

[87] 甘露:《法律诊所式教育可行性对策思考》,载《四川理工学院学报》(社会科学版)2005 年第 6 期。

[88] 李军:《法律诊所教育与法律援助》,载《山西师大学报》(社会科学版)2005 年第 4 期。

[89] 蔡彦敏：《诊所法律教育在中国制度化建设中亟待解决的问题》，载《环球法律评论》2005 年第 3 期。

[90] 齐喜三：《诊所法律教育诊所法律教育评价体系若干问题研究》，载《环球法律评论》2005 年第 3 期。

[91] 熊跃敏、汤晓贺：《法律诊所教育的价值诉求与本土化实践》，载《沈阳师范大学学报》（社会科学版）2005 年第 3 期。

[92] 邓佑文、苑锦春：《诊所式法律教学方法研究》，载《玉溪师范学院学报》2005 年第 2 期。

[93] 符忭：《法律诊所教育及在我国的可行性分析》，载《天津市教科院学报》2004 年第 3 期。

[94] 李晓安、武建英：《初探法律诊所教育》，载《山西财经大学学报》（高等教育版）2004 年第 3 期。

[95] 李傲、许炎：《法律援助与法律诊所之甄别与整合》，载《法学杂志》2003 年第 11 期。

[96] 侯斌：《实践性法律教学与法学本科教育目标反思》，载《西南民族大学学报》（人文社科版）2003 年第 10 期。

[97] 蔡彦敏、黄巧燕、赵彤：《法学教育模式改革探索——来自中山大学法律诊所的经验》，载《中山大学法学论坛》2003 年第 10 期。

[98] 吴春香：《高校法学教学引入法律“诊所”模式的思考》，载《中国高教研究》2003 年第 5 期。

[99] 顾海波：《法学教育模式的转轨》，载《辽宁教育研究》2003 年第 4 期。

[100] 潘志学、石贤平：《高职政法类专业引进诊所式法律教育的可行性》，载《黑龙江省政法管理干部学院学报》2003 年第 4 期。

[101] 李东蓊：《法庭辩论技巧与应变》，载《法制与社会》2002 年第 11 期。

[102] 陈树春：《关于刑事案件庭前证据展示制度实践操作模式的思考》，载《黑龙江省政法管理干部学院学报》2002 年第 3 期。

［103］宋英辉、陈永生：《刑事案件庭前审查及准备程序研究》，载《政法论坛》2002 年第 2 期。

［104］王晨光、陈建民：《实践性法律教学与法学教育改革》，载《法学》2001 年第 7 期。

［105］曲相霏：《法学教育改革的有益尝试——借鉴诊所式法律教育模式》，载《山东大学学报》（哲学社会科学版）2001 年第 6 期。

［106］周汉华：《法律教育的双重性与中国法律教育改革》，载《比较法研究》2000 年第 4 期。

［107］刘艺工、李拥军：《从辛普森案透析美国的诉讼机制》，载《黑龙江省政法管理干部学院学报》1999 年第 2 期。

［108］龙宗智：《从辛普森案审判看对抗制诉讼形式》，载《人民检察》1996 年第 1 期。

［109］胡玉霞、胡文根：《被告一二审放弃鉴定申请导致败诉——本案申请再审时能否提请鉴定》，载《人民法院报》2007 年 10 月 9 日，第 6 期。

［110］贺卫方：《法庭辩论的价值》，载《人民法院报》2002 年 12 月 6 日，第 1 期。

［111］理律杯全国高校模拟法庭竞赛官网：http：//oa. law. tsinghua. edu. cn/lilvbei/。

［112］威廉·维斯国际商事法模拟法庭比赛网：http：//cisgw3. law. pace. edu/vis. html。

［113］黄士元：《论侦查的诉讼化》，载 http：//www. chinalawedu. com/news/2004_ 8/24/0907498778. htm。

［114］张文显：《树立社会主义法治理念》，载 http：//www. univs. cn/ newweb/univs/znufe/law/2007 －01 －12/728442. html。

［115］郑州市中级人民法院网站专题文章：《辛普森杀妻案审判始末》，载 http：//zzfy. hncourt. gov. cn/public/detail. php？ id＝19940。

［116］参见央视新闻客户端、中国青年网：《山西煤炭进出口集团

原董事长郭海涉职务犯罪被“双开”》，载 http：//news. youth. cn/gn/201706/t20170610_ 10030433. htm。

［117］参见长安街知事：《留置第一例！监察委是这样对付违纪官员的》，载 http：//news. 163. com/17/0416/15/CI5EMG850001875N. html。

［118］汪世龙：《世纪审判辛普森杀妻案》，载找法网：http：//china. findlaw. cn/bianhu/xingshianli/5360. html。

［119］辛普森案疑点证据分析，载百度文库：https：//wenku. baidu. com/view/d02261de8ad63186bceb19e8b8f67c1cfbd6ee52. html。

［120］北京大学诊所式法律实验教学中心在 2016 年 8 月 20 日发布《2016 年秋季学期“诊所式法律教育”课程介绍》的通知，载 http：//www. legalclinic. pku. edu. cn/xwzx/tzgg/30218. htm。

后　记

从酝酿思路，到初稿完成，再经过反复修改，至专著的最终定稿，历经两年时间。尽管在写作中，一直本着谨慎负责的学术态度，严格遵循学术规范，逐字逐句地斟酌，但由于自身能力有限，不足之处在所难免，恳请读者批评指正。

特别说明，本书是本人主持中国法学会 2017 年度部级法学研究课题“法学多元化实践教学模式与路径研究”（课题号：CLS2017D129）的最终成果，并获得南京审计大学法学院的专著出版资助。

在全书完稿之际，在此感谢中国法学会对本人主持申报课题的立项，感谢南京审计大学校长、法学专家刘旺洪教授对法学院跨越式发展的全方位引领作用，感谢南京审计大学教务委员会主任、法学院前任院长程乃胜教授一如既往对法学实践教学的高度重视，特别衷心感谢法学院党总支书记秦国荣教授和院长刘爱龙教授对法学院学科建设的巨大投入与无私奉献！没有学校和法学院在教学与科研方面给予本人的大力支持，本书无以出版。

图书在版编目(CIP)数据

法学多元化实践教学模式与路径研究 / 胡玉霞著
. -- 北京 : 法律出版社, 2019
ISBN 978 - 7 - 5197 - 3137 - 3

Ⅰ. ①法… Ⅱ. ①胡… Ⅲ. ①法学教育 - 教学模式 - 研究 Ⅳ. ①D90

中国版本图书馆 CIP 数据核字(2019)第 028967 号

法学多元化实践教学模式与路径研究
FAXUE DUOYUANHUA SHIJIAN JIAOXUE MOSHI YU LUJING YANJIU

胡玉霞 著

策划编辑 冯佳欣
责任编辑 冯佳欣
装帧设计 汪奇峰

出版 法律出版社
总发行 中国法律图书有限公司
经销 新华书店
印刷 北京玺诚印务有限公司
责任印制 吕亚莉

编辑统筹 法律应用出版分社
开本 710 毫米×1000 毫米 1/16
印张 18.75
字数 230 千
版本 2019 年 5 月第 1 版
印次 2019 年 5 月第 1 次印刷

法律出版社/北京市丰台区莲花池西里 7 号(100073)
网址/www.lawpress.com.cn
投稿邮箱/info@lawpress.com.cn
举报维权邮箱/jbwq@lawpress.com.cn
销售热线/010 - 83938336
咨询电话/010 - 63939796

中国法律图书有限公司/北京市丰台区莲花池西里 7 号(100073)
全国各地中法图分、子公司销售电话:
统一销售客服/400 - 660 - 6393
第一法律书店/010 - 83938334/8335
西安分公司/029 - 85330678
重庆分公司/023 - 67453036
上海分公司/021 - 62071639/1636
深圳分公司/0755 - 83072995

书号:ISBN 978 - 7 - 5197 - 3137 - 3
定价:56.00 元